In Erinnerung an Susanne Garbe Strout (1955 bis 2013), der die plattdeutsche Sprache immer viel bedeutete.

Dieses Lehrwerk wurde gefördert von der Beauftragten der Bundesregierung für Kultur und Medien aufgrund eines Beschlusses des Deutschen Bundestages.

Die Beauftragte der Bundesregierung
für Kultur und Medien

Manuskript: Hartmut Arbatzat
Redaktion: Christiane Ehlers und Reinhard Goltz
Gestaltung: Anemone Schulze-Herringen | www.graphia-design.de

2. Auflage 2019

Druck: CPI books GmbH, Leck
ISBN 978-3-87651-431-4

Hartmut Arbatzat

Platt
dat Lehrbook

Ein Sprachkurs für Erwachsene

Herausgegeben vom

ins INSTITUT FÜR NIEDERDEUTSCHE SPRACHE

Quickborn-Verlag

Inhalt

Inhalt

Vorwort

Plattdeutsch ist eine Sprache unserer Zeit. Das spiegeln die Themen und die Menschen, die Sie durch „Platt – dat Lehrbook" begleiten. Der Sprachkurs richtet sich an Erwachsene, denen Schlagworte wie „Moin", „suutje" oder „Wo geiht't?" nicht ausreichen. Angesprochen sind vor allem auch junge Menschen, die Freude am Erlernen von Sprachen haben und mehr erfahren möchten über die norddeutsche Zweitsprache. Und vor allem: die Platt sprechen wollen. Besonderes Augenmerk wird in diesem Sprachkurs auf das Hören, Verstehen und Sprechen in der Gruppe gelegt. Entsprechend zielen einzelne Bausteine immer wieder auf das sprachliche Miteinander und den Austausch. Selbstverständlich eignet sich das Lehrwerk aber auch für Selbstlerner.

In zehn Kapiteln erweitern Sie kontinuierlich Ihre sprachlichen Fähigkeiten im Niederdeutschen. Das gilt zunächst für die kommunikativen Fähigkeiten: mit anderen Menschen Kontakt aufnehmen, Fragen stellen und beantworten, Sachverhalte darstellen und hinterfragen, einen Standpunkt formulieren und argumentieren. Parallel dazu erfolgt die Erweiterung Ihres Wortschatzes und der grammatischen Muster.

Zeitgemäße Dialoge und gegenwartsbezogene Sachtexte bieten Anlässe zum Sprechen und regen zum Widerspruch an. Als Kursteilnehmer werden Sie in Ihrer Lebenswirklichkeit abgeholt und immer wieder dazu aufgefordert, über eigene Erfahrungen und Beobachtungen zu berichten und Position zu beziehen. Dabei geht es nicht zuletzt darum, Argumente zu sammeln und diese sprachlich angemessen vorzutragen.

In jedem Kapitel widmet sich ein Infotext einem Aspekt der niederdeutschen Sprache und Kultur. Ob zur Aussprache und Schreibweise, zur Sprachgeschichte sowie zum plattdeutschen Theater oder zu Plattdeutsch in der Kindertagesstätte: Diese kurzen Lesestücke bieten Anreiz, die Kenntnisse um die norddeutsche Sprach- und Kulturlandschaft zu vertiefen. Übungen sichern jeweils das Textverständnis, fordern sprachliche Richtigkeit ein und festigen das Gelernte. Lieder aus dem breiten niederdeutschen Traditionskanon wie aus der Gegenwart laden zum Lesen, Vortragen, Singen und Übersetzen ein. Und schließlich kann jeder Lerner an einem längeren literarischen Text erfahren, wie leicht man sich in die niederdeutsche Sprache einliest; in jedem Kapitel findet sich ein Auszug aus einem plattdeutschen Roman für Jugendliche und Erwachsene. Der Anhang versammelt Lösungen bzw. Lösungsvorschläge zu den Übungen und eine Wortliste.

Eigentlich versteht es sich in Norddeutschland von selbst, dass die Menschen Plattdeutsch lernen. Denn Platt ist die Sprache, die das Land zwischen Emden und Greifswald, zwischen Flensburg und Magdeburg bis in die Gegenwart hinein prägt.

Heute allerdings wird die Regionalsprache immer weniger von einer Generation zur nächsten weitergegeben, so dass Institutionen die Aufgaben von Familien, von Freundes- und Kollegenkreisen übernehmen. Auf diese Weise kommt dem Kindergarten und der Schule ebenso wie der Volkshochschule und anderen Bildungsträgern die Aufgabe als Plattvermittler zu.

Viele Menschen, die lange schon in Norddeutschland leben, haben die Sprache im Ohr. Sie hören Platt gern und verstehen das meiste, trauen sich aber nicht, es auch zu sprechen. Andere empfinden es als Verlust, dass sie die Sprache ihrer Großeltern nicht beherrschen. Wieder andere, und dazu gehören auch solche Menschen, die sich kürzlich erst im Norden angesiedelt haben, möchten die Regionalsprache lernen, weil sie sich über die Sprache Zugänge zur norddeutschen Kultur versprechen.

Oft heißt es: Platt hört sich überall anders an. Auch der Klang des gesprochenen Hochdeutsch unterscheidet sich zwischen Schleswig-Holstein und Bayern, zwischen dem Rheinland und Sachsen erheblich. Und mit der Weltsprache Englisch verhält es sich nicht anders. Beim Niederdeutschen allerdings fehlt ein gemeinsamer Standard, so dass die regionalen Unterschiede gern betont werden. So gibt es beim Plattdeutschen, je nach Region, große Unterschiede in der Aussprache. Diese Klangfärbungen spielen hier nur am Rande eine Rolle, denn in diesem Lehrwerk stehen die Gemeinsamkeiten im Mittelpunkt – hier hilft eine einheitliche Schreibweise, die in ganz Norddeutschland gelesen und verstanden werden kann.

Seine besondere Stärke entfaltet das Plattdeutsche als gesprochene Sprache des Alltags, in der Familie, unter Freunden, Bekannten oder Arbeitskollegen. Daneben ist es eine Kultursprache mit starken Traditionslinien in der Literatur, auf der Bühne und in der Musik. Schließlich ist Platt eine Ausbausprache, in der selbstverständlich auch die aktuellen Weltnachrichten formuliert werden können. Zunehmend erkennen Menschen in der Regionalsprache einen Identitätsstifter – als Gegenbild zu einer entgrenzten und unübersichtlichen globalisierten Welt.

Hartmut Arbatzat hat seinen Sprachlernkurs über Jahrzehnte in der Unterrichtspraxis entwickelt. Das gilt in methodischer, thematischer und sprachlicher Hinsicht. Seine Materialien wurden jetzt vom Institut für niederdeutsche Sprache so aufbereitet, dass sie von engagierten Sprachvermittlern überall in Norddeutschland für Sprachkurse genutzt werden können.

Ein besonderer Dank gilt der Beauftragten der Bundesregierung für Kultur und Medien, die durch die Förderung dieses Lehrwerks ihre Wertschätzung gegenüber der Regionalsprache zum Ausdruck bringt. Alle Plattlerner werden es ihr danken.

im Juni 2016

Christiane Ehlers und Reinhard Goltz
(Institut für niederdeutsche Sprache)

1. Stremel

Gröten – Vörstellen – Tallen

1

Vörstellen

1

Holger: Goden Dag, ik heet Holger, Holger Timmermann. Un wokeen büst du?
Anne: Ik bün Anne Harder ut Hamborg, un wokeen is dat?
Holger: Dat is Gesine Lammers ut Kiel.
Gesine: Moin. Di kenn ik noch gor nich.
Nils: Ik heet Kruse, Nils Kruse ut Stood.
Beke: Goden Dag ok, ik bün Beke Diekmann. Ik kaam ut Bremen.
Se weet doch: Över Bremen lacht de Sünn, över Hamborg de ganze Welt.

Düsse Lüüd maakt tosamen en Maalkurs:

Holger Timmermann wahnt in Lümborg, is verheiraadt un hett dree Kinner. Sien Kinner sünd al groot. He is Muermann un fiefunveertig Johr oolt. He speelt geern Skaat oder sitt mit sien Kollegen to en Klöönsnack tohoop. He maalt geern Minschen.

Anne Harder leevt in Hamborg un arbeidt as Bürokoopfro. Egens kümmt se ut Ulm. Se is negenuntwintig Johr oolt, leest geern Böker un singt veel. Sünnavends geiht se faken to'n Danzen. Bi't Malen nimmt se knallige Farven. Se hett twee Katten.

Nils Kruse is Schoolmeester in Stood, man he is in Lübeck op de Welt kamen. Filme ankieken is sien Hobby, op't leefst Krimis. He is meisttiets still un kann ok stuur ween. Wenn he maalt, denn geern de See, mit den Diek un dat Butenland, mit Water, Wulken un ruscheln Reit. Ja, he mag Noorddüütschland geern.

Gesine Lammers wahnt mit ehr Familie in Kiel. Se hett twee Kinner, een Söhn un een Dochter. Ehr Öllern hebbt tosamen un mit anner Lüüd Platt snackt, man nich mit ehr. Se is veel buten an de frische Luft, fohrt Fohrrad un is mit ehren Hund ünnerwegens. Se maalt geern Blomen, wenn se blöht.

Beke Diekmann ut Bremen is Gesine ehr Süster, se verdeent ehr Geld in en Kinnergoorn. Se interesseert sik för Spraken, mehr as för dat Malen. As Kind hett se veel na Tallen maalt. Beke reist geern, in twee Johr will se na Neeseeland.

Gröten

Moin! / Moin, Moin!
Moin! – Goden Morgen
Moin!
Moin!
Moin! – Goden Dag! / Dag ok!
Moin!
Moin!
Moin!
Moin!
Moin!
Moin!
Moin!
Moin! – Goden Avend!
Moin!
Moin!
Moin!
Moin! – Gode Nacht!
Moin!
Moin!

To'n Afscheed

tschüüs
laat di dat goot gahn
kumm goot na Huus
bet anner Mal
maak dat goot
hool di fuchtig
gröööt dien Lüüd

ABC
De Wöörlist finnst du op Siet 152

WÖÖR Fragen

wokeen	wer
wat	was
woans / wo	wie

woans kann nur direkt vor einem Verb verwendet werden,
„Woans geiht di dat?"
hier kann auch *wo* gebraucht werden:
„Wo geiht di dat?"

Vor Adjektiven steht immer *wo:*
„Wo groot büst du?"

woneem	wo
wannehr / wann	wann
worüm / woso	warum / weshalb / wieso

Wat so seggt warrt

ja	ja
nee	nein
Wat hest du seggt?	Wie bitte?
Dank ok!	Danke!
Dor nich för!	Bitte! (nur als Antwort auf „Danke")
Kannst du bidde herkamen?	Kannst du bitte kommen?
Dat heff ik nich verstahn.	Das habe ich nicht verstanden.
Kannst du dat nochmal seggen?	Kannst du es noch einmal sagen?
Wat heet dat?	Was heißt das?
Fein, dat du dor büst!	Schön, dass du da bist.
Dat deit mi leed.	Das tut mir leid.
Kannst du mi hölpen?	Kannst du mir helfen?

1. Wo geiht di dat?

Holger: Wo geiht di dat, Nils?
Nils: Mi geiht dat goot, Holger, un di?
Holger: Allerbest, Nils.

Un nu du:
Holger: Wo geiht di dat?

....

....

....

2. To'n Afscheed

Gesine: De Stünn is al wedder üm.
Nils: Denn seht wi uns in een Week wedder.
Gesine: Dor frei ik mi op. Tschüüs.

Un nu du: Wat seggst du to'n Afscheed to Holger, Anne un Beke?

....

....

....

....

....

3. Segg an: Wat weetst du vun de Lüüd?

1. Woneem wahnt Holger? ....
2. Wo veel Kinner hett he? ....
3. Wo oolt is he? ....

4. Woneem leevt Anne? ....
5. Wo oolt is se? ....
6. Wat för Hobbys hett se? ....

7. Wat maakt Nils? ....
8. Woneem is he op de Welt kamen? ....
9. Hett he en Hobby? ....

10. Kann Gesine al Platt snacken? ....
11. Hett se dree Kinner? ....
12. Woneem wahnt se? ....

13. Maalt Beke geern Hüüs? ....
14. Wahnt se in Kiel? ....
15. Woneem will se in twee Johr hen? ....

Aussprache

Plattdeutsch wird von Ort zu Ort und von Region zu Region recht unterschiedlich ausgesprochen. Jeder Sprachlerner ist daher aufgefordert, in seiner näheren Umgebung genau hinzuhören und die Laute möglichst nachzubilden. Die Schreibung orientiert sich in diesem Lehrbuch an Regeln, die in weiten Teilen des niederdeutschen Sprachgebiets verbreitet sind. Besondere Aufmerksamkeit verlangen zwei Laute:

Das lange a (mit Ausnahme von -ar-) wird als dumpfes -a- gesprochen, wie wir es im Deutschen vom *-o-* kennen, etwa in: *Torf, Korb, Wolle*. Im Plattdeutschen schreibt man hierfür a / aa / ah.

Bispelen:
maken, Saal, wahnen

Das g am Ende einer Silbe oder eines Wortes wird als ch gesprochen (mit Ausnahme von -ng). Je nachdem, auf welchen Vokal das **g** folgt, wird das ch entweder weich oder kehlig ausgesprochen:

- auf e-, i-, ö- und ü-: weich, etwa wie in *Kirche, stechen, streichen*
- auf a-, o- und u-: kehlig, etwa wie in: *Bach, lachen, Krach*

Bispelen:
düchtig, fiefunveertig, ik segg
(auch in *du seggst, he seggt*)

Bispelen:
Dag, Hamborg

Konjugation der Hilfsverben

	sien	hebben	warrn
ik	bün	heff	warr
du	büst	hest	warrst
he/se/dat	is	hett	warrt
wi/ji/se	sünd	hebbt	warrt

De bestimmte / unbestimmte Artikel

Wenn dat een is	mask.	fem.	neutr.
Nom.	de / en Jung	de / en Deern	dat / en Kind
Nich-Nom.	den / en Jung	de / en Deern	dat / en Kind
Wenn dat mehr sünd	de Jungs	de Deerns	de Kinner

bün
sünd *is* *sünd*
hett
warrt *hett*
sünd
warrst *hebbt*
büst

4. Haal de Wöör an de richtige Steed!

*Bispeel: Ik **bün** ut Hamborg.*

1. Du .... ut Bremen.
2. Ji .... ut Neddersassen.
3. Wi .... ut Düütschland.
4. He .... ut Lübeck.
5. Se .... ut Dithmarschen.
6. He .... dree Kinner.
7. Se .... en Hund.
8. Ji .... twee Katten.
9. Se .... fiefundörtig Johr oolt.
10. Du .... bald en Reis maken.

sien
Bürokoopfro, Muermann, Schoolmeester, verheiraadt oder nich, veertig Johr oolt, ut Lümborg/Hamborg/ Bremen/Stood/Buxthu

hebben
twee/dree Kinner, Söhn, Dochter, Hund, Katten, Böker, en Huus, en Goorn, en Auto, en Fohrrad, Döst, Hunger usw.

5. Segg mi dat / Schriev dat op: Vertell wat vun di un Lüüd, de du kennst!

Bispelen: Ik bün nich verheiraadt un heff dree Kinner. He is ut Bremen un hett en Hund.

1. Se .... Johr oolt un hett vele Böker.
2. Wi .... ut .... un hebbt ....
3. Du .... un hest en groten ....

....

....

6. Bi de Verben is wat verkehrt lopen. Sett de üm:

1. Ik <u>snackt</u> Hansen un <u>speelt</u> Moin. ....
2. He <u>segg</u> in Bremen un <u>heet</u> Football. ....
3. Wi <u>maakt</u> den ganzen Dag. ....
4. Se <u>wahnt</u> Platt. ....
5. Wi <u>vertellt</u> en Maalkurs. ....

7. Haal den richtigen Artikel her!

en
den *de* *den*
dat *de*
en

1. Ik seh .... Mann.
2. Anne snackt mit .... Kind.
3. Du sühst .... Fro ut den Danzkurs.
4. Nils leest .... Krimi.
5. Gesine maalt .... Fohrrad.
6. Nils steiht an .... Diek.
7. Holger danzt mit .... Süster vun Beke.

1

ABC

De Wöörlist finnst du op Siet 152

Konjugation regelmäßiger Verben

	maken	vertellen	snacken	seggen	wahnen	heten
ik	maak	vertell	snack	segg	wahn	heet
du	maakst	vertellst	snackst	seggst	wahnst	heetst
he/se/dat	maakt	vertellt	snackt	seggt	wahnt	heet
wi/ji/se	maakt	vertellt	snackt	seggt	wahnt	heet

8. Sett de Wöör in!

	arbeiden	fohren	dreihen	vertellen	spelen	wiesen
ik	arbeid	fohr				
du			dreihst		speelst	
he/se/dat	arbeidt			vertellt		
wi/ji/se		fohrt				wiest

9. Wat passt?

1. Ik .... geern Krimis.
2. Wi .... twintig Johr verheiraadt.
3. Ik .... ut Bayern.
4. Du .... en VW.
5. Ji .... en lange Reis.
6. Wi .... Walzer.

bün

sünd *danzt*

maakt

lees *fohrst*

10. Maak Sätz mit de Verben!

Lüüd

ik, mien Fro, he, Vadder, dat Kind, wi, de Lüüd, de Familie, Beke, du, Mudder, ji ...

wat se maakt

snackt al en beten Platt, maakt nix, vertellt dumm Tüüch, wahnt in Hamborg, heet Meier, snackt to veel, liggt an'n Diek ...

....

....

....

....

....

....

....

....

....

Familie un anner Lüüd

WÖÖR

Broder	Bruder
Broderdeern*	Nichte
Brodersöhn*	Neffe
Brögam	Bräutigam
Bruut	Braut
Daam	Dame
Deern	Mädchen
Dochter	Tochter
Ehfro	Ehefrau
Ehmann	Ehemann
Enkel	Enkel
Fro	Frau
Fründ	Freund
Fründin	Freundin
Göör	Kind (abwertend)
Grootkind	Enkel
Grootöllern	Großeltern
Herr	Herr
Jung	Junge
Keerl	Kerl, Mann
Kind	Kind
Kuseng	Cousin, Vetter
Kusine	Kusine
Lüüd	Leute
Mann	Mann
Minsch	Mensch
Mudder	Mutter
Naver	Nachbar
Naversch	Nachbarin

* Die Kinder des eigenen Bruders

Mien Familie

Mien Vadder hett een Broder un twee Süstern, mien Mudder twee Bröder. Also heff ik dree Unkels un twee Tanten. Mien Fro un ik hebbt twee Kinner: Uns Söhn heet Dennis un de Dochter Nicole. Uns Dochter hett sülven al en Dochter. Uns Grootkind heet Alina. Paul is Alina ehr Vadder, Nicole ehr Mann is uns Swiegersöhn.

WÖÖR Familie un anner Lüüd

Öllern	Eltern
Oma	Oma
Opa	Opa
Söhn	Sohn
Süster	Schwester
Süsterdeern*	Nichte
Süstersöhn*	Neffe
Swager	Schwager
Swagersch	Schwägerin
Swieger-dochter	Schwieger-tocher
Swieger-mudder	Schwieger-mutter
Swiegersöhn	Schwieger-sohn
Swieger-vadder	Schwieger-vater
Tant	Tante
Unkel	Onkel
Vadder	Vater

* Die Kinder der eigenen Schwester

11. Schriev dat op: Mannslüüd un Froenslüüd – wat fehlt?

Mannslüüd	Froenslüüd
Vadder	*1.*
2.	*Süster*
Jung	*3.*
4.	*Fro*
Koopmann	*5.*
Söhn	*6.*
7.	*Grootmudder*
Naver	*8.*
9.	*Tant*
10.	*Daam*

12. Segg mi dat: Wokeen is dat?

1. Mien Mudder ehr Mann? ....
2. Mien Grootmudder ehr Söhn? ....
3. Mien Vadder sien Dochter? ....
4. De Söhn vun mien Grootvadder sien Söhn? ....
5. De Dochter vun den Söhn vun mien Grootvadder sien Söhn? ....

13. Du hest nu vele Wöör lehrt un kannst al en beten mehr över di sülven snacken – Schriev di en poor Markwöör op, tro di wat un vertell!

- Segg dien Vörnaam un Tonaam.
- Vertell, woneem du herkamen deist.
- Woneem büst du op de Welt kamen?
- Büst du verheiraadt? Wenn ja, wo lang?
- Hest du Kinner? Wenn ja, wo vele?
- Wo oolt sünd dien Kinner?
- Hest du Bröder, Süstern, Unkels, Tanten, Opas, Omas?
- Hest du al jümmers in dien Stadt/Dörp leevt?
- As wat arbeidst du oder as wat hest du arbeidt?
- Fohrst du mit Auto/Fohrrad/Bus oder mit de Bahn to't Inköpen?
- Wat deist du geern, wat för Hobbys hest du? (Football spelen, danzen, spazeren gahn, Böker lesen, malen, Skaat spelen, in'n Goorn arbeiden, Lüüd drapen un Beer drinken, dat Auto schier maken, Gitarr spelen, Musik maken, Fohrrad fohren, Tennis spelen, in de Natur ünnerwegens ween)
- Un wat maakt di gor keen Spaaß?

....

1

14. Dat kann ik in'n Kopp utreken.

+ un – weniger : dörch • mal

Bispeel: Wo veel sünd veer un fief? – Veer un fief sünd negen.

4 un 5: *negen*	150 un 160	1000 weniger 500
twölf mal twee	144 dörch 12	100 weniger 88
1 Million weniger 1		
17 un 88	20 dörch 5	dree mal dree
47 un 10000	33 un 44	
100 un 100	fief mal acht	8 dörch 2
13 un 5	21 dörch 7	35 dörch 7
1032 un 500	veer mal söven	

en oder een?

Op Platt gifft dat beide Wöör:

- ***en*** is de unbestimmte Artikel: ***en*** Mann, ***en*** Fro
- ***een*** is dat Tallwoort: Dat sünd nich twee Kinner, dat is ***een*** Kind.

Un ***een*** heet ok ***man***. Dat kann ***een*** so maken.

15. Reken dat ut: Stück för Stück

acht un föffteihn weniger fief dörch söss mal twölf sünd

söven weniger dree mal fiefuntwintig dörch twintig un twee sünd

1	een
2	twee
3	dree
4	veer
5	fief
6	söss
7	söven
8	acht
9	negen
10	teihn
11	ölven
12	twölf
13	dörteihn
14	veerteihn
15	föffteihn
16	sössteihn
17	söventeihn
18	achtteihn
19	negenteihn
20	twintig
21	eenuntwintig
30	dörtig
40	veertig
50	föfftig
60	sösstig
70	söventig
80	achtig/ tachentig
90	negentig
100	hunnert
101	hunnerteen
200	tweehunnert
500	fiefhunnert
1000	dusend
1100	dusendeen-hunnert
2000	tweedusend
10000	teihndusend
100000	hunnertdusend
1000000	een Million

1. eerst/e
2. tweet/twete
3. drütt/drüdde
4. veert/e
5. föfft/e
6. sösst/e
7. sövent/e
8. acht/e
9. negent/e
10. teihnt/e
11. ölvt/e
12. twölft/e
13. dörteihnst/e
14. veerteihnst/e
15. föffteihnst/e
16. sössteihnst/e
17. söventeihnst/e
18. achtteihnst/e
19. negenteihnst/e
20. twintigst/e
21. eenuntwintigst/e
30. dörtigst/e
40. veertigst/e
50. föfftigst/e
60. sösstigst/e
70. söventigst/e
80. achtigst(e)/ tachentigst(e)
90. negentigst/e
100. hunnertst/e
101. hunnerteerst/e
200. tweehunnertst/e
500. fiefhunnertst/e
1000. dusendst/e
1100. dusendeen-hunnertst/e
2000. tweedusendst/e
10000. teihndusendst/e
100000. hunnertdusendst/e
1000000. millionst/e

16. Segg an: Wat köst dat?

Een Ei köst dörtig Cent.

17. Vertell mi dat: Meten un wegen

Hans is een Meter tweeuntachentig groot. He wiggt fiefuntachentig Kilo. Dat is em to veel, he will afnehmen. Dat is nich so eenfach. Dat Eten smeckt em to un to goot.

1. Ik weeg tachentig Kilo. Un wo veel wiggst du? ....
2. Ik bün 1,80 Meter groot. Un wo groot büst du? ....
3. En half Pund Botter köst 1,30 Euro. Un wo veel köst en Kilo? ....
4. Een Sack Zement wiggt 25 Kilo. Wo veel weegt 10 Sack? ....
5. Mien Wahnung hett hunnerttwintig Quadraatmeter. Wo groot is dien Huus? ....

18. Fraag dien Naver. Schriev de Antwoorden op!

1. Wat hebbt wi för en Johr? ....
2. Wo veel Minuten hett en Dag? .... *dusendveerhunnertveertig* ....
3. Wo veel Gramm hett en Pund Solt? ....
4. Wo veel Pund hett en Sack Kantüffeln? ....
5. Wat hett dien Fohrrad köst? ....
6. Wo veel Footballspelers sünd op den Platz? ....
7. Wo veel Eier höört to en goden Pannkoken? ....
8. Wannehr weren de letzten Olympischen Spelen? ....
9. Wannehr is de tokamen Bunnsdagswahl? ....
10. Wo veel Lüüd wahnt in Düütschland? ....

19. To'n Vörlesen, to'n Singen – un to'n Översetten: Wo ik herkaam

En lütt Riemel över Noorddüütschland un sien Minschen. (Text: Alma Rogge; Musik: Helmut Debus, Kapo II, 6/8-Takt)

1. Wo ik herkaam is dat Land so free un wiet,
   wasst dat Gras un blöht de Klee, rüükt de Luft na Solt un See,
   blänkert Water, ruschelt Reit, jaagt de Wulken, Wind de weiht,
   wo ik herkaam.

2. Jeden Dag tweemal löppt de Floot dor an,
   över't Watt un Butenland, stiggt an'n Diek un över'n Rand,
   spöölt un wöhlt üm Pahl un Steg, sackt denn sinnig wedder weg,
   jeden Dag.

3. Miene Lüüd gaht ehrn stillen, sturen Gang,
   wat se wüllt, dat faat se an, hollt ehr Woort un staht ehrn Mann,
   blots wat ehr in't Harten liggt, seggt se nich – seggt se nich,
   miene Lüüd.

4. Wo ik herkaam is dat Land so free un wiet,
   wasst dat Gras un blöht de Klee, rüükt de Luft na Solt un See,
   blänkert Water, ruschelt Reit, jaagt de Wulken, Wind de weiht,
   wo ik herkaam.

Wo ich herkomme, ist das Land so frei und weit, wächst das Gras und blüht der Klee, riecht die Luft nach Salz und See, glänzt das Wasser, raschelt Reet, fliegen die Wolken vorbei, weht der Wind, wo ich herkomme.

Snacks

Wat mutt, dat mutt.

Wat de Buer nich kennt, dat fritt he nich.

Do wat du wullt, de Lüüd snackt doch.

Laat di man Tiet is ok en Walzer.

Beten scheef hett Gott leef.

20. To'n Högen: Wat is hier woll meent?

Döösbartel	A	Anrede nach Fehlleistung
	D	verstecktes Kompliment
	P	Paddel für ruhige Gewässer
glattsnacken	T	eine Sprache perfekt beherrschen
	D	sehr laut sprechen
	P	nach dem Mund reden
Maibüx	Ö	Frühjahrsinsekt
	P	Beinkleid im Frühjahr
	K	Starkbiersorte
Botterlicker	B	kleiner, ungezogener Junge
	Z	jemand, der gern Butterbrot isst
	E	kleines Insekt mit hauchdünnen Flügeln
Bleesticken	V	Krankheitssymptom
	L	Schreibwerkzeug
	A	Spiel für Erwachsene
Leuwagen	B	Fahrzeug zum Heueinfahren
	D	Gerät, das beim Hausputz gute Dienste leistet
	R	Bezeichnung für einen Mietwagen
bregenklöterig	B	altes, ramponiertes Auto
	Z	Voraussetzung für Ordensverleihung
	W	verwirrt, durcheinander sein
mucksch	E	mucksmäuschenstill
	A	eingeschnappt
	U	morgens sehr müde
tüdeln	T	es mit der Wahrheit nicht sehr ernst nehmen
	C	etwas akkurat zusammenbauen
	E	zittern
piesacken	Ö	schwere körperliche Arbeit verrichten
	S	jemanden quälen, ihm Schmerzen bereiten
	T	dringend auf Toilette müssen
Proppentrecker	I	spezieller Traktor für Hanglagen
	C	Voraussetzung für ein Gelage
	P	Schauspieler des Ohnsorg-Theaters
slumpen	I	sehr ungenau arbeiten
	R	jemandem übel nachreden
	H	gelingen, klappen

Vertell nich so ein Tüünkraam! Dat is doch:

☐ ☐ ☐ ☐ ☐ ☐ ☐ ☐ ☐ ☐ ☐ ☐

(Drigg de Bookstaven vun de richtigen Antwoorden hier in.)

1. Stremel

1. Thadde

1 Ik heff veer Omas un Opas. Twee vun jeedeen. Also, nich veer Omas un veer Opas, sünnern twee. Twee Omas, twee Opas. Dat warrt so blieven. Ik denk, ok wenn de een oder anner starven deit. Kann ik noch mehr hebben?
Ik kunn ja eventuell noch Bröder oder Süstern dorto kriegen. Wenn Ma ehren ne'en Fründ heiraadt. WENN. Se will aver wiss nich.
„Een Tuur is noog, danke, langt mi!", seggt se.
Ma ehr ne'e Fründ hett sülvst noch veer Kinner. De sünd echt groot, richtig groot. Tomm hett mi en fies PC-Speel opnahmen. Cool!
„Is dat so een, wat Mamas slecht finnt?", hett Ma fraagt. Ik finn Tomm goot.
Heet dat denn Halfbroder, wenn Ma doch heiraden schull? Oder blots Steefbroder? Un heff ik en Steefvadder, ok wenn mien Vadder in en anner Stadt leevt? Wokeen schall ik sowat blots verkloren?
Kann een veer Omas un Opas un noch Steefgrootöllern dorto hebben? Wokeen schall ik dorna fragen? Oh Mann...
Mien Naam is Thadeus, na mienen Uropa, de vun Ma ehr Siet. Tomeist heet ik Thadde. – „Kladde" seggt blots Kay, de Blöödmann ut mien Klass. Fuul Ei. De hett mi mal verkloppt. Eenmal. Ik heff fraagt, of he dat cool finnt, Kinner to verkloppen un of he anners nix kann. Dat hett Ma mi mal seggt. Blöde Idee, ik wull lever blarren. Ik bleev stahn un keek em in't Oog. „Schiet Mann", dach ik, ik hool dat aver ut. Kay keek mi bannig doof an, un ik seeg, de wull mi glieks nochmal verkloppen. Un dor bün ik gauer ween. Dat weer 't denn ok.
„Kladde" seggt he blots, wenn ik wiet weg bün. Dat Kieken hett dat maakt. Den Ünnerscheed. „Ja", seggt Ma, „of du en Kanink büst oder de Haav. Dat kannst bi't Kieken al öven."
Ik bün meist dörteihn. Deerns finn ik blööd.
Ik sitt hier, an Boord vun en Schipp, ünner uns sitt grote Geelfisch, beter seggt Ohrenquallen, op Latiensch aurelia aurita, un över uns hangt en groten Käfig ut Draht. Un dor binnen sitt uns Höhner.

verkloren	erklären
of	ob
blarren	plärren, weinen
seeg	sah
gau	schnell
Haav	Habicht

2. Woans dat allens anfüng

Wat dat allens anfüng? Oh Mann... Wokeen schall ik dat verkloren? Ik heff dat sülvst nich kloor. Wannehr füng dat an? Ik glööv, dat weer lang vör Wiehnachten. Noch vör de groten Ferien in'n Sommer. Mag ween, dat weer laat Vörjohr. Maimaand villicht. Oder Junimaand. Allens weer as jümmers. (Dat is nich wohr, aver dat duert mi to lang, dat nu överher ok noch to verkloren.)
Oma un Opa weren nich dor. De Tapeten fullen al siet den vörigen Sommer vun de Wand. „DOR maak ik nix mehr an", see Ma, un dor kunn ik an marken, se harr de Snuut echt vull. Ma maakt anners överall wat an, ok, wenn dat nich goot geiht. Ok, wenn dat jüst nich in uns Kraam passt. Un ok, wenn Ma dat egens nich goot kann. Ik weet noch, as in de Baadstuuv de Kacheln

överher	außerdem
hendaal	hinunter
marachen	schwer arbeiten
to Schann maken	zerstören, kaputtmachen
jichtenswo	irgendwie
akraat	akkurat, genau

hendaal fullen, wieldat allens natt weer in de Wand, un de Vermieter vun Ma nich keem.
Un Ma de Kacheln restlos hendaal hauen dee mit en Hamer. Ik dach, de Fro maracht de Wand to Schann. De weer aver hart noog.
Ma lees denn wat över dat Restaureren vun ole Fachwarkhüüs, un jichtenswo hett se dat henkregen. Mit Stroh un Lehm, nich ganz akraat, aver, naja, weer ja ok de eerste Tuur.
As ik lütt weer, dach ik jümmers, sowat maakt de Vadders. Leitung leggen, Drahtesel flicken, Plaastern, Heelmaken. Nu sünd WI dat, Ma un ik.
Ahn Vadder.
Dor wahnen wi in en oolt Huus, Ma un ik. Dat Huus weer goot. Uns Höhner kunnen mit. As wi wegtrocken vun Pa. Vördem dat Pa ok wegtrock.
Een Hahn, bi all uns Höhner dor mit bi. Rassedeert. Niederrheiner. Hett Opa Ma schenkt. Oma hett em funnen, den Hahn. Bi en Keerl bi jüm in't Dörp. Oma hett em ok betahlt.
Dree nich ganz reinrassige Araucana-Höhner, swatten Backenboort, de leggt gröne Eier. Twee Plymouth Rock un dree Wyandotten, de hebbt Rüschen an de Fööt. Mutt een af un to oppassen, dat de nich so in'n Dreck pedden doot, denn sünd de Rüschen vull Schiet. Allens Dwargen, oder half, tominnst. Middelgroot un middellütt. Dor weer al en ole Schuppen, as wi mit Sack un Pack un Höhner ankemen. Opa hett en Tuun ümto trocken un en Nett bavenöver smeten, dat de Haav nich kamen kunn. Uns Höhner klauen. De Hahn bruukt sien Höhner. Dat is sien Hoffstaat.

Hans-Heinerich heet he, de Hahn.
„Den Hahn kannst nömen", hett Oma seggt. „De geiht nich in'n Pott."
All de annern hebbt kenen Naam kregen. Wegen den Pott. Höhnersupp is heel goot, wenn een dat slecht geiht. Höhner sünd goot för Minschen.

Müüs sünd goot för Mikesch. Mikesch is uns ole Kater. Un Müüs sünd jümmers dor, woneem Höhner sitt. Ünner den Wiemen. Un de gaht af un to spazeren, de Müüs.
Mikesch weet dat.
He töövt. Bet dat wat to eten gifft.
Goot ok: ole Appelbööm, noog Goorn för all dat rore Plantentüüch, wat Ma un ik överall tohoopkleit. Un en egen Kamer för mi. Un en echte Baadwann.
In de Sommerstiet hebbt wi allens buten maakt. Af un to ok buten slapen. Ünner den Appelboom. Mit Moskitonett. Ok wenn dat hier bi uns egens keen Moskitos geven deit. Blots Gnidden.
Ik wett, de fiesen Gnidden hebbt en Vörraatslager. Buddeln över Buddeln vull Bloot. För slechte Tieden.
In't Vörjohr, in'n Harvst, wenn dat natt noog weer ok in'n Sommer, harrn wi noch mehr Veehtüüch in de Bood. Lüttje Sülverfisch op uns Lokus. De lepen een över de nackigen Fööt, wenn een 's nachtens dor hen güng, un kröpen in't Been vun de Slaapbüx. Denn de liggt ja op de Eer, de Büx, wenn du sittst un pullerst. Ik mag de Sülverfisch lieden, de köönt so gau flitzen un sünd heel platt, de kannst kuum faatkriegen.
Asseln dorgegen höört na mien Menen in den Keller. Of dat dor an leeg, dat uns oolt Huus keen Keller harr, dat de Asseln op den Flur leven? Oder in mien Schooltasch introcken, wenn ik Ferien harr?
Doof finn ik Snicken an de Wand. Nich blots in de Baadkamer. Of de dat buten to natt weer? Pienlich. As de een swatte Nacktsnick in de Neeg vun den Kökenheerd suutje de Wand hoochkreep un en lange, dünne Spoor vun Lack achter sik her trecken dee.
Soveel to dat, wat NICH so goot weer an den Oort, woneem Ma un ik leven.
Wi harrn al faken doröver nadacht, woneem man wahnen kunn.

Dwarg	Zwerg
Tuun	Zaun
Nett	Netz
nömen	nennen, einen Namen geben
Wiemen	Sitzstange im Hühnerstall
töven	warten
buten	draußen
Gnidd	Mücke
Buddel	Flasche
Bood	Bude
Menen	Meinung
Neeg	Nähe
suutje	langsam, allmählich
faken	oft

ut: Birgit Lemmermann „Ebbe un Hehn"
mehr op Siet 174

2. Stremel

Fröhstück – Kledaasch – Tiet

2

2

De Familie bi't Fröhstück

Katja (Mudder), Tim (Vadder), Hanna (Dochter), Niklas (Söhn)

Katja: So, hier sünd de Rundstück, frisch opbackt. Hebbt ji utslapen?
Tim: Geiht so. Is de Kaffe al fardig?
Katja: Is jüst dörchlopen. Geev mi mal dien Beker, ik geet di wat in.
Hanna: Ik finn den Honnig nich, is de al all?
Niklas: Kannst du nich kieken? De steiht doch achter den Melkputt, twüschen Kees un Schink. Ik eet lever Wust! Giffst du mi de mal, Mama?
Tim: Dat Ei is veel to hatt, kann dat nich weker ween?
Katja: Ik glööv, morgen kaakst du de Eier sülvst.
Hanna: Wi köönt doch en Eierkaker köpen, dor kannst du allens inprogrammeren: hatt, week, middel ...
Niklas: Ja, un soltig, sööt, suer ...
Tim: Tüünkraam! So wiet kümmt dat noch. Ik mutt los, dat is al laat.
Katja: Wannehr büst du wedder torüch?
Tim: So bi halvig söss.
Niklas: Wullt du noch en Ei mitnehmen, Papa? Schöön hatt kaakt, blots för di!
Tim: Wat heff ik blots för en feine Familie … Tschüss, Lüüd!

WÖÖR Vör, bi un na dat Eten

afbieten	abbeißen	opsmeren	aufschmieren
drinken	trinken	opwaschen	abwaschen
eten	essen	rösten	rösten
ingeten	eingießen	snieden	schneiden
kaken	kochen	vermengeleren	vermengen, vermischen

WÖÖR Drinken

Kaffe	Kaffee
Melk	Milch
Saft	Saft
Tee	Tee
Water	Wasser

Bi Anne an'n Fröhstücksdisch

Anne leevt teemlich gesund. Müsli is dat, wat se geern itt. Se vermengeleert Flocken ut Haver, Weten un Roggen. Denn kaamt ok noch Appelstücken, Bananenschieven un Nööt in de Schöttel; de Hasselnööt un Mandeln hett se vörher in den Backaven röst. An't Enn gütt se Melk mit nich so veel Fett över all de gesunnen Saken. Dat smeckt Anne allerbest! To Drinken gifft dat bi ehr jümmers grönen Tee. Man af un an hett se ok mal so en richtigen Janker op Wittbroot mit Lebberwust.

1. Wat ittst du geern to't Fröhstück? Un wat magst du gor nich eten?

Schriev dat op un vertell dat.

....

....

....

....

Fröhstück WÖÖR

Botter	Butter
Broot	Brot
Ei	Ei
Hasselnutt	Haselnuss
Haver	Hafer
Honnig	Honig
Kees	Käse
Lebberwust	Leberwurst
Marmelaad	Marmelade
Nutt (Pl. Nööt)	Nuss
Peper	Pfeffer
Rundstück	Brötchen
Schiev	Scheibe
Schink	Schinken
Solt	Salz
Swattbroot	Schwarzbrot
Weten	Weizen
Wittbroot	Weißbrot
Wust	Wurst
Zucker	Zucker

Geschirr un anner Saken WÖÖR

Backaven	Backofen
Beker	Becher
Disch	Tisch
Eetlepel	Esslöffel
Gavel	Gabel
Glas	Glas
Kaffekann	Kaffeekanne
Lepel	Löffel
Metz	Messer
Pann	Pfanne
Putt	Topf/Becher
Schöttel	Schüssel
Tass	Tasse
Teelepel	Teelöffel
Töller	Teller

2. An'n Fröhstücksdisch

Dat is Sünndagmorgen Klock acht un ji sitt an'n Fröhstücksdisch: Kaffe, Tee un Rundstück – allens dor. Is de een villicht noch ganz mööd un bruukt eerst mal en Tass Kaffe, un de anner is an'n Morgen glieks waken un vertellt un vertellt? Sünd ok Kinner mit an den Disch, de nix as Broot mit Honnig eten wüllt? **Speelt de Situatschoon.**

Bi't Fröhstück

Dat Fröhstücksei is to hatt/to week.

Giffst mi bidde mal de Wust?

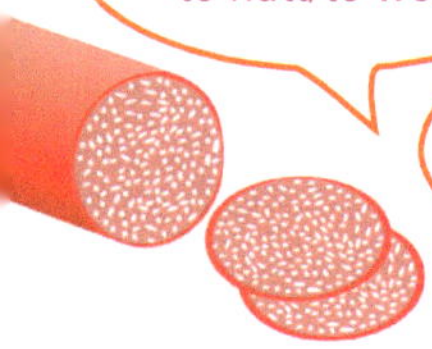

Is de Zeitung al dor?

Na, hest du utslapen?

Wullt du noch en Schiev Broot eten?

Wat gifft dat Ne'es?

Wullt du noch en Tass Kaffe drinken?

Wat wüllt wi vundaag maken? Villicht Rad fohren oder en Utflug maken oder in't Kino gahn?

Lang mi mal de Botter un en Rundstück röver.

Schall ik di noch en Tass Tee ingeten?

Ik heff vundaag keen Tiet.

Mmhhh, dat smeckt allerbest!

Ik heff dat hild, dat is al laat!

Tschüüs, bet vunavend!

Platt schrieven

Das gesprochene Plattdeutsch kennt eine große Anzahl unterschiedlicher Dialekte. Oft unterscheidet sich die Aussprache von Ort zu Ort. Vielfalt ist also ein Kennzeichen der plattdeutschen Sprache. In der Schreibweise gibt es – anders als im Hochdeutschen – keinen verbindlichen Standard. Trotzdem haben sich in vielen Regionen die Schreibregeln nach Johannes Saß durchgesetzt.

Dies sind die wichtigsten Regeln:

Es werden nur Zeichen verwendet, die auch im Hochdeutschen geschrieben werden.

Die Schreibung eines Wortes orientiert sich am hochdeutschen Vorbild. Das gilt etwa für

- die Kennzeichnung der Langvokale:
  Möhl (mit Dehnungs-h, wie in *„Mühle"*), **See** (mit Vokalverdopplung),
  flietig (**ie** steht für langes i).
- die Unterscheidung von **f** und **v**:
  för (wie hochdeutsches *„für"*) und **vör** (wie hochdeutsches *„vor"*).

Die Schreibung der langen Vokale richtet sich nach ihrer Position in der Silbe:

- endet eine Silbe mit einem Konsonanten, wird der Vokal verdoppelt.
- endet eine Silbe mit einem Vokal, so muss dieser nicht verdoppelt werden.

Die Schreibregeln nach Johannes Saß finden auch in diesem Lehrbuch Anwendung.

Bispelen:

de Roos, de Straat, de Lööv

de Rosen, de Straten, de Löven

3. Wat is richtig?

○ gel	○ rot	○ Han	○ Stat	○ twee Naams	○ frehten	○ Diehk	○ Söhn
○ gehl	○ roht	○ Hahn	○ Staat	○ twee Nahmen	○ freten	○ Diik	○ Sön
○ geel	○ root	○ Haan	○ Staht	○ twee Naamen	○ freeten	○ Diek	○ Söön

Klockentieden

Klock söss steiht Mareike op un maakt een Stünn lang Yoga. Jeden Morgen! Dat is Matthias veel to fröh, vör Klock halvig negen is he nienich op de Been. Un Johannes slöppt bet Klock ölven, wenn dat geiht. Man meisttiets fangt de Uni för em viddel na teihn an.

Üm un bi viddel vör twölf hett Mareike al wedder Hunger un geiht Middag eten. Matthias un Johannes eet twüschen Klock twee un halvig dree Middag in de Mensa.

An'n Avend kaakt de dree geern tosamen in de WG. Denn sitt se in de Kööк, drinkt Wien un snackt. De Jungs snackt un snackt un snackt. Un Mareike? Teihn vör twölf liggt se in't Bett, later op keen Fall. Se weet: Klock söss pingelt de Wecker, un denn liggt se wedder op de Yogamatt un begrött de Sünn.

So kannst du seggen, wo laat dat is

Dat is Klock twee.

Dat is Klock halvig ölven.

Dat is viddel na dree.

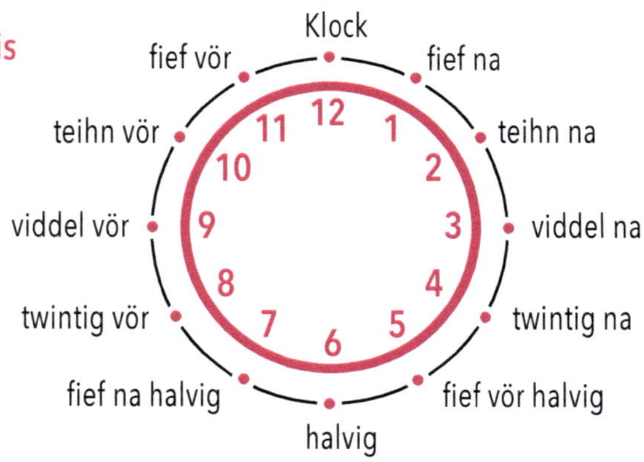

4. Wannehr maakst du wat?

*Bispeel: Wannehr steihst du an'n Morgen op? **Ik stah an'n Morgen Klock söss op.***

1. Wannehr kümmt de Post? (so üm un bi) ……………………………………
2. Wannehr hest du vundaag Middag eten? ……………………………………
3. Wannehr drinkt de Lüüd in England Tee? ……………………………………
4. Wannehr maakst du Fieravend? ……………………………………
5. Wannehr mööt de Kinner na School? ……………………………………
6. Wannehr gifft dat de „Tagesschau" in't Feernsehn? ……………………………………
7. Wannehr geihst du na Bett? ……………………………………
8. Wannehr maakt de Geschäften dicht? ……………………………………
9. Wannehr kreiht de Hahn? ……………………………………

5. En Week to'n Wünschen:

Maandag harr ik geern noch een Dag länger Wekenenn.

Dingsdag wörr ik geern ……………………………………

……………………………………

……………………………………

……………………………………

……………………………………

So kannst du na de Klockentiet fragen

Wat seggt de Klock?
Wo laat is dat?
Kannst du mi seggen, wo laat dat is?

Wat löppt de Tiet! WÖÖR

Avend	Abend
Dag	Tag
Fieravend	Feierabend
Fierdag	Feiertag
Johr	Jahr
Maand	Monat
Middag	Mittag
Middernacht	Mitternacht
Minuut	Minute
Momang	Moment
Morgen	Morgen
Namiddag	Nachmittag
Nacht	Nacht
Ogenblick	Augenblick
Sekunn	Sekunde
Stünn	Stunde
Tiet	Zeit
Week	Woche
Wekenenn	Wochenende

De Week WÖÖR

Maandag	Montag
Dingsdag	Dienstag
Middeweken	Mittwoch
Dünnersdag	Donnerstag
Freedag	Freitag
Sünnavend	Sonnabend
Sünndag	Sonntag

Johrstieden WÖÖR

Vörjohr	Frühjahr
Sommer	Sommer
Harvst	Herbst
Winter	Winter

WÖÖR Anner Wöör för de Tiet

annerletzt	kürzlich
bilütten	allmählich
ehrgüstern	vorgestern
faken	oft
fröher	früher
glieks	gleich
güstern	gestern
middewiel	mittlerweile
morgen	morgen
nie	nie
nienich	überhaupt nie
nu	nun, jetzt
opletzt	schließlich
övermorgen	übermorgen
tokamen	künftig, im/ am nächsten
twüschen	zwischen
üm un bi	ungefähr
verleden	vergangenen, im/am letzten
vunavend	heute Abend
vundaag	heute
vunmorgen	heute Morgen
vunnacht	heute Nacht

WÖÖR Wedder

bruttig	schwül
dröög	trocken
hitt	heiß
ieskoolt	eiskalt
koolt	kalt
natt	nass
Regen	Regen
regen	regnen
Snee	Schnee
sneen	schneien
Storm	Sturm
Sünnschien	Sonnenschein
warm	warm
Wind	Wind
weihen	wehen

6. Segg dat op Platt un schriev dat op!

1. Um acht Uhr esse ich gerne Brötchen mit Wurst und Marmelade.

....

2. Meine Freundin steht im Frühjahr schon um zwanzig vor sieben auf.

....

3. Im Herbst esse ich nie Käse. ....
4. Mittwochs mag ich gerne Schinken. ....
5. Um Mitternacht schlafe ich nie. ....
6. Um halb drei trinke ich gerne eine Tasse Kaffee, um viertel vor vier ein Glas Milch.

....

7. Gesa steiht op

Gesa vertellt: Klock söss pingelt bi mi de Wecker. Vertell, woans dat wiedergeiht.

 Wecker, rasseln, pingeln
 opwaken, opstahn
 duschen, sik schier maken
 antrecken
 fröhstücken
 ut't Huus gahn
 mit de Arbeit anfangen

....

....

....

8. Woans süht dat bi di an'n Morgen ut?

Nu fraag dien Naver/Naversch, woans dat bi em/ehr is. Wat maakst du twüschen Klock söss un Klock negen? Schriev dat op!

....

....

9. Regen un Sünnschien

Vun't Wedder snackt wi veel. Sett de passlichen Wöör in:

1. In'n .... is dat warm un in'n Winter ....
2. 35 Graad – Wat is dat .... vundaag.
3. Wiehnachten ahn .... is för mi nix.
4. Laat uns bi den schönen .... na buten gahn.
5. Dat regent al den ganzen Dag lang un allens is ....
6. De Wind .... as dull, dat is al meist en ....
7. Wenn dat in'n Winter .... is, treck ik mi en Pullover un en dicke Jack an.
8. De Blomen sünd ganz .... , wannehr regent dat blots mal wedder?
9. Eenmal dörch dat Johr: .... , Sommer, ... un Winter.
10. .... un .... : Dor seggt wi in'n Noorden Schietwedder to.

Kledaasch inköpen

Gesine: Paul, kiek mal de Blusen. Magst du de gröne oder de rode mehr lieden?
Paul: Ik meen, de rode steiht di beter. Woans gefallt di denn de Büx hier?
Gesine: Tja, de swatte süht ganz smuck ut. Man ik glööv, in dien Grött gifft dat de nich.
Paul: Du hest recht. De sünd all to eng un düer sünd de ok noch. Denn töööv ik lever bet na den Utverkööp. Köönt wi nu na Huus gahn?

Gesine: So fix geiht dat nich, ik bruuk noch ganz nödig ne'e Schoh.
Paul: Büst du seker, dat in dien Schapp noch Platz is?
Gesine: Na kloor, wi köönt dien Kledaasch noch en beten tosamenschuven.
Paul: Dat kann di so passen! Un segg mal, sünd de Schoh nich en beten to hooch?
Gesine: Wat mutt, dat mutt. Vun baven süht de Welt glieks ganz anners ut.

Kledaasch

WÖÖR

Antog	Anzug
Baadantog	Badeanzug
Baadbüx	Badehose
Bluus	Bluse
Büx	Hose
Gördel	Gürtel
Handsch	Handschuh
Jack	Jacke
Hemd	Hemd
Hoot	Hut
Kleed	Kleid
Mantel	Mantel
Mütz	Mütze
Pullover	Pullover
Rock	Rock
Schoh	Schuh
Stevel	Stiefel
Strump	Strumpf
Ünnerbüx	Unterhose
Ünnerhemd	Unterhemd

Dat höört ok dorto

WÖÖR

Brill	Brille
Dook	Tuch
Handtasch	Handtasche
Keed	Kette
Kuffer	Koffer
Regenschirm	Regenschirm
Schapp, dat	Schrank
Slips/Krawatt	Schlips
Snuuvdook	Taschentuch

Kleed
Kledaasch
Winter
Büx
Bluus
Baadantog
Geschäften
Mantel

10. Haal de Wöör an de richtige Steed!

1. Laura driggt vundaag en witte ...*Bluus*............ un en swatte, lange ...., dat süht smuck ut un is dat Richtige bi de Arbeit in't Büro. 2. Tohuus löppt se geern in kommodige .... rüm. 3. En .... driggt se blots af un an mal, wenn dat wat to fiern gifft. 4. Geern kickt se sik in de Koophüüs un .... in de Stadt an, wat dat Ne'es gifft. 5. Güstern hett se sik en smucken .... köfft. 6. Ehr Mann hett seggt, dat passt gor nich to de dörtig Graad buten; en .... weer nu in'n Sommer doch veel beter. 7. Man Laura meen, tokamen .... steiht al vör de Döör.

WÖÖR Un woans süht de Kledaasch ut?

eng / knapp	eng
flott	schick
kommodig	gemütlich, bequem
kott	kurz
lang	lang
ooltbacksch	altmodisch
schier	adrett
smuck	hübsch
staatsch	elegant, stattlich

Bi't Inköpen

Wat söökt Se?	Was suchen Sie?
Wat köst dat?	Wie viel kostet es?
Wo veel schall dat kösten?	Wie viel soll es kosten?

Wo veel schall de Büx kösten?

De Büx is daalsett. De köst blots noch 49 Euro!

Kledaasch un Minschen

He is jümmers goot in Tüüch.	Er ist immer gut angezogen.
Dat lett ehr goot.	Das sieht gut aus bei ihr.
Dat steiht di goot.	Das steht dir gut.
Du sühst vundaag allerbest ut!	Du siehst heute besonders gut aus!
Se süht schier ut.	Sie sieht adrett aus.

Weetst du, wat Schapptüüch is?

Tüüch is en anner Woort för Kledaasch. Un dat Schapptüüch hangt de meiste Tiet vun't Johr in't Kliederschapp, so as de swatte Antog, dat witte Hemd un de Slips.

11. In't Koophuus

Du büst in en Koophuus un wullt Kledaasch inköpen. En Verköper / en Verköpersch helpt di:

- Du snackst mit den Verköper / de Verköpersch över Grötten, Farven un Priesen.
- De Verköper / de Verköpersch wiest di vele Saken, man nix gefallt di.
- Denn söchst du ok noch Kledaasch för en Fro oder en Mann, de gor nich dorbi is.

Schriev en poor Markwöör op un vertell.

....

....

....

....

....

....

....

Unregelmäßige Verben

		ik	du	he/se/dat	wi/ji/se	gellt ok bi düsse Verben
lang i > kott i	blieven	bliev	**bliffst**	**blifft**	blievt	bieten, drieven, griepen, kieken, kniepen, kriegen, rieden, rieten, schrieven, smieten, snieden, stiegen, strieden, swiegen
lang e > kott i	eten	eet	**ittst**	**itt**	eet	breken, freten, geven, meten, nehmen, spreken, steken, vergeten, wegen
lang e > kott ü	flegen	fleeg	**flüggst**	**flüggt**	fleegt	geten, legen, scheten, sehn
lang a > kott ö	slapen	slaap	**slöppst**	**slöppt**	slaapt	drapen, halen
lang a > kott ü	kamen	kaam	**kümmst**	**kümmt**	kaamt	
lang a > kott e	laten	laat	**lettst**	**lett**	laat	
lang o > kott ö	lopen	loop	**löppst**	**löppt**	loopt	holen, köpen (köffst, köfft), ropen
lang ö > kott ö	stöten	stööt	**stöttst**	**stött**	stööt	
lang u > kott ü	krupen	kruup	**krüppst**	**krüppt**	kruupt	schuven, sluten, supen
lang a/o > ei	gahn	gah	**geihst**	**geiht**	gaht	slaan, stahn, doon

12. Woans mutt dat heten?

1. Ik .... *(gahn)* na Huus.
2. Du .... *(köpen)* di ne'e Schoh.
3. He .... *(doon)* dat nich.
4. Dat Kind .... *(ropen)* na sien Mudder.
5. Elke .... *(smieten)* dat Book in de Eck.
6. Wi .... *(schuven)* uns Auto.
7. Ji .... *(eten)* to Middag.
8. De Kinner .... *(slapen)* bet Middag.

ABC

De Wöörlist finnst du op Siet 152

13. Wat passt?

	geven	ropen	stahn	schrieven
ik	geev			
du		röppst		
he/se/dat			steiht	
wi/ji/se				schrievt

14. Segg dat op Platt!

1. Meine Schwester bleibt heute zu Hause. *(blieven)* ....
2. Hans stößt sich den Kopf. *(stöten)* ....
3. Mein Onkel sagt immer: „Warum streiten sich die Kinder?" (strieden)

....

4. Sie kommt spät in die Schule. *(kamen)* ....
5. Der Ball fliegt durch die Luft. *(flegen)* ....
6. Das Pferd lässt sich reiten. *(laten)* ....
7. Sonntags vergessen wir die Arbeit. *(vergeten)* ....
8. Meine Nachbarin sieht die Blumen im Garten. *(sehn)* ....
9. Die Katze kriecht unter den Busch. *(krupen)*..
10. Der Lehrer schließt die Tür auf. *(opsluten)* ....

To'n Lesen un Singen – un to'n Översetten: Lütt Matten de Haas

1. Lütt Matten de Haas, de maak sik en Spaaß,
he weer bi't Studeren, dat Danzen to lehren,
un he danz ganz alleen op de achtersten Been. ***(noch mal)***

2. Keem Reinke de Voss un dach: Dat's en Kost!
Un seggt: Lüttje Matten, so flink op de Padden?
Un danzt hier alleen op de achtersten Been? ***(noch mal)***

3. Kaam, laat uns tosaam! Ik kann as de Daam!
De Kreih, de speelt Fiedel, denn geiht dat kandidel,
denn geiht dat mal schöön op de achtersten Been! ***(noch mal)***

4. Lütt Matten geev Poot. De Voss beet em doot
un sett sik in Schadden, verspies den lütt Matten:
De Kreih, de kreeg een vun de achtersten Been. ***(noch mal)***

Snacks üm't Snacken

De veel fraagt, kriggt veel Antwoort.

Snacken köönt wi all, man Doon is en Ding.

Tweemal seggen köst Geld.

To'n Högen: Wenn een in't Snacken kümmt …

Fritz Flunk: Moin!
Hinnerk Strunk: Moin, Moin!
Fritz: Wo geiht't?
Hinnerk: Geiht so!
Fritz: Löppt allens?
Hinnerk: Löppt!
Fritz: Tschä, dat is di wat!
Hinnerk: Dat kannst woll seggen!
Fritz: Mann-o-mann!
Hinnerk: Dat segg ik di.
Fritz: Is so wat, wa?
Hinnerk: Ja!
Fritz: Gresig is dat, gresig!
Hinnerk: Dat kannst luut seggen!
Fritz: Dat schall mi mal verlangen.
Hinnerk: Wo du recht hest, hest du recht.
Fritz: Wat dor woll noch ut warrt!
Hinnerk: Oha-oha!! – Junge, Junge!
Fritz: Tieden sünd dat!
Hinnerk: Dat segg ik di.
Fritz: Is nix mehr as dat mal weer!
Hinnerk: Wenn ik dor an fröher denk!
Fritz: Nee, ok doch!
Hinnerk: Mann in de Tünn!
Fritz: Pass blots op!
Hinnerk: Dor seggst ok wat.
Fritz: Ja, ja!
Hinnerk: So is dat.
Fritz: Warrt Tiet!
Hinnerk: Ja, warrt Tiet!
Fritz: Ik mutt los.
Hinnerk: Ik holl di nich op!
Fritz: Laat uns mal wedder snacken.
Hinnerk: Dat maakt wi.
Fritz: Maak dat goot.
Hinnerk: Maak dat beter.
Fritz: Seh to!
Hinnerk: Ja, du ok!
Fritz: Tschüüs!
Hinnerk: Tschüüs ok!

15. Höhner Ahoi

Aver denn? Woans güng dat wieder? Dat blaue Huus harr uns funnen. Ma kunn de Besitters utkloken, un wieldat de fröher sülvst ok Veehtüüch hatt harrn, un de mi lieden muchen, kregen wi dat Huus. Ik heff jüm de Hand geven, as wi bi jüm in de gode Stuuv sitten güngen, üm uns as ne'e Mieters vörtostellen, un mi dücht, dat sünd so öllere Lüüd nich mehr wennt, dat jüm en echte Jugendliche oordig de Hand gifft. Un jichtenswo klapp dat allens, ofschoonst ik mit Ma veel Striet harr un dull weer.

In de Twüschentiet harr Ma dat mit de Vermieters kloor, un se füng an, de ne'e Wahnung optokloren, wat heten dee: Mal wedder de Tapeten hendaal, Footbodden sliepen, Farv köpen, Farv anröhren, allens buntig anmalen, Düvels in de Wand.

„Ma", beed ik, „do mi een Gefallen, un striek doch mal so'n Wand ganz normaal an, mehr so witt, oder hell. Keen Blomen, keen Striepen, keen Klöör. Blots Witt." Harr ik en Schangs?

Noch jümmers geev dat keen Stroom in dat ne'e Huus. Ma maak Krach un dreih, mit de Kabeltrummel över de ne'en Navers jümehr Steekdoos, de Wand mit Düvels un Hakens vull.

An de Wekenennen keem af un an Ma ehr ne'e Fründ an, to helpen. Af un an slepen wi denn över't Wekenenn in dat ne'e Huus. Mikesch, de an een vun düsse Wekenennen mitkamen weer, wull bams nich wedder mit torüch in dat ole Huus.

Schullen wi ümtrecken? Vör de groten Ferien? De Höhnerstall weer nich torecht. Keen Tuun opstellt. Opa harr jüst keen Tiet.

MF wull Ma un mi mit op sien Schipp nehmen. Rut ut dat Kuddelmuddel. De beiden kregen sik in de Plünnen. Toveel to doon. Reine Nervensaak. Woneem nu mit uns un mit dat Veehtüüch hen? Wi kunnen ja op't Water gahn. Afspannen un all sowat.

Mikesch aver güng nich an Boord. De meisten Katten wüllt keen Swemmwest anleggen.

Man de ne'en Navers wullen em fodern. Mikesch weer dormit ünnerbröcht. In uns nee, in dat blaue Huus. Blots de Höhner nich. Ut dat ole Huus müssen wi denn rut. Woneem nu mit de Höhner hen?

MF much de Höhner gor nich so geern lieden. Em stünken de.

Ma see: „Wenn du mi mit an Boord hebben wullt, denn muttst du ok de Höhner wüllen."

„Un", see ik, „ok Hans-Heinerich. Ahn Hans-Heinerich keen Hehn, un so denn ok keen Fro an Boord."

Kott harr ik ok en annern Vörslag: „Ji köönt losschippern, un ik bliev mit Mikesch un de Höhner to Huus." Jawoll! Astreine Idee! Ik dach egens mehr an Pizza ut den Deepköhler, an Chips un orntlich toveel Kiekkasten. Man dat wullen se beide nich, de Olen. De weren sik dor al enig.

As wi bi dat blaue Huus ankemen, stünn de Vermietersch dor op den Hoff, mit ehr Schört noch vör ehren Buuk, un mit en groten Koken. Schoko.

Un den geev dat denn, un denn stellen wi de Kissen un Kassen in de Bood un slepen de Nacht op de Eer, un an den neegsten Morgen al, dor güng dat los, an Boord. Mit de Höhner dorbi. Un Hans-Heinerich.

Un denn güng dat los mit dat Leven an Boord. Wat, wenn ik mi dat nu bekieken do, gor nich so eenfach weer. Nich för uns, de Landrotten. Un ok nich för MF, den Seevagel.

utkloken	herausfinden
dünken	scheinen
mi dücht	mir scheint
sik an wat wennen	sich an etwas gewöhnen
oordig	artig, brav; sehr, ziemlich
ofschoonst	obgleich, wenngleich
dull	zornig, wütend, schlimm
MF	Abkürzung für Ma ehr ne'e Fründ
sik in de Plünnen kriegen	sich streiten
fodern	füttern
Deepköhler	Tiefkühltruhe
orntlich	ordentlich
Kiekkasten	Fernseher
Schört	Schürze
bekieken	ansehen

16. Vagels, Scheters, Robbenrouladen

Kumpanee	Gemeinschaft, Consorten
Nück	Tücke
kruus	kraus
Warker	Arbeiter
Twievel	Zweifel
pedden	treten
Slüüs	Schleuse
Reep	Seil
Muer	Mauer
koppheister	kopfüber
Steed	Stelle, Platz
vermoden	vermuten
vermoden ween	etwas erwarten, befürchten
nüms	niemand

Dat Boot vun Robert, dor ja noch MenF, Ma ehr ne'e Fründ, leeg in de Warft, as wi mit Hans-Heinerich un Kumpanee an Boord trocken. Dat Boot harr en Nück an den Motor hatt, dat harrn se aver henkregen. En beten kruus hebbt de Warkers dor woll keken, aver wat will man maken. Gifft nich so faken Höhnertüüch op en Boot, denk ik. Nix Lebennigs, ehrer doot, to Middag, dat is kloor. Ok MF keek, as weer he in Twievel, as wi över de Reling pedden, man dat Boot schuckel nich, un legg sik ok nich scheef, as wi kemen. Platt weer dat, egens keen Boot. En oolt Schipp. En Fischfanger, fröher, seggt MF. Un dat müss över en Slüüs, un denn eerst schull dat na dat grote Water to.

Un egens will ik hier nix gegen mien Mudder seggen, un ok egens nix vertellen, dat anner Lüüd denken kunnen: „Mann, wat sünd de dusselig", un denn sünd wi Landrotten ween, aver, op jeden Fall, heel kott: Dor weer en Slüüs, un dor güng dat rin. Slüüs dicht. Wi an de Wand, mit en Reep över den Poller, wat so Fastmakers sünd, kott fastholen, Water rin, Slüüs apen, Reep wedder los, un rut mit dat Schipp ut de Slüüs. Dat weer de Plaan.

Harr MF uns enige Malen verkloort, vör de Slüüs.

Wat de Keerls, de bi de Slüüs warken doot, sehn kunnen, weer düt, ok kott:

Schipp rin in de Slüüs, Fro kriggt dat Reep nich över den Poller, Kind mutt ok wedder loslaten, Schipp drifft af. Fro höllt sik an de Slüüs fast, Schipp drifft wieder af.

So en oolt Fischfangerschipp wiggt en beten wat. Dat kannst nich holen.

So leeg Ma twüschen de Wand vun de Slüüs un dat Schipp, un MF füng an to bölken: „Laat los!" Un Ma leet los. Man nich de Hannen. Ma leet de Fööt los. So dreev dat Schipp noch wieder af, un Ma hüng an de Muer vun de Slüüs. Un de Arbeiders, de Keerls, sprüngen hento, un Robert see gor nix, man sien Ogen un sien Klapp stünnen wiet apen, so bang weer de. Un Ma hüng dor lang an de glitschige Wand hendaal.

Ma trock sik hooch un robb an Land, bannig gröön vun all den Modder in de Slüüs. De Slüüswarkers stünnen dor, un en Keerl vun en Sleepkahn, de ok tokeken harr, de frei sik, dat keen Fro koppheister gahn weer, un lach un reep:

„Na, Deern, dat is aver keen gode Steed to'n Baden!"

Ma lach sik half twei, dor op dat Dröge, wat ik komisch funn, un Robert füng wedder an, sik to rögen un bölk: „Nu kumm endlich an Boord!"

Un Ma sprüng an Boord, un ik dach: „Wat heff ik blots för en bekloppte Mudder." Un denn kreeg Ma en Sluck. Vun den ik denk, de weer ehrer goot för Robert, de egens vermoden weer, dat düsse eerste Deel vun de Reis ok al toglieks de letzte weer.

Op de gode Fraag, woso Ma nich loslaten harr, hett se meent:

„Ik kaam vun en Buernhoff, un dor lett nüms de Koh los, blots wieldat de annerwegens opdaal löppt, as du dat wullt!"

Dorna müssen wi all en Glas henholen, dor keem mehr Sluck in. Af mit den Sluck, över Boord, rin in't Water. Proost!

ut: Birgit Lemmermann
„Ebbe un Hehn"
mehr op Siet 174

3. Stremel

Inköpen – Kaken – Eten un Drinken

3

Op den Wekenmarkt

Holger: Moin! Ik harr geern fief Kilo Kantüffeln.
Wat is mit de hier, sünd de goot för Kantüffelsalaat to bruken?

Verköpersch: Dat sünd Heidekantüffeln. De köönt Se dor allerbest för nehmen.

Holger: Wunnerbor. Un denn bruuk ik noch twee Pund Wuddeln, een Blomenkohl un dree rode Paprika.

Verköpersch: Allens kloor. Wi hebbt düsse Week ok gode Freelandtomaten, de smeckt na wat, nich so as de Watertomaten ut Holland. Uns Tomaten köst blots twee Euro föfftig dat Kilo.

Holger: Wenn dat so is, denn packt Se mi dor man noch twee Kilo vun in.
Ach ja, meist harr ik dat vergeten, een Bund Petersill un een Bund Snittlook schall ik ok noch hebben.

Verköpersch: Bruukt Se noch wat? Villicht Bickberen för en wunnerboren Bickbeerpannkoken?

Holger: Ja, dat is en gode Idee! Bickbeerpannkoken möögt de Kinner to un to geern.
Geevt Se mi man een Kilo. Un denn langt dat ok, mehr kann ik nich dregen.

Verköpersch: Dat sünd denn veeruntwintig Euro un fiefundörtig Cent.

Holger: Ik heff man blots en Hunnert-Euro-Schien, geiht dat?

Verköpersch: Se sünd de eerste, de vundaag wat inköfft.
Denn mutt ik ja all mien Lüttgeld rutgeven.

Holger: Un wat maakt wi nu?

1. Holger köfft in

1. Wat meenst du, töövt Holger en lange Tiet, ehr dat he an de Reeg kümmt?

....

2. Wat köfft Holger, dat gor nich op sien Inkoopszedel op steiht?

....

3. Wat för gröne Krüder köfft he in?

....

4. Wat för en Problem gifft dat, as he betahlen will?

....

5. Wat köönt Holger un de Verköpersch nu maken? Hest du en Idee?

....

Gröntüüch

WÖÖR

Plattdüütsch	Hochdeutsch
Arf	Erbse
Blomenkohl	Blumenkohl
Bohn	Bohne
Gröönkohl	Grünkohl
Gurk	Gurke
Kantüffel	Kartoffel
Knuuvlook	Knoblauch
Kohl	Kohl
Körbs	Kürbis
Kruut (Pl. Krüder)	Kraut
Paprika	Paprika
Petersill	Petersilie
Salaat	Salat
Schalott	Schalotte
Snittlook	Schnittlauch
Spargel	Spargel
Swattwuddel	Schwarzwurzel
Tomaat	Tomate
Wuddel	Möhre
Zibbel	Zwiebel

Op den Markt

Ik harr geern ...

Ich hätte gerne ...

Wat bruukt Se?

Was brauchen Sie?

Ik bruuk noch ...

Ich brauche noch ...

Hebbt Se noch ...?

Haben Sie noch ...?

Geevt Se mi noch ...

Geben Sie mir noch ...

Vun ... schall ik noch wat hebben.

Von ... hätte ich auch noch gern etwas.

WÖÖR Fraagwöör

De eenfachen Fraagwöör hebbt wi in Stremel 1 kennen lehrt. För vele Fragen bruukt wi op Platt twee Wöör:

an wat	woran
för wat	wofür
mit wat	womit
na wat	wonach
op wat	worauf
över wat	worüber
ut wat	woraus
vör wat	wovor
vun wat	wovon

2. Wat för en Woort fehlt?

Gesund eten

Jeedeen will gesund eten. Un smecken schall dat ok noch. Dor dat Richtige to finnen, is nich so licht to. Fleesch höört bi uns to't Eten to. Man wi weet ok: So veel Fleesch as nu hebbt de Lüüd hier noch nie eten. De Düütsche itt in sien Leven mehr as dusend Deerter. Woneem kaamt de all her? Wat maakt düsse Produkschoon vun Fleesch mit uns Klima? In wat för en Stall hebbt de Deerter leevt? Wat is mit de allens maakt worrn? Kann so'n Stück Wust würklich goot för uns ween?

Man ok dat is wohr: Froenslüüd eet half so veel Fleesch as Mannslüüd.

Oder doch lever Fisch eten? De See hebbt wi al teemlich leddig fischt. Un vele Fisch kaamt ut Aquakultur. Wat se dor woll to freten kriegt?

Goot: Eet wi blots noch Grööntüüch. Man hebbt wi dor nich ok al Schandalen hatt? Woans weer dat mit Soja? Un wat mit den Mais, wo se wat an de Gene ännert hebbt?

Den richtigen Weg mutt jeedeen för sik sülven finnen.

Mehr un mehr Lüüd koopt dat in, wat ut de Region kümmt un wat dat in de Johrstiet jüst gifft. Un se denkt wedder mehr över dat Kaken un dat Eten na. För jüm is kloor: Eten is mehr as satt warrn.

3. Wat heet gesund eten för di?

Woans sühst du dat: Wat is för di wichtig bi't Inköpen un bi't Eten?

Schriev di en poor Markwöör op un vertell.

....

....

....

....

....

....

....

ABC

De Wöörlist finnst du op Siet 152

4. Över Obst snacken

Snack över en Obstsoort. Segg to'n Bispeel wat över de Farv un de Form. Smeckt dat sööt oder suer? Wasst dat in Düütschland oder mööt wi dat importeren? To wat för en Johrstiet köönt wi dat köpen. Wat köst dat? De annern Lüüd schüllt rutkriegen, vun wat du snackst. Schriev di en poor Markwöör op un vertell vun dien Stück Obst!

Bispeel: *Mien Stück Obst is rund. De Farv kann gröön, geel oder root ween – oder vun allens wat. De Lüüd seggt, wenn du dor jedeen Dag vun eten deist, bruukst du nich veel na'n Dokter lopen. In'n Koken smeckt mien Obst wunnerbor. Dat hett buten en Schell un binnen is ok noch wat, wat een nich itt. Wat is dat?*

3

....

....

....

....

Obst

WÖÖR

Appel	Apfel
Appelsina	Apfelsine
Banaan	Banane
Beer, (Pl. Beren)	Beere, Birne
Bickbeer	Blaubeere
Brummelbeer	Brombeere
Eerdbeer	Erdbeere
Flederbeer	Fliederbeere
Himbeer	Himbeere
Jehannsbeer	Johannisbeere
Kassbeer	Kirsche
Plumm	Pflaume
Stickelbeer	Stachelbeere
Wiendruuv	Weintraube
Zitroon	Zitrone

Partizip Präteritum

Bildung: Verbstamm + Endung
Bei schwachen Verben lautet die Endung –t, bei starken –en/-n.
Im Gegensatz zum Hochdeutschen erfolgt die Bildung ohne die Vorsilbe ge-.

schwache Verben		starke Verben	
rökert Aal	geräucherter Aal	sneden Broot	geschnittenes Brot
braadt Fleesch	gebratenes Fleisch	schreven Inkoopslist	geschriebener Einkaufszettel
dröögt Appeln	getrocknete Äpfel	utlaten Botter	ausgelassene Butter
inleggt Beren	eingelegte Birnen	infroren Arfen	eingefrorene Erbsen
goor kaakt	gar gekocht	dörchbraken Töller	zerbrochener Teller
röst	geröstet	opgahn Deeg	aufgegangener Teig

Holger sien Leckersmecker-Lasagne

Holger Timmermann kaakt geern. He kickt sik in't Feernsehn faken Kaaksendungen an. In de Köök staht bi em en ganze Reeg Kaakböker, man faken denkt he sik ok sülvst ne'e Rezepten ut. Sien Leckersmecker-Rezept is Lasagne mit Grööntüüch ut sien Goorn. Dor bruukt he de platten Lasagnenudeln to un en witte Sooß, anners is dat to dröög. Op de Nudeln packt he en Schicht lütt sneden Tomaten, Wuddeln un Arfen. In'n Winter nimmt he infroren oder dröögt Grööntüüch. Denn kümmt en Schicht Kees, dorna en Laag Hackfleesch – un so geiht dat wieder, jümmers een un een. Dat Ganze warrt in'n Backaven twintig Minuten lang bi hunnertföfftig Graad backt. Mhhhh, dat smeckt! Un dorto noch en Glas Rootwien – allerbest!

Matjes-Putt – en Eten vun de See

För veer Lüüd bruukst du:
acht Matjesfilets, een Beker Rahm-Joghurt, veer Eetlepel Majonees, twee lütte Lorbeerblööd, dree Köörn Piment, dree Wacholderberen, twee inleggte Gurken, twee bet dree Eetlepel Gurkenwater, twee Zibbeln, een roden Appel, Paprikapulver

Woans maakt wi dat?
Joghurt mit Majonees vermengeleren, Lorbeerblööd, Pimentköörn un Wacholderberen goot dörchtrecken laten und dörch en Seef geven. De inleggten Gurken un Zibbeln in Schieven snieden, den Appel mit Schell ok in Schieven snieden, allens ünner de Sooß doon un dat Gurkenwater dortogeten, Matjesfilets eenmal dörchsnieden un vörsichtig ünnergeven; goot dörchtrecken laten, afsmecken un dor en lütt beten Paprikapulver över streien. Denn bring den Matjes-Putt op den Disch.

Allerbest passt dor Pellkantüffeln to. Laat di dat smecken!

WÖÖR Bi't Kaken

afsmecken	abschmecken
Braadpann	Bratpfanne
Deeg	Teig
Fleeschwulf	Fleischwolf
Kaakputt	Kochtopf
kaken	kochen
Kock	Koch
Köksch	Köchin
Seef	Sieb
Sleef	Rührlöffel
snieden	schneiden
ümröhren	umrühren
vermenge-leren	vermengen, vermischen

Labskaus – en Eten ut Noorddüütschland

För en groten Putt Labskaus bruukst du:
40 gr. Margarine, 2 gröttere Zibbeln, 300 bet 400 gr. Corned Beef oder Pökelfleesch, 1500 gr. Kantüffeln, 250 ml. Water, 2 Lorbeerblööd, 2 Salatgurken, 5 bet 9 Eetlepel Fleesch-Bröh, en lütt beten Solt, Semp un Muschaat

Woans maakt wi dat?
Toeerst dat Corned Beef oder dat in wenig Water goor kaakte Pökelfleesch tosamen mit de Zibbeln un de Salatgurken dörch en Fleeschwulf dreihen. Achteran allens in en Kaakputt mit de utlaten Margarine ringeven. Fief Minuten lang kaken laten un düchtig ümröhren – dor bruukst du en groten Sleef to. De Kantüffeln hitt as se sünd dörch en Seef pressen oder dörch den Fleeschwulf dreihen. Denn kannst du to allens, wat in den Putt is, Fleesch-Bröh oder Water dortogeven. Nu wedder düchtig ümröhren, bet allens schöön pampig is.

Dat is denn al Labskaus; smeck dat af mit Solt, Semp un Muschaat. De een packt dor en Spegelei to, de anner en sure Gurk oder Rode Beten.

5. Bi uns gifft dat vundaag ...

Denk di en Rezept ut.
Maak en List mit dat, wat du inköpen muttst. Beschriev de Oort un Wies, woans dat Eten maakt warrt.

Ji köönt dat ok geern to tweet maken.

Du bruukst:

Woans maakt wi dat?

3

Plattdüütsch güstern

Dat is al lang her, dor hebbt in Noorddüütschland meist all Minschen Platt snackt. De grote Tiet vun dat Plattdüütsche weer twüschen 1250 un 1600. To de Tiet hebbt de Städer mehr Ansehn un Macht kregen, opkamen is ok en Schicht vun Börgerslüüd in de Stadt. Mit Hannel hebbt düsse Börgers veel verdeent – blangen de Kark is so bilütten en ne'e Kraft op de Been kamen. För den Hannel in de Oost- un de Noordsee hebbt sik de Städer tohoop funnen. Dat weer de Hanse.

De Lüüd hebbt in't Middelöller aver nich blots platt snackt, nee, se hebbt ok platt schreven. Allens wat in so en Stadt to regeln weer, hebbt se op Platt fasthollen. De Handwarksmann hett sien Reken op Platt schreven, de Koopmann hett sien Fisch in Norwegen oder sien Honnig in Riga op Platt bestellt.

In de Ollenborger Handschrift vun den „Sassenspegel", dat is dat eerste grote Rechts-Book, heet dat:

Iewelik man hevet sin recht vor deme coninghe. Iewelic man mot oc antworden vor deme coninghe in allen steden na rechte, nicht na des clagers rechte. He mot antworden umme alle claghe, der men ene schuldeghet, ane of men ene to campe ansprect, des mach he wol weygheren to antwordene, ane uppe der art, dar he ut gheboren is.	*Jeder Mann hat sein Recht vor dem König. Jeder Mann muss auch in allen Orten gemäß dem Recht vor dem König antworten, nicht dem Recht des Klägers entsprechend. Er muss sich wegen jeder Klage verantworten, der man ihn beschuldigt, außer man fordert ihn zum gerichtlichen Zweikampf. Darauf zu antworten kann er sich auch weigern, außer in dem Gebiet, in dem er geboren ist.*

Middag in'n Kroog

Middagsdisch

Körbssupp mit dröögte Tomaten	4,90 €
Kantüffel-Suerkruut-Supp	5,20 €
Salat mit Schaapskees oder Putenfleesch	7,90 €
Buernfröhstück mit rökerten Schink un sure Gurken	7,80 €
Finkwarder Schull mit Soltkantüffeln	12,50 €
Lass mit Dillsooß un Soltkantüffeln	9,90 €
Rinnerbraden mit Braadkantüffeln un Salat	13,50 €
Swienssteak mit Arfen un Wuddeln un Pellkantüffeln	12,80 €
Kantüffel-Oploop mit Salat	8,50 €
Rode Grütt mit Vanillesooß	4,20 €

Eten WÖÖR

Braadkantüffeln	Bratkartoffeln
Braden (Rinner-/Swiens-)	Braten (Rinder-/Schweine-)
Buernfröhstück	Bauernfrühstück
Ies	Eis
Lass	Lachs
Muschaat	Muskat
Oploop	Auflauf
Pellkantüffeln	Pellkartoffeln
Putenfleesch	Putenfleisch
Ries	Reis
rode Grütt	rote Grütze
Schaapskees	Schafskäse
Schull	Scholle
Semp	Senf
Suerkruut	Sauerkraut
Supp	Suppe

6. Eenmal de Finkwarder Schull bidde!

Dien Naver is de Kellner. Bestell bi em na de Spieskoort. Dat Drinken hööрt ok dorto. He vertellt di, wat dat köst. Dat Betahlen un Drinkgeld dröffst du nich vergeten.

Schriev di en poor Markwöör op.

....

....

....

....

....

....

WÖÖR In'n Kroog

bekritteln	kritisieren
Drinkgeld	Trinkgeld
Eten	Hauptgericht
Gast (Pl. Gäst)	Gast
Kellner	Kellner
Kellnersche	Kellnerin
Kroog	Restaurant
Nadisch	Nachtisch
Reken	Rechnung
reklameren	reklamieren
Spieskoort	Speisekarte
Vörspies	Vorspeise

Snacken in'n Kroog

Is de Disch noch free?

Ja, dor köönt Se sik daalsetten.

Ik harr geern de Spieskoort.

...

Kellner: Hebbt Se al wat utsöcht?

Gast: Ja, ik nehm Rinnerbraden mit Kantüffeln un Salaat. To'n Nadisch Ies.

Kellner: Un to drinken?

Gast: To't Eten schall ik en Glas Beer hebben. Achteran harr ik denn geern en Tass Kaffe.

...

Kellner: Hett dat Eten smeckt?

Gast: Allerbest. Nu harr ik geern de Reken.

Kellner: Allens kloor.
Dat maakt sövenuntwintig Euro föfftig.

Dörtig, stimmt so.

Dank ok.

WÖÖR So is dat Eten

goor	gar
hatt	hart
hitt	heiß
koolt	kalt
sööt	süß
suer	sauer
taach	zäh
week	weich

7. Rullenspeel in'n Kroog

Dat Bestellen

Twee Lüüd gaht in en Restaurant un wüllt eten un drinken. Se snackt tosamen un – dat is ja kloor – mit de Kellnersche.

Dat Bekritteln

Twee Lüüd hebbt in en Kroog wat eten. Man tofreden sünd se nich: Se hebbt veel to bekritteln. De Supp is al koolt; de Kantüffeln sünd nich goor; dat Fleesch is taach ... De Kellner is gor nich glücklich.

Dat Malöör

Du hest en interessanten Minschen kennenlehrt. He hett di to't Eten in en Luxus-Restaurant inlaadt. Dat hett allerbest smeckt. Vör en Viddelstünn is he weggahn: He wull mal kott telefoneren. Nu kümmt de Kellner un bringt de Reken. He glöövt nich, wat du em vertellst ...

8. Översett düsse Snacks:

Op en vullen Buuk steiht en lustigen Kopp.

....

Op is satt.

....

En goot Fröh-stück is beter as den ganzen Dag nix.

....

Ik wull, dat all Daag Sünndag weer, un Eten un Drinken mien Handwark.

....

Wenn Eten un Drinken man goot sünd, mit de Arbeit köönt wi uns behölpen.

....

Dat hett mi goot smeckt, blots de Aptiet is mi dorvun vergahn.

....

Dor weet blots twee Lüüd, wat dor binnen is: De Kock un de leve Gott!

....

Hermann Claudius: Rode Grütt

1. Rode Grütt! Rode Grütt!
Kiek mal, wat lütt Hein hüüt itt!
Allens rundüm hett he vergeten.
Rode Grütt! Dat is en Eten!
Rode Grütt!

2. In de School, de letzte Stünn
kunn he sik op nix besinnen.
Un in't Bookstaberen un Lesen
is he lang so dumm nich wesen.
Man he keem bi dat un düt
jümmers mang sien Rode Grütt!

3. „Na, lütt Heini, noch en beten?"
Mudder hett hüüt veel to möten:
Hans un Hein un Stien un Greet
eet, as güng dat üm de Wett –
Rode Grütt!

4. Leddig is de grote Grapen.
Greten ielt, em uttoschrapen.
Heini man, de lütte Deef,
höllt mit beide Hannen den Sleef.
Wat dor allens noch binnen sitt!
Rode Grütt!

To'n Lesen un Singen – un to'n Översetten: Juchhe, lustig, seggt he

1. Juchhe, lustig, *(Chor:) seggt he,* ik bün Kock, *(Chor:) seggt he,*
drink ok geern, *(Chor:) seggt he,* en Glas Grog.
Fohr to See, *(Chor:) seggt he,* twintig Johr, *(Chor:) seggt he,*
heff ok jümmers, *(Chor:) seggt he,* glücklich fohrn.

2. Gele Arfen, *(Chor:) seggt he,* kaak ik möör, *(Chor:) seggt he,*
röhr se jümmers, *(Chor:) seggt he,* düchtig dörch.
En Stück Speck, *(Chor:) seggt he,* teemlich groot, *(Chor:) seggt he,*
smeckt op See, *(Chor:) seggt he,* würklich goot.

3. Back ik Klüten, *(Chor:) seggt he,* as bekannt, *(Chor:) seggt he,*
spee ik eerst, *(Chor:) seggt he,* in de Hand.
Denn rull ik se, *(Chor:) seggt he,* zirkelrund, *(Chor:) seggt he,*
de smeckt goot, *(Chor:) seggt he,* sünd gesund.

4. Wenn ik kaak, *(Chor:) seggt he,* för'n Kaptein, *(Chor:) seggt he,*
maak ik allens, *(Chor:) seggt he,* schier un rein.
Mit'n Strump, *(Chor:) seggt he,* wisch ik ut, *(Chor:) seggt he,*
eerst de Schöttel, *(Chor:) seggt he,* denn den Putt.

5. För't Logis, *(Chor:) seggt he,* sorg ik ok, *(Chor:) seggt he,*
denn ik bün, *(Chor:) seggt he,* bannig klook.
Godes Fudder, *(Chor:) seggt he,* un ok satt, *(Chor:) seggt he,*
un den Rest, *(Chor:) seggt he,* kriggt de Katt.

6. Doch en Deel, *(Chor:) seggt he,* is dorbi, *(Chor:) seggt he,*
dat ik sorg, *(Chor:) seggt he,* ok för mi.
För mien Möög, *(Chor:) seggt he,* för mien Fliet, *(Chor:) seggt he,*
steek ik'n beten, *(Chor:) seggt he,* an de Siet.

7. Un so fohr ik, *(Chor:) seggt he,* ümmerto, *(Chor:) seggt he,*
kaam ik mal, *(Chor:) seggt he,* bi mien Fro,
wies ik ehr, *(Chor:) seggt he,* wo man kaakt, *(Chor:) seggt he,*
un wi Seelüüd, *(Chor:) seggt he,* sünst dat maakt.

17. Op'n Kanaal

„Weet ji wat?", kümmt dat vun MF nu.
Wi hebbt fröhstückt, ik heff fief Garnelen un en Wullhandkrabb, dree Seesteerns un twee Seenadels in mien grote Watertünn op dat Vördeck. Ik mutt noch de Höhner rein maken, dat geiht aver beter buten, op't Water.
„Kloor weet ik wat", anter ik, „wat wullt du denn weten?" Ik kiek em an. Nich witzig. Okay, keen Tiet dumm Tüüch to vertellen.
„Ik heff Seefunk höört, dat schall düchtig Unwedder geven, en poor Daag lang. Mag ween, wi

kaamt jüst noch na dat neegste Eiland, un denn sitt wi fast. Keen Kino dor."
Nu kickt he mi an.
„Kino bruuk ik nich", segg ik, „mi wörr dat al recken, wenn ji bi de neegste Gelegenheit en Kiekkasten kööpt. Denn köönt wi den ja hier an Boord opstellen."
Ik harr al mal op'n Steeg en Satellitenschöttel sehn, de harrn de Motorbootlüüd opstellt. Hett bekloppt utsehn. Müss Robert aver ja nich weten.
Hauptsaak, Ma hööրt jüst nich to. De nimmt dat allens eernst un denn fangt se an, Striet to söken.
„Glotzkarton? Keen Schangs, Thadde. Seefunk reckt mi. All den annern Zivilisatschoonskraam hebbt wi to Huus noog vun."
„Wi?", denk ik. Wi, dat sünd Ma un ik. Un he is he. Egens aver teemlich egaal.
Ik gliek de twee Seenadels af. Gröön as en Buddel in de Sünn is de een, de anner hett en bruun Band in de Klöör vun Moorwater an de Siet. Gollen Ogen hebbt se allebeid, un den Kopp vun so en Seepeerd.
En Seepeerd harr ok so en Keerl op en Eiland in de düüstere Stuuv vun so en komischen Kröger, wo wi wat eten hebbt. Weer dat verleden Week? Ik kaam noch dörchenanner hier op't Wackelige.
Eerste Dag: Ma in de Slüüs. Twete Dag: Fritz drapen. Un de Rest? Güng jümmers wieder na Oosten, wegen den Wind, denn de keem ut West. Mehr oder minner. Noordwest, West, Süüdwest, Süüd. Un de, de dortwüschen liggt, Noordnoordwest, to'n Bispeel.
Wi hebbt männicheen vun de Oostereilannen sehn, un ok de verscheden Sorten vun Slick un Sand op den Grund vun de grote See.
„Nu, Thadde! Los!!"
Wat is nu denn? Ik weet nich, wat de to bölken hebbt, Ma un MF, in'n Chor.
„Wat is denn, Mann?!"
De hebbt allens torecht plaant. Wegen den Storm de dat geven schall. Dat schall rutgahn ut den Eilandhaven, rut in't Watt, en Stück an dat faste Land ran, un denn in en Kanaal. Dor wüllt wi ünner Motor tuckern, wenn dat nich toveel regen warrt, un so lüttje Dörper ankieken, bet de Stormdaag vörbi sünd.
Nu sitt ik wedder op't Vördeck, un dat geiht gegen Avend. Ik kaam nich richtig ut den Droom rut, aver ok nich wieder. Of wi woll na dat Eiland kamen köönt, wo ik Emme in den letzten Harvst sehn heff? Of de mi woll wedder kennen wörr?
Un wat schall ik seggen?
„Oh, äh, hallo, rein tofällig sünd wi nu ok op en Schipp lannt!" En beten flau, wat?

Eiland	Insel
Striet	Streit
recken	(aus)reichen, genügen
gollen	golden
minner	weniger
männicheen	manche(r)

bössen	bürsten
Reet	Schilf
kuum	kaum
Kolk	mit Wasser gefüllte Vertiefung
Swaan	Schwan
Prick	Stachel, Spitze, Punkt, Seezeichen
rustig	rostig
gediegen	eigenartig
Pinn	Ruder, Bootssteuer
schöppen	schöpfen
ofschoonst	obwohl
stötern	stottern

„Oh, hallo, äh, ik weet nich, of du al mal vun en Mammut drööm hest, wat Eerdbeer-Ies eten dee?" Woll nich all to goot, wat?
Oder:
„Ach, hallo, kennst du mi noch? Äh, ik, äh, heff dien Flaschenpost funnen!"
???
Un denn?
Wat, wenn de mi ankickt un seggt: „Deit mi leed, heff ik di al mal jichtenswo sehn?" Oder, noch duller, wenn se NIX seggt???
Na, gode Nacht an'n Boom. Dor liggt wi nu fast. De Brüchendreihers un Slüsenklappers sünd lang na Huus. Fieravend op den Kanaal. Ik angel, aver nix bitt. De Höhner stinkt en beten in de Avendsünn. Af un to snappt sik een en Nachtmott. En Buddel schippert vörbi. Postbuddel. Haha. Wenn de morgen noch schippert, haal ik se rut un kiek na. Morgen. Ik japs, puller över Boord un gah Tähn bössen.
Un denn warr ik rutsmeten. Klock söss. Ik mutt mit Robert swümmen gahn. Echt koolt, de Kanaal. De, verkloort mi Robert, vun hier an keen Kanaal mehr is. Foorts achter düsse Slüüs. Dat warrt en wild Deep. En wille Stroom, de mäandert sik dörch dat Land, ole Buernhüüs kiekt ut dat Reet, in de lang al nüms mehr leven deit, oder doch, wat du nich vermoden wörrst. Köh staht en Steed in dat Deep, bet an jümehren Buuk in't Water, wille Waterköh mit grote Höörns, un lang Fell, as rootbruun as uns Segels, un swatt, de scheert sik nich üm natte Fööt un Schipperslüüd, de dreiht kuum den groten Kopp, as ik vörbikaam un roop.
Dat Deep warrt breder un wieder, as of vele enkelte Seen un Kolken tohoop lopen wörrn.
En Tuur seh ik so vele Swaans, as ik mi nienich harr vörstellen kunnt. Ik tell na un kaam bet tweehunnertföffteihn, denn mööt wi üm so en Mini-Eiland ut Reet rümschippern, un nu seh ik blots noch Reet un Reet över Reet, dat danzt in den Wind.
En dicke Möööv sitt op en Prick ut rustig Iesen, veereckig baven, also root, de blifft stüerboords liggen, wi kaamt nich vun See.
Dat Deep süht ut as en bannig groot Waterlock, meist al en egen See. Söötsee. De Fresen seggt „Meer" dorto.
Un nu maakt de Wind al wedder, wat he will. He dreiht en Dreih af, un wi dreiht en Dreih af, un nu mööt de Segels hendaal, un de Motor al wedder an. Schaad. Höört sik ok komisch an. Ik finn, de Motor maakt vundaag en gediegen Leed.
Ma, de achtern an de Pinn steiht, finnt op eenmal, dat dat na Diesel stinkt. Un jüst, as ik seggen will:
„Du hest ok jümmers wat to meckern", dor seh ik, griesen Rook kümmt ut den Utpuff rut. Heet dat Utpuff bi en Schipp?
Ofschoonst Robert seggt: „Ach, dat geiht glieks wedder beter, de Motor mutt blots wedder Water ansugen to'n Köhlen", warrt de Rook swatter un stinkt noch mehr. Un de Motor, de stötert, un denn maakt wi em ut.
Klapp hooch, Motor ünner Water. Super. Klapp dicht.
Schöppen bringt nix nu.
Bidreihen. Segels wedder hooch. Krüzen, krüzen, krüzen. Ran an den Wind, vörwarts kamen, affallen, torüch fallen. De Wind lett na, logisch.
Wi dreiht kumplett üm. Wedder torüch. Woneem wi herkamen sünd. Is dat dat Motto vun uns Reis?

ut: Birgit Lemmermann
„Ebbe un Hehn"
mehr op Siet 174

4. Stremel

Lüüd un Saken beschrieven

4

So sünd de Lüüd

Anne: Heff ik di dat al vertellt, dat ik ne'e Naverslüüd heff?

Beke: Nee, hest du nich. Sünd se denn nett?

Anne: Dat sünd twee junge Lüüd, de studeert noch. De een is ganz groot un breet, de anner is man en lütten Spiddelfink. Dat sünd ganz plietsche, un fründlich sünd se ok.

Beke: Denn hest du ja Glück. Mien Naver is so en olen, grantigen Gnadderputt. Sogor dat Treppenhuus blifft schietig, wenn he an de Reeg is. Wi sünd teemlich vergrellt.

Anne: Dat kann ik nich seggen. Dat Treppenhuus süht jümmers schier ut. Af un an sünd de en beten luut, ik glööv, de fiert geern. Man dat is blots an't Wekenenn. In de Week sünd de liesen.

Beke: Mien Naver hett dat jümmers hild un löppt gau an mi vörbi. De kennt keen „Moin!" un keen „Goden Dag".

Anne: Mien Naverslüüd hölpt ok mal un faat mit an, de sworen Waterkisten na baven in de Wahnung to dregen.

Beke: Mien Naver is böös neeschierig. Wenn ik Besöök krieg, steiht he jümmers an't Fenster un is an't Kieken.

Anne: Denn heff ik ja Glück. En slechte Naver kann di dat ganze Leven verdarven.

Wat för Adjektiven finnst du in den Text? Maak dor en Streek ünner.

4

1. Sett dat richtige Adjektiv in!

Bispeel: En Buddel, in de nix mehr binnen is, is leddig.

1. Wenn een nix in den Kopp hett, is he ....
2. De Kantüffeln sünd trecht. Se sünd ....
3. Den Keerl kannst bruken. He arbeidt ....
4. He kümmt goot mit in de School. He is ....
5. Ehr geiht dat nich goot. In't Gesicht is se ganz ....
6. De Deern kann knapp över den Disch kieken. Se is man ....
7. Grootmudder hett al griese Hoor, se is al ....
8. In Noorddüütschland sünd vele Köh ....
9. Woneem sünd mien Handschen? Buten is dat ....
10. He gifft nich veel Geld ut, he is ....
11. Se itt nich allens, se is ....
12. Wenn he sik opreegt, warrt he ....
13. Keen Tiet, keen Tiet, se hett dat ....

Adjektiven (WÖÖR)

breet	breit
small	schmal
dick	dick
dünn	dünn
dröög	trocken
natt	nass
düer	teuer
billig	billig
düüster	dunkel
hell	hell
goot	gut
slecht	schlecht
groot	groß
lütt	klein
hooch	hoch
deep	tief
koolt	kalt
warm	warm
hitt	heiß
kott	kurz
lang	lang
luut	laut
liesen	leise
nee	neu
oolt	alt
schier	sauber
schietig	schmutzig
sööt	süß
suer	sauer
swoor	schwer
licht	leicht
veel	viel
wenig	wenig
veerkantig	viereckig
rund	rund
vull	voll
leddig	leer

WÖÖR Minschen beschrieven

akkerat	akkurat, sorgfältig
arm	arm
bang	ängstlich
bleek	bleich
blond	blond
dösig	merkwürdig, dumm
drall	rundlich, stark
eernsthaftig	ernst
flietig	fleißig
fründlich	freundlich
fuul	faul
füünsch	wütend
gnadderig	mürrisch
hild	eilig
jung	jung
klook	klug
krüüsch	wählerisch beim Essen
leeg	schlecht, übel
leev	lieb
lustig	lustig
mucksch	beleidigt
neeschierig	neugierig
plietsch	pfiffig, schlau
riek	reich
sinnig	bedächtig

Bögen vun de Adjektiven

mit bestimmten Artikel			
Singular			
	Femininum	**Maskulinum**	**Neutrum**
Nominativ	de smucke Deern	de grote Mann	dat lütte Kind
Nich-Nom.	de smucke Deern	den groten Mann	dat lütte Kind
Plural			
Nominativ	de smucken Deerns	de groten Mannslüüd	de lütten Kinner
Nich-Nom.	de smucken Deerns	de groten Mannslüüd	de lütten Kinner
mit unbestimmten Artikel			
	Femininum	**Maskulinum**	**Neutrum**
Nominativ	en smucke Deern	en grote Mann	en lütt Kind
Nich-Nom.	en smucke Deern	en groten Mann	en lütt Kind

2. Kledaasch in all Farven

*Bispeel: De **brune** Büx gefallt mi. De **swatte** Büx mag ik nich lieden.*

1. En .... (gröön) Hemd passt allerbest.
2. Man ik bruuk noch en .... (witt) Hemd.
3. En .... (gries) Hoot fallt nich op.
4. Ik heff noch en .... (blau) Hoot.

5. Dat .... (root) Halsdook hett en Lock.
6. Ik binn mi mien .... (geel) Dook üm.

3. Wat finnst du beter? Fraag dien Naver!

Wat för en Kleed finnst du beter, dat lange oder dat kotte?

1. ....

....

2. ....

....

3. ....

....

4. ....

....

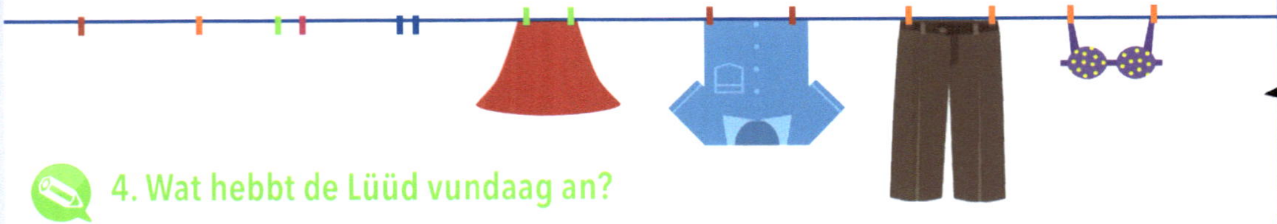

4. Wat hebbt de Lüüd vundaag an?

Sett den Artikel un dat Adjektiv in:

Bispeel: He driggt ***en swatten*** *Pullover mit* ***en witt*** *Hemd.*

1. Se driggt .... *(blau)* Rock mit .... *(gröön)* Bluus.
2. He driggt .... *(swoor)* Schoh mit .... *(dick)* Strümp.
3. Se driggt .... *(düüster)* Rock mit .... *(root)* T-Shirt.
4. De Fro driggt .... *(witt)* Kleed un .... *(blau)* Jack.
5. De Mann driggt .... *(vigelett)* Büx mit .... *(geel)* Schoh.

Wat so seggt warrt

He is en ole / olen ...	
Bangbüx	Angsthase
Döösbartel	Tollpatsch
Dröhnbüdel	Langeweiler
Fuuljack	Faulpelz
Giezknüppel	Geizkragen
Glattsnacker	Schmeichler
Gnadderputt	Griesgram
Tüdelbüdel	Trottel
Tüffel Achtteihn	Einfaltspinsel

4

5. Ik seh wat

Beschriev en Saak in düssen Ruum.
De anner Lüüd mööt rutkriegen, wat meent is:

„Ik seh wat, wat du nich sühst, dat is root."

Beschriev een ut de Grupp.
De annern mööt raden, wokeen meent is.

....

....

....

Beschriev en bekannten Politiker, Schauspeler oder Muskant.

....

....

....

To en lütt Kind seggt wi

- Appelsnuut
- Büxenschieter
- Leckersnuut
- Muschi Blix
- Schietbüdel
- Slickermuul

Wi köönt dat ok to en Minschen seggen, den wi to un to geern hebbt.

„Mien söten Schietbüdel"

6. Speel I: De Adjektiv-Keed

All Lüüd staht op un seggt de Reeg rüm en Adjektiv. Ji hebbt dree Sekunnen Tiet. Wokeen nix infallt oder de en Adjektiv noch mal seggt, mutt sik daalsetten. Wokeen överblifft, hett dat Speel wunnen.

7. Speel II: In den Büdel is en ...

In en Büdel is en Dingsbums, to'n Bispeel en Lepel. Blots de Speelbaas weet, wat dat is. De Eerste süht/föhlt dat Ding un seggt en Adjektiv (lang, licht, rund usw.). Denn kümmt de Twete an de Reeg. De annern mööt raden, wat in den Büdel is.

8. Kennst du dat Gegendeel?

1. witt ....
2. groot ....
3. fründlich ....
4. plietsch ....
5. breet ....
6. oolt ....
7. schier  .... 
8. koolt ....
9. klook ....
10. riek ....
11. slecht ....
12. sööt ....
13. fix ....

Tüffel Achtteihn

Bei dem Wort „**Tüffel**" handelt es sich um eine Kurzform vom „*Pantüffel*", dem Hausschuh. Im Plattdeutschen hat sich aus **Tüffel** bald das Tätigkeitswort **tüffeln** gebildet, und zwar für „*schwerfällig gehen*". Diese Bedeutung hat sich dann auf ungeschicktes und vor allem langsames Verhalten erweitert, zu dem auch das Eigenschaftswort **tüffelig** gebildet wurde.

Hier zeigt sich bereits eine zweite Bedeutung von **Tüffel**. Nun kann das Wort auch für einen dummen, ungeschickten Menschen stehen: „*Wat büst du blots för en groten* ***Tüffel!***" Einem **Tüffel** gelingt wenig, noch weniger aber dem **Tüffel Achtteihn**, doch auch ihm wird gern Gutherzigkeit attestiert: „*He is en gode Minsch, aver en grote* ***Tüffel Achtteihn!***"

De Adjektiven steigern

Grundform	Komparativ	Superlativ
	normale Formen	
flietig	flietig**er**	de flietig**st** / an'n flietig**sten**
riek	riek**er**	de riek**st** / an'n riek**sten**
sööt	söt**er**	de sööt**st** / an'n sööt**sten**
	normale Formen + Ümluut	
klook	kl**ö**k**er**	de klöö**kst** / an'n klöö**ksten**
jung	j**ü**ng**er**	de j**ü**ng**st** / an'n j**ü**ng**sten**
oolt	**öller**	de **öll**st / an'n **öll**sten
	Formen mit annern Woortstamm	
veel	mehr	de meiste / an'n meisten
goot	beter	de beste / an'n besten / op't best

In'n Vergliek steiht jümmers „as". ▶ *Hannes is so groot as Petra. Sina is so plietsch as Emma.*

Is een Deel vun den Vergliek mehr, steiht de Komparativ mit „as". ▶ *He is grötter as du. Se is lütter as ik.*

„Mehr" kann man ok mit Adverbien utdrücken (kann sik groff anhören).

He is groot. He is bannig groot. He is ganz unbannig groot.
He is riek. He is böös riek. He is asig riek.

„Mehr" heet ok, wenn en Woort mit sik sülvst vergleken warrt.

He kickt füünscher as füünsch. De Vagel is bunter as bunt. Dat Wedder is grieser as gries.

Bi't Verglieken nehmt wi faken: op't best. ▶ *Vun all Malers kann he op't best mit Farv umgahn.*

Den Superlativ nehmt wi ok, wenn wi blots twee Saken vergliekt.

Hannes is de Jüngst vun de beiden. Gesa weer de Öllst vun sien beiden Deerns.

De Wöörlist finnst du op Siet 152

9. Wi vergliekt

Sett de richtigen Formen in.

1. De Zitroon is .... as de Banaan.

2. En half Pund Botter is .... as een Ei.

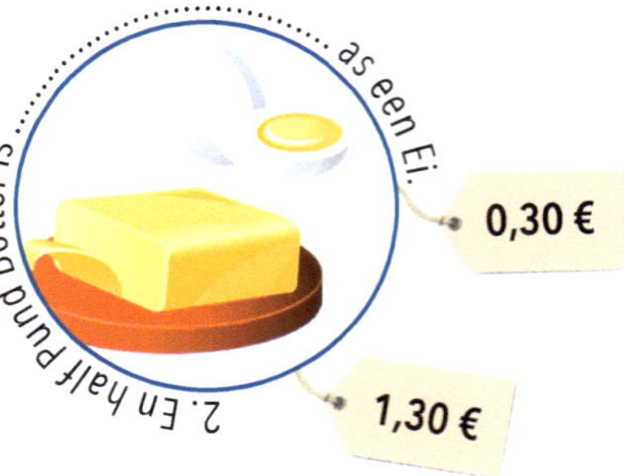

3. De Kassbeer is .... as de Ananas.

4. De Honnig is .... as de Wust.

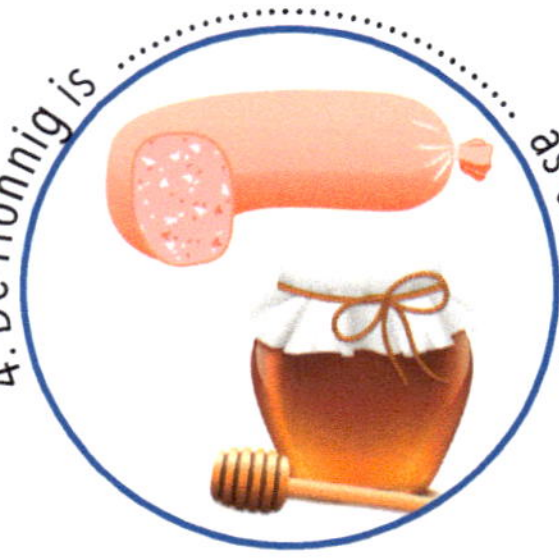

düer
suer
lütt
sööt

4

10. Wokeen is de Gröttst?

Översett düt Stück.

Wie alt ist Peter? 1. ....

Neunzehn. 2. ....

Und Kurt? 3. ....

Kurt ist zwanzig. 4. ....

Dann ist er älter als Peter. 5. ....
....

Und wie alt ist Hans? 6. ....

Er ist am ältesten, er ist zweiundzwanzig. 7. ....
....

Und wie groß ist Peter? 8. ....

1,75 m. 9. ....

Und Kurt? 10. ....

Kurt ist 1,82 m. 11. ....

Dann ist er größer als Peter. 12. ....
....

Und wie groß ist Hans? 13. ....

Er ist am größten, er ist 1,85 m. 14. ....
....

Bi enige Wöör gellt anner Regeln för de Pluralform:

dat Woort – de Wöör
dat Peerd – de Peer

För „Johr" gifft dat glieks dree Pluralformen:

- mit en ***bestimmte Tallwoort:*** *För twee Johr hebbt wi uns dat letzte Mal sehn.*
- mit en ***unbestimmte Tallwoort:*** *För vele Johren weren wi in England.*
- wenn ***de Johren extra rutstellt*** warrn schüllt: *Dat hett Johrer dree duert, bet wi en ne'e Wahnung funnen hebbt.*

In Düütschland is dat dröger as in Luxemborg un koler as in Frankriek.

11. Wo is dat böös natt un wo asig hitt?

Vergliek de Länner mitenanner.

	Düütschland	Frankriek	Däänmark	Italien	Luxemborg
Regendaag in't Johr	121	118	147	44	171
So hitt is dat in'n Snitt in'n Juli	22°	25°	18°	29°	23°

1. In Frankriek is dat ....
2. In Däänmark is dat ....
3. In Italien is dat ....
4. In Luxemborg is dat ....

Plattdüütsche Böker

Johr för Johr kaamt üm un bi 150 ne'e plattdüütsche Böker rut: Gedichten, Geschichten, Kinnerböker, Comics. De meisten Stücken sünd op Platt schreven worrn, man mehr un mehr warrt ok översett: Pipi Langstrump, de lütte Prinz, Asterix oder Harry Potter. **Kloor is: De Platt lesen will, finnt ok wat.**

De meisten Böker versammelt lütte Vertellen, de in de Gegend speelt, in de de Schriever to Huus is. Geschichten ut den Alldag vun vundaag un güstern. Dat sünd Geschichten, as man jüm siet de 1950er Johren vun de Radio-Serie „Hör mal 'n beten to" her kennt. Vele Radio-Autoren sünd in ganz Noorddüütschland bekannt, un jümehr Böker köönt se meist överall verköpen.

Enige vun de Schrievers kiekt aver jümmers ok na de „grote Literatur" hen. Spraak-Kunstwarken finnt wi in de plattdüütsche Lyrik, dat gifft Kottgeschichten un Satiren. An längere Vertellen oder Romaans troot sik vele Autoren un Lesers nich mehr recht ran.

1852 is Klaus Groth sien „Quickborn" rutkamen – dat weer de Anfang vun de ne'e plattdüütsche Literatur. De Dithmarscher Groth mit sien Gedichten, man ok de Mekelnborger Fritz Reuter mit sien realistische Oort to vertellen weren lange Tiet Vörbild för Autoren in ganz Noorddüütschland.

Substantiven: Plural – mehr as een

1) De Endung wiest: dat sünd mehr as een, wo mööglich ok mit Ümluut:		
a) -(e)n:	de Disch – de Dischen	de Kamer – de Kamern
b) -er:	dat Kleed – de Kleder	dat Deert – de Deerter
c) -er + Ümluut:	dat Book – de Böker	dat Dook – de Döker
d) -s:	de Arm – de Arms	de Deern – de Deerns

2) Ümluut bi den Stammvokal, mag ween, de warrt ok länger:
de Boom – de Bööm
de Slag – de Slääg
dat Huus – de Hüüs

3) Stammvokal warrt länger:
de Dag – de Daag
dat Brett – de Breed

4) anner Stammvokal
dat Schipp – de Scheep

5) -nd / -ld an't Enn warrt to -nn-, dorto -en oder -er, mag ween ok mit Ümluut:
dat Kind – de Kinner
dat Feld – de Feller
de Hand – de Hannen
dat Land – de Länner

6) Mehr as een sünd -lüüd:
de Fro – de Froonslüüd
de Mann – de Mannslüüd
de Muermann – de Muerlüüd

7) Eentall un Mehrtall sünd gliek:
dat Been – de Been
dat Schaap – de Schaap
de Knaken – de Knaken
de Fisch – de Fisch

12. Twee sünd mehr as een

Wat för en Pluralform passt?

1. De .... speelt mit den Ball.
2. De .... wöhlt in de Eer.
3. De .... hangt scheef an de Wand.
4. De .... speelt faken Koorten tohoop.
5. De .... sett den Dackstohl op dat Huus.
6. De .... staht op de Wisch.
7. De .... hoolt dat Pakeet tohoop.
8. De .... sünd vull mit Eten un Drinken.
9. De .... sünd al wedder leddig.
10. Twee .... vun sien Hemd sünd apen.
11. Dree .... staht üm den Disch rüm.
12. Veer .... sünd in sien Strümp.
13. De .... sünd in'n Winter böös glatt.
14. Op de .... staht Köh un Peer.
15. De .... sing ik so geern.

Frünnen Bänner Swien Deerns Leder Biller Timmerlüüd

Knööp Wischen Straten Glöös Stöhl Büdels Löcker Köh

13. Wokeen kriggt de Appeln?

Översett düsse Sätz.

1. Die Eltern geben den Freunden die Bücher.

....

2. Die Nachbarn schenken den Kindern Äpfel.

....

3. Die Bäume haben schöne Farben.

....

4. Viele Fragen brauchen viele Antworten.

....

5. Sie wollen Tische und Stühle kaufen.

....

Bööm Kinner Dischen Appeln Öllern Antwoorden Farven Frünnen Fragen Böker Stöhl Naverslüüd

Dat Leven is en Speel

Fynn speelt för sien Leven geern. Op den Speelplatz gifft dat ja ok bannig veel to doon. Dor buddelt he denn in den Sand, boot Hüüs un Straten. Meisttiets is Paula ok dor. Se is al söven, also een Johr öller as he sülvst. Se suust sogor vun de Rutsch daal un klattert höger op den Toorn rop. Fröher weer Fynn böös bang, man nu bekickt he sik geern de Welt vun baven.

Dat is noch nich lang her, dor is ok jümmers noch een vun de Öllern mitgahn na den Speelplatz. Fynn wahnt mit sien Vadder un Mudder in en Wahnblock, un de steiht in en Stadt mit brede Straten. Dor mutt een op de Autos teemlich oppassen.

To Huus hett Fynn sien egen Kamer. Sien Dinos hebbt all en Naam, un Fynn weet nipp un nau, wokeen fründlich is un wokeen füünsch. Op't leefst speelt he aver mit Mudder un Vadder tohoop. Bi Mau Mau hett he faken de Nees vörn, man he kann gnadderiger as gnadderig warrn, wenn he bi't Kniffeln nich de passlichen Ogen smitt.

Ok Vadder un Mudder speelt geern. Wenn se alleen sünd, Schach oder Scrabble, mit Frünnen ok vigeliensche Brettspelen. Dat finnt Fynn to un to langwielig.

Wenn Fynn sien Omas un Opas besöcht, hett he dor en Barg mehr Platz to't Spelen as to Huus. Sien Ball schütt he denn so wiet weg as he kann, un mit sien Fohrrad bruust he fixer as de Füerwehr. Fynn weet: Mit Oma un Opa kann he dat bi Memory al lang opnehmen.

Fynn freit sik dor nu al för dull op, dat se bald all wedder tohoop „Minsch arger di nich" speelt: Sien Grootöllern, sien Öllern un he sülvst. Fynn nimmt jümmers de grönen Steen.
Un denn geiht dat los...

14. Snackt doröver:

Fynn is bi di to Besöök. Wat wörrst du geern mit em spelen?
Wat hest du speelt, as du lütt weerst? Wat speelst du vundaag geern?
Schriev di en poor Markwöör op un vertell.

....

....

....

To'n Lesen un Singen – un to'n Översetten:
Dat du mien Leefsten büst (traditionell)

1. Dat du mien Leefsten büst, dat du woll weetst!
Kumm bi de Nacht, kumm bi de Nacht, segg, wo du heetst. *(noch mal)*

2. Kumm du um Middernacht, kumm du Klock een.
Vadder slöppt, Mudder slöppt, ik slaap alleen. *(noch mal)*

3. Klopp an de Kamerdöör, faat an de Klink.
Vadder meent, Mudder meent: Dat deit de Wind. *(noch mal)*

4. Wenn denn de Morgen graut, kreiht denn de Hahn.
Leefste mien, Leefste mien, du muttst nu gahn. *(noch mal)*

19. Drievsand, Boxerbuddels

„Un wat denkst du, is düsse Buddelpost vun de See in't Deep kamen?"
Emme kickt mi an.
Allens Tofall, kunn een ja nu seggen.
Wi sitt an de Steed, woneem dat den Drievsand gifft. En Teken is opstellt, dat keen Dussel dor rin geiht. Un afbuddelt.
Ik heff foorts weten, dat se hier is. Op dat eenzig Eiland, wo du nadenken un di drapen kannst.
Emme ehr Vadder Simon, de hett, vun den letzten Harvst af, all sien Kraamstücken op sien Schipp bröcht. Nu leevt he dor.
Emme seggt, he föhrt so rüm, beraadt Managers un anner Lüüd, de wat to seggen hebbt. Lüüd, de vun sövendusend Arbeiders tweeunhalf rutsmieten schüllt. Dat de denn noch snacken köönt.
An Boord süht he ut as en Keerl, de sik nich toveel üm sien Utsehn scheren deit. Simon hett jümmers Boortstoppeln an. Smuddelige T-Shirts oder Büxen mit en Flicken dorop. Löppt plattbarft. Vele Lüüd op nich so pieselige Scheep seht so ut.
Robert. Ma sounso. Un wiel wi nich soveel waschen doot, ik ok al.
4 Simon is faken mehr Daag ünnerwegens. Man weet ik nich, of he sien ornlichen Antog al antreckt, wenn he na sien Arbeit henföhrt. He föhrt en oolt, klapperig Minirad in de Klöör vun en Appelsina.
Emme seggt, wenn he nich richtig weg is, üm so en Firma bi jümehr Problemen to helpen, denn föhrt he mit düt Rad över't Eiland un helpt so mehr normale Lüüd, de in Noot sünd.
Emme seggt, he leggt Hannen op, snackt Flechten weg, de een vun de Kalver kriegen kann, un he sitt bi welk, de starven wüllt.
„In de Slüüs", fallt mi in, denn dor güngen wi rin, as wi dörch dat Deep hendörch weren, „in de Slüüs heff ik en Boxer sehn. Also, keen Minschen-Boxer, en Köter", sett ik na, as Emme de Nees kruus treckt.
„Un de harr en Swemmwest an. In orangsch."
„Dull", seggt Emme, „un?"
„De weer dat. De hett de Buddel funnen, de du free sett hest. Hett ehr mitnahmen in de Slüüs, rinsmuggelt, is denn kott an Land gahn op de anner Siet, hett dor sien Hupen daalleggt un de Buddel denn vergeten. Heel eenfach."
„Ach", seggt Emme, „un woso?"
„Weet ik doch nich", anter ik. „Dat hett he nich naseggt."
De Kaptein is negenunnegentig un will hunnertveer warrn. Tominnst. Wieldat se em ünnerkriegen müssen, as he opletzt henstüren dee, wo dat nich hengahn schull, hett he sik in dat stille Gniddengatt daalsett. Blangen dat Middagsstünn-Holen sammelt he ole Scheep, oder wat dorvun noch över is, also mehr noch Ole-Dele-Kraam vun ole Scheep.
Robert hett en Impellerschruuv vun em schenkt kregen, för den Nootfall. Falls de Motor doch to hitt worrn is, un de Impeller is in'n Dutt gahn. De Kaptein hett seggt, de Impeller is meisttiets in'n Mors, wenn du keen mehr bi di hest.
Wi hebbt em en Kissen dorlaten, Patchwark, un utstoppt mit echte Schaapwull. Goot för sien Puckel.
Bi uns an Boord güng allens kloor. Bet dat wi ut de Slüüs kemen. Robert geev Gas, un dor weer he wedder, de düüstere Rook. He nehm dat Gas rut, allens op Steed.
Ik müss jümmers utkieken. Of achtern Water rutkeem.
„Water kümmt", heff ik ropen, man dor harr Robert jüst nich veel Gas binnen.

Drievsand	Treibsand
Teken	Zeichen
scheren	kümmern
(platt)barft	barfuß
pieselig	eingebildet, fein
Antog	Anzug
Hupen	Haufen
heel	ganz, sehr
Kaptein	Kapitän
Impeller	Propeller in einem Gehäuse
allens op Steed	alles in Ordnung

ansmieten	anwerfen
afbreken	abbrechen
twoors	zwar
koppheister gahn	verloren gehen
Bilsch	Kielraum eines Schiffes
mall	verrückt, seltsam
jichtenswo	irgendwie

„Water kümmt nich." Aha, he harr Gas geven.
„Dat is wiss de Impeller", see Robert, „blots komisch, dat dat passeren deit, nu, dat wi een dorbi hebbt."
He hett mi verkloort, wat dat is. De Impeller, dat is en Flünk ut Gummi. So as en Propeller, de löppt stramm in so en Metallmanschett rüm un sorgt för Druck, so dat dat Water, wat vun buten ansagen warrt, ok dörch den Motor geiht, un em köhlt.
De Impeller warkt as en Pump. Un warrt dichtmaakt mit en Schiev. Söss Schruven to'n Fastdreihen. Un dorvör sitt en Stück Poppeer, dat dicht dat hele Dings ornlich af.
Schiet mit den Impeller heet: Nu warrt dat komplizeert. Kannst nich goot bigahn, wenn du ünnerwegens büst. Villicht doch wedder de Waterfilter? Villicht nich all den Sand rutkregen?
„Beter weer dat", see MF, „beter för uns Nerven."
Robert hett also, ik müss in de Twüschentiet stüern, düssen Waterfilter noch en Tuur nakeken. Wieldat dat weniger Opwand is as den Impeller uteneen to nehmen.
Un op eenmal fehl dor de Dichtungsring binnen. Dammi, un ik weer de letzte, de dor an weer. Heff ik höört, dat de Ring hendaal fullen is? Op jeden Fall leeg he ünner'n Motor.
Na denn: Motor wedder ansmeten, keken. Gas geven. Water keem nich. Schaad.
„Dat gifft Arbeit, Thadde", hett Robert seggt. Na denn...
Motor utstellt. Segels hooch. Thadde stüren laten. Ma kieken holpen. Robert an den Motor ran. Impeller ankeken. Afbraken.
Un denn weer dat so, dat wi twoors en ne'e Impellerschruuv harrn, aver keen ne'e Membran för den Impeller. Jüst düt lütte Deel ut Poppeer, dat harr de Kaptein ja nich bileggt. Mi dücht, dat kunnst meist sülvst snieden?
„Ja", see Robert, „dat kannst du ok."
Un so müss ik ut en ole Tüüt för Rundstück en Membran utsnieden. Ik heff de inreten Membran opleggt un mit en lütte Nagelscheer vörsichtig de Form utsneden. Nich jüst ganz eenfach.
Un denn hett Robert dat Stüer nahmen, un ik müss mi op mien Buuk leggen, twee Schruven weren koppheister gahn in de ölige Bilsch.
As ik se funnen harr, hett he wiedermaakt, Tütenstück insett, Schruven rindreiht, Klapp dicht, Motor an.
„Löppt."
„Löppt nich rein. Höört sik mall an. Jichtenswo."
Wi leten den Motor mit wenig Gas lopen.
Robert see: „Helpt nix. Wi mööt in en Haven rin. Nakieken. In Roh. Un du lehrst denn, woans so en Motor vun binnen utsüht. Den mööt wi uteneen nehmen."
Ik frei mi.
Un so güng dat denn, ahn Motor, aver mit goden Wind, bet na den neegsten Haven hen, un dat weer tofällig dat Emme-Eiland.
Woneem ik ja sounso hen wull.

ut: Birgit Lemmermann
„Ebbe un Hehn"
mehr op Siet 174

5. Stremel

Mien Tohuus

5

De ne'e Wahnung

Anne: Dat segg ik di. Toeerst hebbt wi tapezeert, achterna hebbt wi allens streken un anmaalt: de Deken, de Wannen, de Fenstern, de Dören. Un de ole Wahnung müssen wi ja ok noch schier un ornlich övergeven. Wat en Angang!

Nils: Mien Dochter is ok jüst uttrocken, man veel Arbeit harrn wi dor nich mit.

Anne: Wi müssen in all de Kamern den Footbodden nee maken. In de Wahnstuuv hebbt wi Parkett rinleggt un in de Slaapstuuv Teppichbodden.

Nils: Mien Dochter hett sik för de Baadstuuv kakelbunte Fliesen utsöcht. Na, se schall dor ja Dag för Dag op kieken!

Anne: Un dat Ümtrecken – hebbt ji dat allens sülven maakt oder harrn ji en Firma?

Nils: Dor hebbt all mit anfaat: Verwandten, Kollegen un Frünnen.

Anne: Dat weer wiss en Spektakel!

Nils: Dat woll, man een Saak is dorbi: Wenn de mal ümtreckt, warrt se uns woll ok as Hölpslüüd inladen. Mi deit nu al de Rüch weh.

Stuven un Kamern (WÖÖR)

Arbeitsstuuv	Arbeitszimmer
Baadstuuv	Badezimmer
Deel	Flur
Eetstuuv	Esszimmer
Kinnerstuuv	Kinderzimmer
Kööк	Küche
Slaapstuuv	Schlafzimmer
Spieskamer	Speisekammer
Wahnstuuv	Wohnzimmer

1. Ümtrecken

5

De Lüüd seggt: Dreemal ümtrecken is as eenmal afbrennen. Wat meenst du dorto?
Wo faken büst du al ümtrocken? Woveel Lüüd bruukt een bi't Ümtrecken?

Schriev di en poor Markwöör op un vertell.

....

....

....

....

Vör de Dööר sett

Beke Diekmann söcht in Bremen en anner Wahnung. Ehr is künnigt worrn. Beke mutt nu bald wat finnen, man dat is nich so licht to. Wat sünd de Mieten in de letzten Johren dürer worrn! Mehr un mehr Lüüd wüllt lever in en Stadt wahnen. Beke hett ok överleggt, en Wahnung to köpen, denn en Kredit is günstig. Man will se würklich so vele Johren Geld trüchbetahlen?

2. Stadt oder Land?

Geev Beke en Raatslag:

Schall se in't Dörp oder in de Stadt wahnen?
Schall se in en oolt Huus intrecken oder in en Neebo?
Schall se en Wahnung mieten oder doch wat köpen?

....

....

....

....

Dat Huus

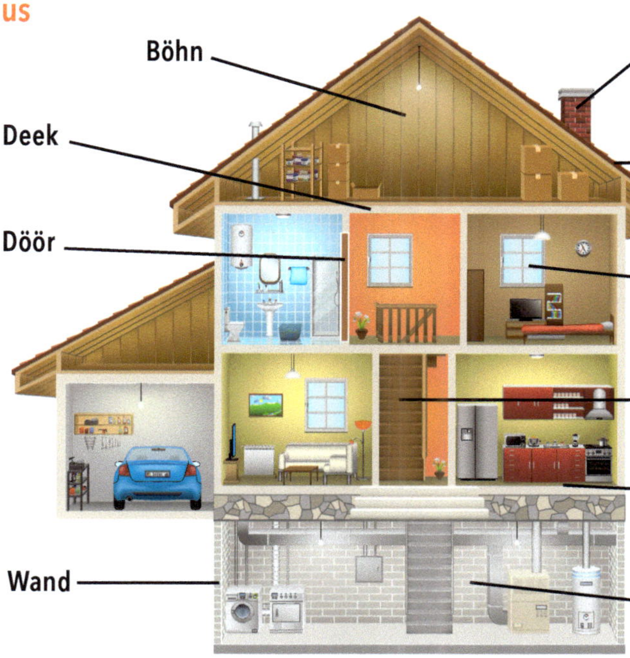

Wat noch to den Huusholt tohöört

Bild	Bild
Blomenputt	Blumentopf
Blomenvaas	Blumenvase
Feernseher	Fernseh-gerät
Gardien	Gardine
Huusdöör	Haustür
Heerd	Herd
Iesschapp	Gefrier-schrank
Klock	Uhr
Köhlschapp	Kühl-schrank
Kökendisch	Küchentisch
Lamp	Lampe
Radio	Radio
Reekner	Computer
Schaukel-stohl	Schaukel-stuhl
Slötel	Schlüssel
Spegel	Spiegel
Spööl-maschien	Geschirr-spüler
Teppich	Teppich
Vaas	Vase
Vörhang	Vorhang
Wasch-maschien	Wasch-maschine

3. Een Tall – een Bookstaav

Finn dat rut: Desülvige Tall steiht för densülvigen Bookstaav:

1. Dor maak ik mi dat Eten trecht: _ _ _ _ (13 7 7 13)
2. In de Nacht bün ik dor: _ _ _ _ _ _ _ _ _ _ (6 2 1 1 9 6 4 18 18 10)
3. Mehl, Solt, Kantüffeln un Appeln heff ik dor: _ _ _ _ _ _ _ _ _ _ (6 9 16 8 6 13 1 17 8 19)
4. Mien Feernseher steiht dor: _ _ _ _ _ _ _ _ _ (11 1 14 3 6 4 18 18 10)
5. Dor putz ik mien Tähn: _ _ _ _ _ _ _ _ _ (12 1 1 15 6 4 18 18 10)
6. Wat schullst du nich vergeten, wenn du ut't Huus geihst? _ _ _ _ _ _ (6 2 7 4 8 2)

4. Mit wat köönt düsse fief Lüüd allerbest ümgahn?

In den ▢(1) _ _ _ _ _ geiht Beke gor nich geern: Dor ist dat düüster, schietig un koolt. Sünndag sitt Anne faken in den _ _ _ _ _ _ _ ▢(2) _ _ _ _ _ un leest en Krimi. Eenmal de Week speelt Holger bi sik to Huus mit sien Kollegen Skaat an'n _ ▢(3) _ _ _ _ _ _ _ _ .

An'n Avend kickt Gesine jümmers na: Is de _ _ _ _ _ ▢(4) _ _ ok würklich afslaten?

Egens schull Nils sien _ _ _ ▢(5) _ _ _ _ _ _ _ _ mal wedder oprümen: Popperen, Reken, Breven – liggt allens dörchenanner.

Dor hebbt Beke, Anne, Holger, Gesine un Nils in jümehren Maalkurs mit to doon:

▢ ▢ ▢ ▢ ▢
1 2 3 4 5

Dat is en anner Woort för *Farv*.

5. Twüschen Köhlschapp un Spöölmaschien

Woneem is wat? Wat för Präpositionen un Lokaladverbien finnst du in den Text?

De grote, runne Kökendisch steiht in de Mitt. Üm den Disch staht veer Stöhl. Ünner den Disch steiht en Hocker. Dor liggt de Katt op. Op den Disch steiht en Blomenvaas. Över den Disch hangt de Kökenlamp. Wenn ik Eten kaak, kann ik dörch dat Fenster na buten kieken. Op de een Siet vun de Köök sünd Spööl- un Waschmaschien. Blangen den Heerd steiht dat Köhlschapp. Dat ole Köken-schapp is op de anner Siet. Twüschen de Döör un dat Schapp is en Regaal. Dor staht Pütt un Pannen op.

Woneem is dat? WÖÖR

I: Präpositionen un Lokaladverbien

achter	hinter
an	an
baven	oben
bet	bis
bi	bei
binnen	innen
blangen	neben
buten	außen
dörch	durch
güntsiet	jenseits

6. Hier is wat verkehrt lopen

Woans heet dat richtig? Mitünner passt ok twee Wöör.

1. De Blomenvaas steiht ünner den Disch.

....

2. Dat Bild hangt op de Wand.

....

3. De Stohl steiht ünner den Disch.

....

4. Dat Regaal steiht vör dat Schapp.

....

5. De Blomenputt steiht mang de Gardinen.

....

blangen

op

achter

an

vör

7. Un woans süht dien Köök ut?

Beschriev, wat du allens in de Köök hest, un wo de Saken staht. Schriev di en poor Markwöör op un vertell.

....

....

....

....

Wohrschau!

För Düütsche is dat nich licht, ***twüschen*** un ***mang*** uteneen to holen. Lüüd, de vun dat Engelsche herkaamt, hebbt dat eenfacher: ***twüschen*** höört to *between*, un ***mang*** höört to *among*.

As Regel gellt: Bi ***twüschen*** kann een de Saken tellen, bi ***mang*** nich.

Also: Helge sitt ***twüschen*** Anna un Lena.
Mang all de Autos kunn he sien egen nich wedderfinnen.

5

Woneem is dat?

II: Präpositionen un Lokaladverbien

in	in
langs	entlang
mang	zwischen
op	auf
över	über
twüschen	zwischen
üm	um
ünner	unter
ut	aus
vör	vor
vun	von

8. In de ne'e Wahnung

Översett düsse Sätz bidde:

1. Dat ole Schapp passt nich in de Eck rin.

....

2. Dat ne'e Bett geiht jüst so dörch de Döör dörch.

....

3. Dat gröne Sofa vun Oma süht jümmers noch smuck ut.

....

4. De Holtstöhl köönt wi för binnen un buten bruken.

....

5. Stelle den kleinen Schrank in die linke Ecke! Das sieht gut aus.

....

6. Der breite Tisch kommt neben den neuen Küchentisch an die Wand.

....

7. Sollen wir Vorhänge oder Gardinen vor die Fenster hängen?

....

....

8. Wo sollen wir nur den Schaukelstuhl hinstellen?

....

....

Maak keen Fiesematenten!

Plattdüütsch is nich blots mit Hoochdüütsch verwandt, nee, ok mit anner Spraken in Europa. In Wöör as *Water, Döör, he* oder *maken* kann een licht de engelschen Bröder *water, door, he* un *make* wedderkennen. In den amerikaanschen *Dollar* finnt wi den plattdüütschen *Daler*, un den *Boss* kennt wi as *Baas*. Platt, Engelsch, Freesch un Nedderlannsch hebbt sik ut een un desülvige Spraak entwickelt.

En beten anners is dat in Skandinavien. De Plattdüütsch kann, kann to'n Bispeel ganz goot de Zeitung in Sweden lesen. Över 30 Perzent vun de sweedschen Wöör sünd in't Middelöller ut dat Plattdüütsche övernahmen worrn. So weet wi, wat meent is, wenn wi *smuk (smuck)* leest oder *grov (groff), byksor (Büx)* oder *snacka (snacken)*.

Man Platt hett ok veel ut anner Spraken opnahmen. So finnt wi ok vundaag noch vele Wöör, de de Franzosen üm 1800 na Noorddüütschland mitbröcht hebbt. Dor hööɾt de *Buddel* mit to, de Vörlaag is de franzöösche *bouteille*. Op Platt hebbt wi *Pläseer* (ut *plaisir*), wi finnt Saken *apart* (ut *à part*) oder *kommodig* (ut *commode*) un wi kennt den *Schandarm* (ut *gendarme*). Un de genau henhöört, weet: in *tschüüs* stickt nix anners binnen as *a dieu*.

ABC
De Wöörlist finnst du op Siet 152

De Imperativ – hier warrt Order geven!

	maken	fegen	waschen	inköpen
Imperativ Singular	maak	feeg	wasch	kööp in
Imperativ Plural	maakt	feegt	wascht	kööpt in

Wat so seggt warrt

- Kannst mi an't Wekenenn hölpen?
- Kannst mi mal wat mit anfaten?
- Alleen schaff ik dat nich.
- Laat uns de Mauen (=Hemdsärmel) opkrempeln!
- Morgen is ok noch en Dag.

9. Wat för'n Arbeit mit de Tapeten!

Segg de anner Lüüd Bescheed, wat se doon schüllt!

Bispeel: *Stina un Gesa, de olen Tapeten afrieten* ▶
Stina un Gesa, riet de olen Tapeten af!

1. Heiko, Kliester anröhren ▶

....

2. Luise un Anne, de ne'en Tapeten utmeten un afsnieden ▶

....

3. Paul, Tapeten mit Kliester insmeren ▶

....

4. Hanna un Niklas, Tapeten anbacken ▶

....

Warktüüch

WÖÖR

Bohr-maschien	Bohr-maschine
Hamer	Hammer
Kliester	Kleister
Knieptang	Kneifzange
Nagel	Nagel
Pinsel	Pinsel
Saag	Säge
Schruuv	Schraube
Tollstock	Zollstock

5

10. Veel to doon

För wat bruukst du dat Warktüüch?

1. Knieptang (ruttrecken, Nagel)
2. Saag (dörchsagen, Footliest)
3. Schruventrecker (rin- un rutdreihen, Schruuv, Regaal)
4. Tollstock (utmeten, Ruum, Teppich)
5. Bohrmaschien (bohren, Lock, Deek, Lamp)
6. Pinsel (malen, Fenster, witt)
7. Kliester (anbacken, Tapeet, Wand)

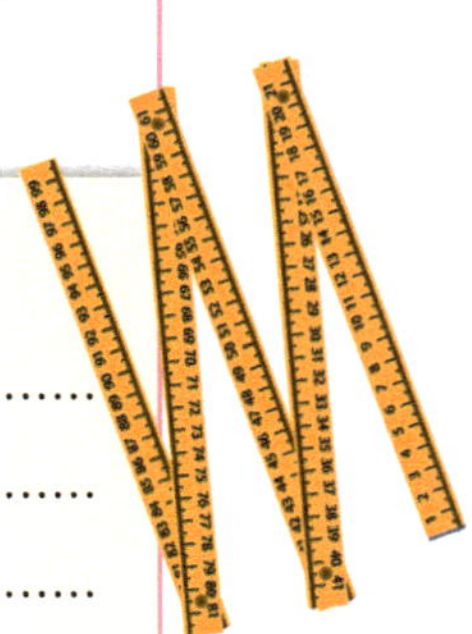

Bispeel: Hamer (slaan, Nagel) ▶ ***Mit den Hamer sla ik den Nagel in de Wand.***

1. ....
2. ....
3. ....
....
4. ....
5. ....
....
6. ....
7. ....

Stroom in't Huus

Stroom bruukt wi för Licht, Heizung un Geräte in'n Huusholt. Dat is eenfach, solang een blots op en Knoop drücken oder en Schalter dreihen mutt. Man ok dat is wohr: Ok wenn blots en lütt beten an de Elektrik repareert warrn mütt, kann bööს wat malören.

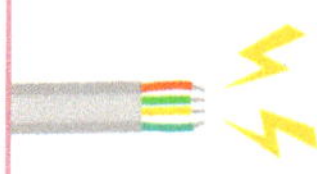

Meist överall liggt Stroomkabels in de Eer. Över de kümmt de Stroom vun buten in dat Huus rin. An de Stroomklock kann een aflesen, woveel Stroom in't Huus rinkümmt, un dor sünd ok de Sekerungen. Vun hier geiht dat denn dörch Leitungen, de ünner Putz liggt, wieder na Steekdosen, Schalters un anners wat.

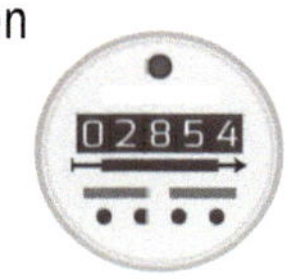

In so en Kabel steekt dree Adern binnen: in een löppt de Stroom (de hett en brunen Mantel), in den tweten, de ok Nullleiter heet (de hett en blauen Mantel), löppt de Stroom wedder torüch, un de drüdde, dat is de Schutzleiter (de hett en geel-grönen Mantel), kann den Stroom opnehmen, wenn wat malöört.

In ole Hüüs kann man ok noch ole Kabels finnen. Un bi de hebbt de Adern en anner Klöör: Hier is de Stroomader swatt, de Nullleiter is gries un de Schutzleiter root.

Will man en Kabel an en Steekdoos oder Lamp ansluten, mütt eerst de Isoleer-Mantel afmaakt warrn. Dat geiht an'n besten mit en Isoleer-Tang. Wohrschau: Blots so veel vun de Ader freeleggen, as man bruukt, üm dat Kabel mit en Klemmschruuv fasttomaken.

WÖÖR: Allerhand Arbeiden in't Huus

afdrögen	abtrocknen
Betten maken	Betten machen
Blomen geten	Blumen gießen
Fenstern putzen	Fenster putzen
feudeln	Boden wischen
Footmatt utkloppen	Fußmatte ausklopfen
Geschirr spölen	Geschirr spülen
Iesschapp afdauen	Tiefkühl-schrank abtauen
Müll rutbringen	Müll wegbringen
opkloren	putzen und aufräumen
oprümen	aufräumen
plätten	bügeln
rein maken	putzen, reinigen
Stoff sugen	Staub saugen
Stoff wischen	Staub wischen
utfegen	ausfegen
Wäsch ophangen	Wäsche aufhängen
Wäsch tosamen-leggen	Wäsche zusammen-legen
waschen	waschen

11. Licht an!

Du büst in en ne'e Wahnung introcken, all dien Möbelmang is al dor, blots de Lampen sünd noch nicht ophangt. Nu schall dat losgahn! Wat maakst du?

Schriev di en poor Markwöör op un vertell!

....

....

....

De een mag düt, de anner dat

Beke Diekmann is mit ehren Fründ Jens tosamentrocken. Se deelt sik de Huusarbeit op. Jens kann goot kaken, un dat maakt he ok geern, man he köfft nich geern in. Dat maakt Beke op den Weg vun de Arbeit na Huus. För dat Afwaschen hebbt se en Spöölmaschien.
Beke mutt de jümmers utrümen. Jens bringt den Müll rut, un Plätten maakt em richtig Spaaß.

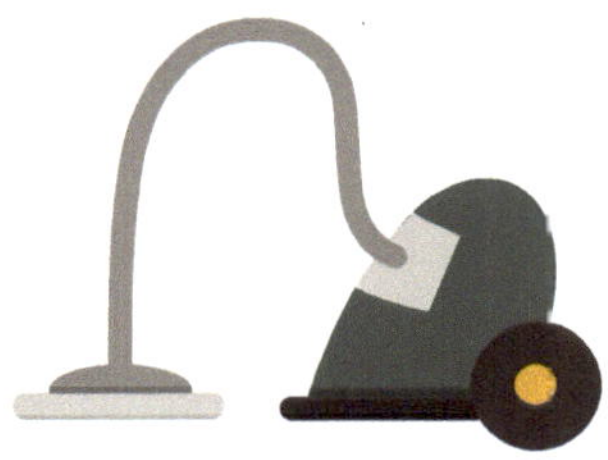

12. Utfegen oder Plätten?

Wokeen maakt bi di to Huus wat för en Huusarbeit?
Wenn du di dat wünschen kunnst: Wat för en Huusarbeit wörrst du afschaffen?

Schriev di en poor Markwöör op un vertell!

....

....

....

13. Huusarbeit: Wat mutt, dat mutt

Översett vun Hooch na Platt:

1. Wir müssen aufräumen.

....

2. Du darfst den Kuchen essen.

....

3. Ihr könnt mir beim Abtrocknen helfen.

....

4. Der Sohn soll sein Zimmer aufräumen.

....

5. Die Nachbarin kann die Blumen gießen.

....

6. Die Tochter will heute nicht zur Schule gehen.

....

7. Wollt ihr nicht mal die Fenster putzen?

....

8. Man soll sich nach dem Essen die Zähne putzen.

....

9. Sie dürfen bis 10 Uhr am Abend Lärm machen.

....

De Modalverben

	wüllen	schölen	könen	möten	dörven
ik	will	schall	kann	mutt	dröff
du	wullt	schasst	kannst	muttst	dröffst
he/se/dat	will	schall	kann	mutt	dröff
wi/ji/se	wüllt	schüllt	köönt	mööt	dröfft

- *oprümen*
- *eten*
- *afdrögen*
- *oprümen*
- *geten*
- *na School gahn*
- *Fenster putzen*
- *Tähn putzen*
- *Larm maken*

5

14. Wat för en Modalverb passt?

Schriev Sätz op. Af un an sünd mehr Antwoorden as een mööglich.

1. Paul un Anna, lesen, dat Book, för de School ▶

....

2. Sien Fro, Klock söven, fröhstücken ▶

....

3. Ji, Sünndag, lang slapen ▶

....

4. Dokter seggt, Beer drinken, nich so veel, ik ▶

....

5. Wi, smöken, hier nich ▶

....

6. swümmen, he, jümmers noch nich ▶

....

7. fröher na Huus gahn, wi, seggt de Chef ▶

....

Bispeel:
He, utfegen, de Köök ▶
He mutt de Köök utfegen.

To'n Lesen un Singen – un to'n Översetten: An de Eck steiht en Jung mit en Tüdelband (Gebrüder Wolf)

1. An de Eck steiht en Jung mit en Tüdelband, in de anner Hand en Botterbroot mit Kees,
wenn he blots nich mit de Been in'n Tüdel kummt, un dor liggt he ok al lang op de Nees.
Un he rasselt mit 'n Dassel gegen 'n Kantsteen un he bitt sik ganz gehörig op de Tung.
As he opsteiht, seggt he: „Hett nich wehdaan! Dat's en Klacks för so'n Hamborger Jung!"

Klauen, klauen, Äppel wüllt wi klauen, ruckzuck över'n Zaun,
ein jeder aber kann es nicht, denn er muss aus Hamburg sein.

2. An de Eck steiht en Deern mit en Eierkorf, in de anner Hand en groten Buddel Rum;
wenn se blots nich mit de Eier op dat Plaaster seilt, un dor seggt dat ok al lang bum bum.
Un se smitt de Eier un den Rum tosamen, un se seggt: „So'n Eiergrog, den heff ik geern!"
As se opsteiht, seggt se: „Hett nich wehdaan! Dat's en Klacks för so'n Hamborger Deern!"

Klauen, klauen, Äppel wüllt wi klauen, ruckzuck över'n Zaun,
ein jeder aber kann es nicht, denn er muss aus Hamburg sein.

Tüdelband oder ***Trudelband*** ist eine Bezeichnung für ein Kinderspielzeug: Es handelt sich um einen Reifen, der mit einem Stock oder Haken vorwärts getrieben wird. Ende des 19. bis Anfang des 20. Jahrhunderts liefen die Kinder häufig ein *Tüdelband* vor sich her treibend durch die Straßen.

Der Refrain zeigt, dass Hoch und Platt im Alltag nebeneinander bestehen. In einzelnen Wörtern werden die Sprachen sogar vermischt: Hier steht ***Äppel*** (aus hochdeutsch Äpfel) – zu erwarten wäre *Appeln*.

20. Pienliche Öllern?

MF nervt mi. Man wat schall Emme dorto seggen? Schall se wat dorto seggen?
MF hett mi hen un her schickt, jichtenswat weer verdreiht oder ik harr nich goot noog tohöört, un denn hett he motzt. Hett sik wiss över den olen Motor argert. Kann ik dor wat för?
Ma hett nich för mi instahn. Ole Koh. Duller noch: Se keek mi an, mit en rünnertrocken Muul un nickköpp.
Jichtenswat heff ik denn ok seggt. Dat ik woso dat ganze Boot blööd finn, un de Höhner ok. Dat ik de beiden blööd finn, heff ik noch nich seggt. Ik heff seggt, se güngen mi op den Geist. Alle beide. Se un he. Un dat he mi sounso nix to seggen hett. He is nich mien Vadder. Un warrt dat ok nich.
Ok nich, wenn Emme seggt, he kunn dat aver ween. Ik finn nich, he lett na mi.
Vun buten, seggt Emme. Dat anner kann se in düsse kotte Tiet nich marken.
Kümmt mi an, as of du an de Watersiet mehr Sünnen-Ünnergäng to sehn kriegen kannst. To Huus sünd toveel Bööm in'n Weg.
Hier geiht se ünner, un du sittst jüst dorvör. Meist as Kiekkasten-Kieken. Beter.
In düssen Fall.
De Sandregenfleiter fleit in dat Avendlicht. MF wörr denken, de Vagel is süük. De deit aver blots so. As of he wat an sien Flünken hett un nich flegen kann. Lahm is. Lockt so vun sien Lütten weg.
Af un to flüggt en sülvern Fallschirm vun de Dießels vörbi.
„Finnst du dien Vadder pienlich?"
Ik kiek wieder liekut över dat Watt, wat Luft haalt un sik vull Water suugt. Hoochwater Middernacht.
„Glööv nich", seggt Emme un kickt ok wieder liekut över dat Watt, wo sik witte Möven sammelt üm en lüttje Rönn, in de dat vele Garnelen geven deit.
Vagel röppt, Wind weiht, Dießel flüggt vörbi.
En Fleger smitt sien Motor an un stiggt op. Jichtenswo.
Woneem meiht worrn is, hett de Sünn dat Gras dröögt un utbleekt. Süht vun wieder weg ut as schietigen Sand ut de Wööst. Ik stell mi vör, dat en Karawaan baven op den Diek langs treckt, ganz liesen, un de swatten un blauen Kaftans vun de Rieders fladdert achterher. Emme kann jüm ok sehn.
Wat maak ik mit dat twete Halve vun den Sommer? Vadder besöken?
„Ik glööv aver", un dat is Emme wedder, de mi torüch haalt, „dat liggt dor an, dat ik em nich jeden Dag heff, mien Vadder."
Se kickt weg vun dat Watt un dreiht sik na mien Siet hen.
„Finnst du mien Vadder pienlich?"
„Gode Fraag egens", denk ik, „finn ik Emme ehren Vadder pienlich?"
Wörr mien Mudder op so en komisch orangsch-klöört Fohrrad dörch de Gegend jiddeln, ja, dat fünn ik pienlich. Aver bi Emme ehren Vadder is mi dat egaal.
„Dat is di wiss egaal", seggt Emme nu, „he is nich dien Vadder."
Se kickt wedder rut op dat Watt, wo de eenzig Skua de annern Möven den Klumpen Seetang mit Miesmusseln binnen afjaagt hett. So en Beest. Skuas hebbt keen Frünnen.
„Wenn dat mien Mudder weer, denn weer mi dat pienlich." Ok Emme, de nu gniggern mutt.
Ik denk en lütten Ogenblick na: „Sünd Mudders pienlicher as Vadders, Emme?"
„Ja!" Emme is foorts an't Antern. „Sünd de. Alltohoop! Ahn Utnahm."
„Ik denk dat ok", segg ik un dreih mi ok na de Siet. Emme hett en scharpe Nees. Un en groten Mund.

nickköppen	nicken
he lett na mi	er ähnelt mir
kümmt mi an	es kommt mir so vor
süük	krank
sülvern	silbern
Dießel	Distel
Rönn	Rinne
meihen	mähen
Wööst	Wüste
jiddeln	eilen
Skua	Raubmöwe
Beest	Biest
gniggern	lachen

nipp un nau	ganz genau
Tüdelüüt	Kleinkram, Geräte
bilütten	allmählich
puddeln	schwanken
stuken	stauchen
hölten	hölzern

„Aver wat is dat nipp un nau?"
Emme treckt de Huut över de Ogen kruus. „Kann ik di seggen. Wat dat is. In en Supermarkt, to'r Bispeel, staht Mudders nich eenfach an de Kass, nee, de fangt eerstmal dat Sabbeln an mit de Lüüd, de dor arbeiden doot."
„Ja, wohr", meen ik, „un Vadders betahlt ahn Sabbeln, un denn sleept se den Inkoopskraam ahn Tüdelüüt na Huus hen."
„Twetens:", kümmt Emme bilütten in Fohrt, „Mudders wüllt allens weten. Fraagt un fraagt un fraagt! Bet du gor nix mehr seggen wullt. Vadders nich. De snackt sülvst nich soveel."
Stimmt allens, finn ik, un segg: „Drüddens: Mudders vertellt allens wieder, wat se vun een rutkregen hebbt. Jede Info warrt foorts wiedergeven an anner Mudders!"
Wi lacht un lacht un lacht.
De Avendsünn geiht wieder ünner.
De Rönn na den Haven hen is nu so wiet vulllopen, dat de eersten Scheep inlopen köönt. Bet op de, de na dat letzte Hoochwater steken bleven sünd. Dat freit jeden, de seker in den Haven liggt: Jichtenseen Dussel is egens to laat, puddelt to wiet vun den Prick af, swupp, sitt he an de Kant vun de Fohrrönn in den Slick un stuukt sik fast.
Hett he denn en Kielboot, warrt dat klasse för de Tokiekers. Ruckzuck fallt he op de Siet, un du weetst, ünner Deck flüggt allens överenanner. Un denn wüllt de Lüüd ja rut, wieldat de hele Kraam en beten wenig kommodig is, krabbelt rut ut jümehr scheve Schipp, swupp, rin in den Modder, Havenslick bet an den Buuk un allens dat. Un achteran geiht dat Töven los, bet dat Water wedder hooch noog stiggt, dat dat Schipp opstahn kann.
Wi kiekt na buten. De Sünn geiht ünner, man dat warrt nich düüster.
Mien Mors warrt koolt. Schall ik wat seggen? Wat?
Kümmt op eenmal en hölten Schipp mit en liesen Motor. De Schipper sitt an de Pinn. Un achterna, süht ut as en lütt Biboot, dor slengert en witte Mööv ut Plastik an de Lien, jümmers achterher.
Ik stupp Emme mit mien Ellbagen in de Siet. Emme stuppt torüch. Un ik weet, se hett dat glieke dacht bi't Henkieken.

ut: **Birgit Lemmermann**
„Ebbe un Hehn"
mehr op Siet 174

6. Stremel

Gesund un krank

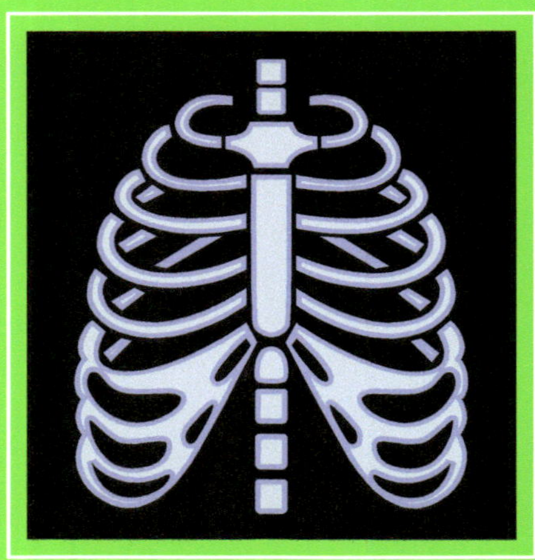

6

Bi'n Dokter

Dr. Marion Pahl: Vertellt Se doch mal, Herr Ott, wo deit dat denn weh?
Stefan Ott: Ik heff so en Druck op den Maag, männichmal ok so'n Kniepen un Rieten. Un richtig Aptiet heff ik ok nich mehr. Un wat heff ik asig Koppwehdaag!
Dr. Marion Pahl: Hebbt Se dat al lang?
Stefan Ott: Siet ehrgüstern, Fro Dokter.
Dr. Marion Pahl: Treckt Se sik bidde dat Hemd ut, dat ik Se beter ünnersöken kann. Nu deep inaten. Un de Luft anholen. Nu utaten un denn wedder deep inaten. Wat hebbt Se denn de letzten beiden Daag eten?
Stefan Ott: Na ja, ehrgüstern weer de sülvern Hochtiet vun mien Naver. Dor geev dat Swiensbraden, vörher Kaffe un Koken un achteran dat Middernachtsbüffee. Tja, un güstern is mien Broder föfftig worrn. Dor hebbt wi man blots grillt, vörher geev dat Kaffe un Koken satt.
Dr. Marion Pahl: Un wat hebbt Se bi all dat Fiern drunken?
Stefan Ott: Kaffe, anners is de Koken ja to dröög. Un denn noch en poor Beer, af un an en Kööm, de mutt ja ok dorbi ween.
Dr. Marion Pahl: Mi dücht, Se hebbt eenfach to veel eten un drunken. De tokamen twee bet dree Daag schull Se Ehr Spiesplaan so utsehn: en dünne Supp, grönen Tee un en beten Tweeback. Denn warrt Maag un Kopp ok wedder beter.
Stefan Ott: Dat höört sik ja gräsig an. Steiht dat so leeg üm mi, Fro Dokter?
Dr. Marion Pahl: Un vun Beer un Kööm laat Se de Finger vun.
Stefan Ott: Ach wat, Fro Dokter. Schrievt Se mi man fief Daag krank. Ik slaap mi mal richtig ut, denn kaam ik woll wedder op de Been.

Wat de Dokter so maakt (WÖÖR)

afföhlen	abtasten
Bloot afnehmen	Blut entnehmen
bohren	bohren
Tähn ruttrecken	Zahn ziehen
toneihen	nähen
ünnersöken	untersuchen
verbinnen	verbinden

Wat is mit Ott? (WÖÖR)

Aptiet	Appetit
ehrgüstern	vorgestern
in-/utaten	ein-/ ausatmen
mi dücht	mir scheint
Kööm	Kümmel, Schnaps
leeg	schlecht
männichmal	manchmal
sülvern Hochtiet	Silber-hochzeit
Tweeback	Zwieback

6

1. Dokter un Patschent

Woso hett Dr. Pahl Stefan Ott so wenig ünnersöcht? Wo gründlich is dien Dokter, wenn du na em hengeihst? Wat meenst du: Geiht Dr. Pahl op dat in, wat Ott verlangt?

Schriev di en poor Markwöör op un vertell.

....

....

2. Wenn ..., denn ...

Bring den Satz to Enn.

1. Wenn ik dat Been braken heff,

....

2. Wenn ik Hoost un Snööv heff,

....

3. Wenn se mi de Mandeln rutnahmen hebbt,

....

4. Wenn ik dat mit'n Maag heff,

....

5. Wenn mi swiemelig is,

....

Tweeback eten
Ies eten
lopen
hitten Tee drinken
Been hoochleggen

WÖÖR Dat Lief vun buten

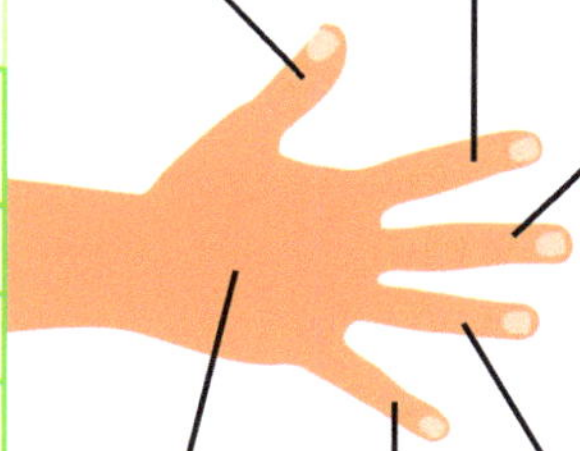

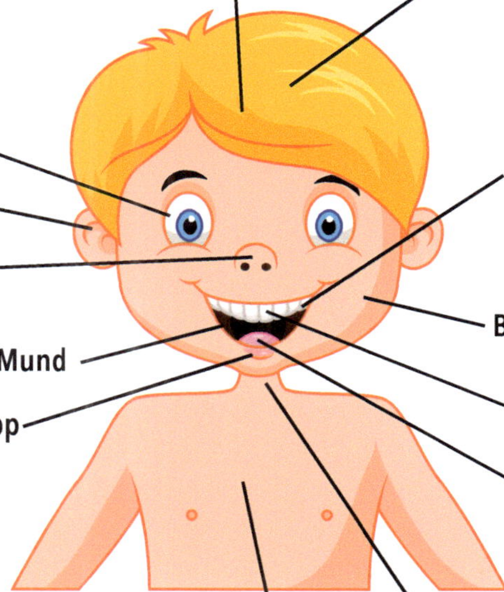

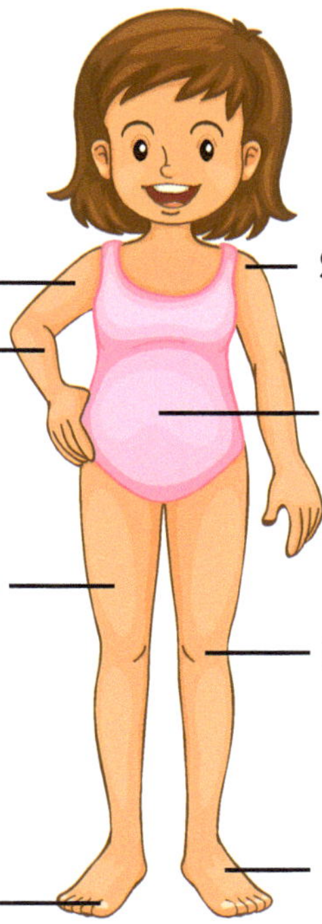

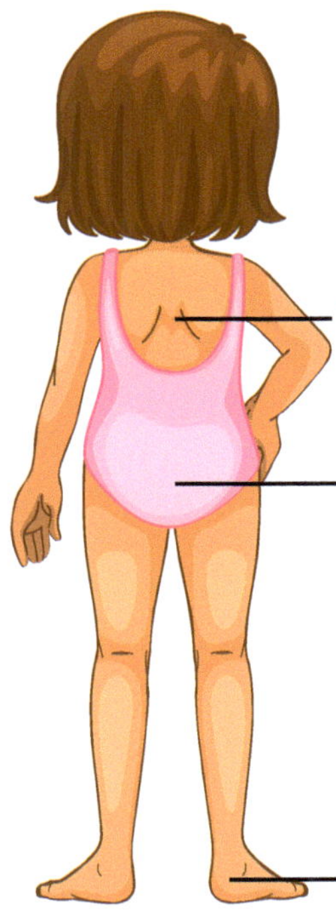

WÖÖR Krank ween

Dörchfall	Durchfall
Fever	Fieber
Gripp	Grippe
hoge / siede Blootdruck	hoher / niedriger Blutdruck
Hoost	Husten
Kniepen	stechender Schmerz
Kreevt	Krebs
Pruuschen / Pruusten	Niesen
Rieten (in'n Puckel, Ohrrieten)	reißender Schmerz
Slaganfall	Schlaganfall
Snööv	Schnupfen
Wehdaag (Buuk-, Kopp-, Tähn-)	Schmerzen

Snacks

De beste Krankheit döggt nix.

Krankheit kümmt to Peerd un geiht to Foot.

Wat so kamen is, geiht ok so wedder weg.

Ik bün nich op'n Damm

Ik bün nich goot toweeg.	Ich fühle mich nicht gut.
Ik bün verköhlt.	Ich bin erkältet.
Ik bün heesch.	Ich bin heiser.
Ik heff dat in'n Rüch.	Ich habe Rückenschmerzen.
Ik heff dat mit'n Maag.	Ich habe Magenschmerzen.
Ik heff mi den Finger stuukt.	Ich habe mir den Finger verstaucht.
Ik heff mi den Arm braken.	Ich habe mir den Arm gebrochen.

3. Wat is dat för en Körperdeel?

Dor kannst du mit danzen, lopen un hüppen.

In de Nacht sünd se dicht.

Dor steihst du mit op de Eer.

För den Kock un de Köksch is de heel wichtig.

Dat du to veel eten hest, markst du doran.

Dor höörst du den Larm vun de Welt mit.

Dor kannst du mit wiesen un Klaveer spelen.

Finger — Buuk — Tung — Ogen — Ohren — Been — Fööt

4. Wat passt hier nich rin?

Oog ☐	Ohr ☐	Been ☒	Nees ☐
Arm ☐	Tähn ☐	Fuust ☐	Wiesfinger ☐
Mund ☐	Hoor ☐	Ogen ☐	Foot ☐
Ohr ☐	Rüch ☐	Buuk ☐	Bost ☐
Töhn ☐	Foot ☐	Hand ☐	Been ☐

6

5. Nich goot toweeg

Di geiht dat gor nich goot un du geihst na dien Doktersch. Vertell ehr, wat du hest. Deit di villicht wat weh? Schriev dor en lütte Geschicht to op.

....

....

....

....

Wat'n Malöör!

Mi geiht dat nich goot, mag ween un ik heff mi wat opsackt.

Ik heff mi bi mien Kolleeg ansteken.

Ik glööv, ik heff mi bi't Bahnfohren wat weghaalt.

Dat Lief vun binnen WÖÖR

Blaas	Blase
Blinddarm	Blinddarm
Bloot	Blut
Bregen	Gehirn
Hart	Herz
Knaken	Knochen
Lebber	Leber
Lief	Leib, Körper
Lung	Lunge
Maag	Magen
Muskeln	Muskeln
Neer	Niere

Wat de Dokter so fraagt

- Hebbt Se goot slapen?
- Möögt Se eten un drinken?
- Sünd Se ut de Büx ween?
- Deit Se wat weh?
- Wo lang hebbt Se dat al?
- Hebbt Se Fever?
- Wat för Medikamenten nehmt Se?

Anteken dorför, dat een krank is

- Wat sühst du bleek (wittsnutig) ut.
- Du hest ja en ganz hitten Kopp.
- Ik föhl mi ganz flau.
- Ik bün de ganze Tiet mööd.
- Mi is ganz swiemelig (küselig, swummerig).
- Mi is jümmers so trurig to Moot.
- Ik krieg glieks dat Speen.

Tähnwehdaag

Anne föhlt sik nich goot. Een vun de Tähn baven deit böös weh. Se hett al Tabletten gegen de Wehdaag nahmen, man dat hett ok nich holpen. Dat nützt woll nix: Se mutt na'n Tähndokter. Un dor is se doch so bang vör! Wat is, wenn he bohrt, oder wenn he den Tähn glieks ruttrecken will? Oh, nee! Villicht kann se sik ja ok noch en Tiet mit de Tabletten hölpen. Un keen weet? Mitünner gifft sik so wat ja ok vun sülvst wedder …

Holger hett faken wat mit de Tähn: In sien Mund sitt meist keen Tähn mehr, an den noch nix maakt worrn is. Bang vör sien Tähndoktersch is he middewiel nich mehr: Siet se em vertellt hett, dat se ok geern kaakt, verstaht sik de beiden allerbest un tuuscht ne'e Rezepten ut.

Nina is dat heel un deel wichtig, dat se smuck utsüht, un dor höört ok ehr Tähn to. Se geiht vun sik ut all söss Maand na den Tähndokter: De maakt ehr de Tähn wedder witter as witt. Un siet twee Weken hett se sogor en lütten Brilli op den vörderen Tähn sitten; de blänkert so fein, wenn se lacht.

6. Wat deist du för dien Tähn?

Wat seggst du to Anne, wo se doch so bang vör den Tähndokter is? Geihst du twee Mal in't Johr to't Nakieken un Tähn-Reinmaken na den Dokter? **Schriev di en poor Markwöör op un vertell.**

....

....

....

Possessivpronomen: Wenn wat to wat tohöört

Dat Possessivpronomen richt sik na dat Substantiv, op dat sik dat betrecken deit. De Formen sünd in'n Nominativ un Dativ/Akkusativ desülvigen:

	1. Pers.	2. Pers.	3. Pers.
Singular	mien	dien	sien, ehr, sien
Plural	uns	ju	jümehr

Bispeel:
Mien Söhn schenkt dien Dochter sien Auto.

Genitiv

De Genitiv warrt nich mit een Pronomen utdrückt – nee, dor bruukt wi mehr as een Woort för:

1) mit „vun": vör all Substantiven (Naams, Minschen, Deerter, Saken, Abstrakta)		
dat Kleed vun Hanna	dat Auto vun mien Vadder	de Tähn vun mien Hund
dat Dack vun mien Huus	de Geschicht vun de Leevde	de Mann vun mien Fründ'n

2) mit sien/ehr: Naams, Minschen, Deerter		
Ole sien Warktüüch	mien Opa sien Hoot	de Katt ehr Melk

3) mit -s bi dat Substantiv: blots bi Naams un bi Minschen ut de Familie			
Fabians Computer	Katharinas Kleed	Mudders Fohrrad	Omas Schoh

ABC
De Wöörlist finnst du op Siet 152

7. Wokeen höört dat to?

Mitünner kannst du dat op mehrere Oorten seggen, denn schriev de all op!

Bispeel: *Wokeen höört dat ole Auto to? (ik)* ▶
Dat is mien ole Auto. / Dat is dat ole Auto vun mi.

1. Wokeen höört de rode Kugelschriever to? *(Lena)* ▶

2. Wokeen höört de gele Jack to? *(Oma)* ▶

3. Wokeen höört dat lütte Huus to? *(Helge un Hanna)* ▶

4. Wokeen höört dat Speeltüüch to? *(se [Pl.])* ▶

5. Wokeen höört de Kinner to? *(wi)* ▶

8. Meist all sünd se krank

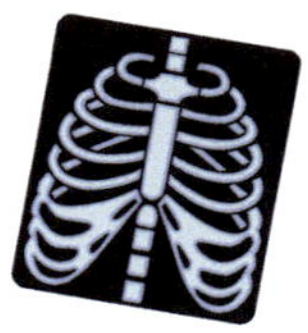

Översett de Sätz op Platt.

1. Nils hat sich sein linkes Bein gebrochen.

2. Britta hört nichts mehr auf ihrem rechten Ohr.

3. Gesche und Wencke erzählen, dass ihr Vater im Krankenhaus liegt.

4. Aber ihrer Mutter und ihren Brüdern geht es gut.

5. Unsere Kinder müssen zum Zahnarzt.

6. Eure Kinder haben Fieber und müssen zu Hause bleiben.

Ornlich verpuusten

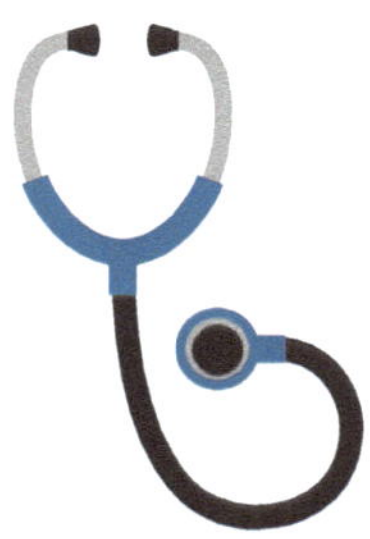

Wi sünd in't Krankenhuus. Süster Sabine schall so as jeedeen Dag Patschent Meier sien Pillen un Drüppens bringen.

Süster Sabine: Goden Dag, Herr Meier, wo geiht uns dat denn vundaag?
Meier: Uns? Woso uns? Woans Se dat geiht, dat weet ik nich.
Süster Sabine: Woans mi dat geiht? Dat is doch eendoont. Herr Meier, ik will weten, woans Se dat geiht!

Weibliche Formen

Bi vele Wöör, de Minschen charakteriseert, gifft dat nich blots männliche Formen, nee, dat gifft ok weibliche.
Op Platt sett wi dorför faken an't Enn vun't Woort **„-sch"** in.

Wi kennt also männliche Formen, de sünd nich markeert, un weibliche:

männl.	weibl.
de Naver	de Nave**rsch**
de Leser	de Lese**rsch** / de Leser**in**

Bi enige Wöör gellt för de weiblichen Formen blots **-sch:**
Köök**sch**, Mudder Griep**sch** (Hebamme), Ool**sch**

Faken kann man **-sch** und **-in** insetten:
Lehrer**in** / Lehrer**sch**
Schöler**in** / Schöler**sch**
Afthek**erin** / Afthek**ersch**

Af un an geiht blots **-in:**
Polizist**in**, Maschinist**in**, Kapitän**in**, Beamt**in**, Fründ**in**

Wenn de männliche Form op *-mann* ennt, mööt wi de weiblichen Formen ümschrieven:

männl.	weibl.
Muermann	se arbeidt bi de Muerlüüd
Timmermann	se arbeidt in de Timmeree
Seemann	se fohrt na See

Snacks

Kööksch un Katt warrt jümmers satt.

De Oolsch weet för jede Krankheit dree Hussmiddel.

Haal Mudder Griepsch, dat Kind is al meist dor!

krall un kregel = feststehender Ausdruck für „gesund“

Meier: Tja, mi geiht dat vundaag al en lütt beten beter. Man so richtig op den Damm bün ik noch nich wedder. Nee, ik föhl mi noch teemlich flau.

Süster Sabine: Goot, denn nehmt wi nu uns Pillen un Drüppens un roht uns nochmal richtig schöön ut.

Meier: Utrohen? Seggt Se mal, mööt Se denn nich arbeiden?

Süster Sabine: Na kloor mutt ik arbeiden! Anners weer ik nu ja ok nich hier un kunn Se Ehr Medikamenten geven.

Meier: Aver jüst hebbt Se doch noch seggt …

Süster Sabine: Nu maakt Se mal Ehren Mund ganz wiet op. So, Tabletten rin, un nu bidde dat Glas mit Water ganz utdrinken.

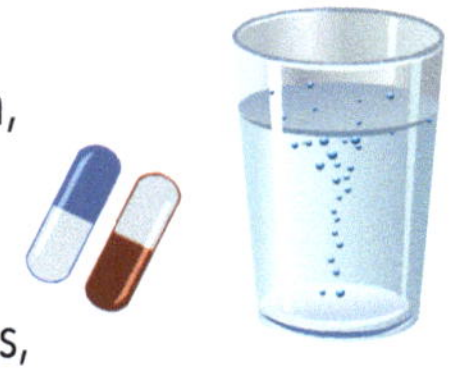

Meier: Un denn köönt wi uns ja verpuusten ...

Süster Sabine (to sik sülvst): Uns verpuusten?? Wat glöövt de Patschenten egens, wat wi hier maakt?!

9. Krankenhuus-Sepenopern

Dat weer en Utsnitt ut de Sepenoper „Krall un Kregel?“, de jeden Maandag Klock halvig söven in't Feernsehn löppt. Gifft en ganzen Barg Serien, de in't Krankenhuus speelt. Woso möögt de Lüüd dat so geern kieken? Sünd dat villicht de smucken jungen Dokters? Oder interesseert wi uns dorför, wat för Krankheiten de Minsch all hebben kann?

Schriev di en poor Markwöör op un vertell.

....

....

....

....

Bauchschmerzen?

Buukwehdaag?

Buukweh?

Liefwehdaag?

Liefkehlt?

Liefpien?

Liefsehr?

Buukpien?

Platt is överall en beten anners

So wat as en Standard gifft dat för de Utspraak op Platt nich, ok nich för de Wöör un de Grammatik. Dat heet: Jeedeen Dörp oder Stadtdeel hett sien egen plattdüütschen Klang. So snackt se op de Stader Geest dat Woort för „Kühe“ op de dree Oorten ut: *Köh* steiht blangen *Keuh* un *Keih*.

Wat in de een Gegend richtig is, kennt se in de anner gor nich. För „Mädchen“ seggt de meisten *Deern*. Man in Oostfreesland heet dat *Wicht* un in Westfalen *Loit*. Bi de meisten gellt *snacken* för „sprechen“, man in Mekelborg seggt se *spreken*, in Oostfreesland *praten* oder *proten* un in Gegenden vun Westfalen *küren*. „Bauchschmerzen“ heet bi vele *Buukwehdaag*, man in Schleswig-Holsteen is dat *Buukweh*, twüschen Werser un Elv *Liefwehdaag*, in't Ollenborger Land *Liefkehlt*, in Oostfreesland *Liefpien*, in't Emsland *Liefsehr* un in Westfalen *Buukpien*.

Bi de Verbformen gifft dat klore Grenzen twüschen *wi maakt* un *wi maken*. Ööstlich vun de Elv, man ok na Oostfreesland un Schleswig is Platt eerst vun dat 12. Johrhunnert op an henkamen. Dor heet dat *wi maken*. In de Gegenden, woneem de olen Sassen siedelt hebbt, seggt se *wi maakt*.

Düsse velen Klören sünd en Kennteken vun de plattdüütsche Spraak. Un se sorgt dorför, dat de Lüüd seggt: Ja, mien Platt, dat is en Stück vun mien egen Kultur.

Dat Leed an't Enn vun düt Kapitel is toeerst in Pommern opschreven worrn. In't Originaal steiht: *Wo de Oostseewellen trecken an den Strand.* Meist in all anner Gegenden müss dat egens heten: *Wo de Noordseewellen treckt an den Strand.*

10. Doon deit lehren – Gymnastik

Maak en beten Gymnastik. Du seggst an, wat de annern Lüüd maken schüllt. All staht op un maakt dat denn. Du dröffst dat sülven nich vörmaken. Jeedeen kummt an de Reeg.

Bispeel: Streckt de Arms na vörn ut. Maakt lütte Krinks mit de Hannen, so as de Klock löppt. Dat langt. Nu griept mit de Finger, maakt en Fuust, eerst langsam, denn fixer. Maakt dat teihn mal. Nu söökt jo noog Platz na beide Sieden un streckt de Arms na de Siet lang ut. Maakt lütte Krinks mit de Arms na vörn, denn na achtern. Dat langt. Nu schüllt ji de Arms na ünnen hangen laten un utschüddeln. So, nu is de Neegste an de Reeg.

Du kannst di to Huus ok sülvst Gymnastik-Stücken utdenken un de vör den Spegel maken!

Gymnastik-Wöör

WÖÖR

bögen	beugen
dehnen	dehnen
dreihen	drehen
Fuust maken	Faust machen
griepen	greifen
hüppen	hüpfen
in de Knee gahn	in die Knie gehen
leggen	legen
Schuller hoochtrecken	Schulter hochziehen
strecken	strecken
utschüddeln	ausschütteln

Blots en lütten Pieks?

Dat gifft lege Krankheiten, ok welk, bi de dat um Leven un Doot gahn kann. Gegen vele dorvun kann man sik in Düütschland impfen laten. De meisten sünd impft gegen de Kinnerkrankheiten Masseln, Mumps un Röteln, de vundaag in een Törn as „Kombi-Impfen" afmaakt warrt. Vele Dokters geevt den Raatslag: Gegen Windpocken un Tetanus (Polio), man ok gegen Kinnerlähmung schall een sik impfen laten.

Vör allen, wenn man na Afrika, Asien oder Süüdamerika reisen will, warrt anraadt, sik impfen to laten. Dat gifft en Reeg Länner, in de kann man blots inreisen, wenn man gegen Krankheiten as Malaria oder Diphtherie impft is. Mit dat Impfen nimmt de Minsch Krankheitserreger op. De lööst denn ut, dat dat Lief Gegenkörper gegen de Krankheit entwickelt. Un düsse Gegenkörper staht denn praat, wenn man sik mit de „richtige" Süük ansteken hett.

Siet enige Johren laat sik vele Lüüd ok gegen Gripp impfen. De enen seggt, dat is goot, denn haal ik mi nix mehr weg. De annern seggt, düt Impfen nützt meist gor nix, denn dat Impfmiddel is egens nie dat, wat jüst bruukt warrt.

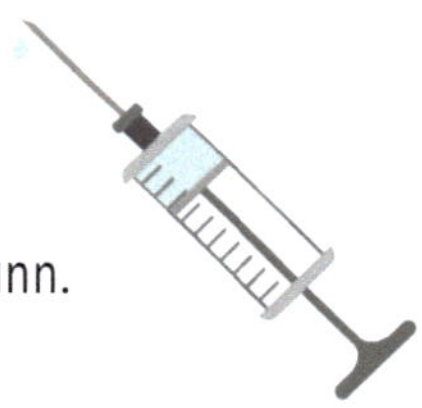

11. Gegen wat büst du impft?

Vele meent, dat weer allerbest, wenn man sik gegen allens impfen laten kunn. Wat meenst du? Schriev di en poor Markwöör op un vertell.

....

....

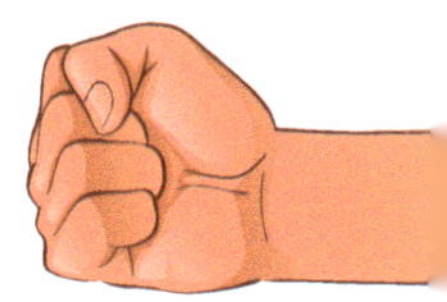

12. Dat Huusrezept – Oma hett jümmers seggt…

Dat gifft so vele Huusrezepten, de anseggt, wat een allens maken schall, wenn een krank is. Ji kennt wiss ok welk. Wat schall een maken, wenn he Snööv, Hoost, Koppwehdaag oder anners wat hett?

Bispeel: ***Wenn du verköhlt büst, drink en warme Beer mit Honnig – un denn gau na Bett!***

....

....

....

Wenn ik as Kind krank weer, hett mien Oma jümmers seggt: ***„Deern, drink en hitten Flederbeersaft op de Bettkant, un denn kruup di ünner de Bettdeek. Morgen süht de Welt al wedder ganz anners ut."***

13. Wat mööt wi doon? Wat dröfft wi nich doon?

Bispeel: *verköhlt: in't Bett blieven, swümmen gahn, Neesdrüppens nehmen* ▶ ***Wenn ik verköhlt bün, schall ik lever in't Bett blieven un villicht Neesdrüppens nehmen. Swümmen gahn dröff ik denn nich.***

1. nervöös: Yoga maken, Computer spelen, op't Water kieken ▶

....

....

2. de Maag deit weh: op- un daalhüppen, Krüdertee drinken, en Seereis maken ▶

....

....

3. kann nich slapen: en Höörbook anhören, in de Baadwann gahn, över Probleme nadenken ▶

....

....

4. de Kopp deit weh: en Espresso mit Zitroon drinken, singen un danzen, na buten gahn ▶

....

....

To'n Lesen un Singen – un to'n Översetten: Wo de Noordseewellen trecken an den Strand

1. Wo de Noordseewellen trecken an den Strand, wo de gelen Blomen blöhen in't gröne Land,
wo de Möven schreen hell in't Stormgebruus, dor is miene Heimat, dor bün ik to Huus. ***(noch mal)***

2. Wellen un Wogen sungen dor mien Wegenleed, un de hogen Dieken kennt mien Kinnertiet.
Kennt ok all mien Sehnsucht, all mien heet Begehrn, in de Welt to flegen, över Land un Meer. ***(noch mal)***

3. Woll hett mi dat Leven all mien Lengen stillt, hett mi allens geven, wat mien Hart nu füllt.
Allens is verswunnen, wat mi quääl un dreev, heff dat Glück ok funnen, doch de Sehnsucht bleev. ***(noch mal)***

4. Sehnsucht na mien leve gröne Marschenland, wo de gelen Blomen blöhen in't gröne Land,
wo de Möven schreen hell in't Stormgebruus, dor is miene Heimat, dor bün ik to Huus. ***(noch mal)***

23. Ohrenkniepers. Tofäll

jiddelig	aufgeregt
Stremel	Streifen, Abschnitt
Oorsaak	Ursache

Tweeunhalf Weken vörbi. Bün ik verknallt? Woso heff ik weten, dat ik Emme weddersehn warr?
Hett Emme dat weten? Woso schickt Emme en Buddelpost af, de in mien Droom rinkümmt?
Güstern hett mien Handy pingelt. Ik dach, dat is wiss Oma. An dat anner Enn weer en Keerl, de see, dat he mi kennen dee un fraag, of Ohrenkniepers flegen kunnen.
Eerst wüss ik nich, wat los weer. Wieldat ik toglieks nadenken müss, of ik de Stimm woll kenn oder of dat nu Reiner weer, de mi anmeiern wull, un ok noch, woans de Ohrenkniepers dat maken doot mit dat Flegen. Un ok noch, of ik dat för en Naturfründ verkloren schull, oder mehr för en normalen Minsch. Un dor heff ik seggt: „Ja, äh, dat köönt de nich. Also, de Olen. De nich, aver, äh, keen is denn dor?" Ik keem mehr un mehr dörchenanner. „Reiner? Nee, nä? Also, nee, blots de Jung, un, ach, ik? Ik schall dat weten? Also, dat is mal so..."
Ik weer so jiddelig, wieldat ik doch nich wüss, wokeen mit mi snacken wull an dat anner Enn vun de Leitung. Stimmt ok nich. Leitung stimmt nich. Handy hett keen Leitung.
De Keerl hett dat markt un seggt: „Hier is Unkel Willi."
Ach. De. Nich mien Unkel. Ut dat Dörp vun Oma un Opa. He see: „Wi speelt jüst Koorten. Un hebbt de Fraag, of Ohrenkniepers flegen köönt. Un wiel dien Grootöllern jümmers vertellt, wat för en grote Naturkenner du büst, roop ik di an."

6

„Woneem hett de mien Handynummer herkregen?" schoot mi dat dörch den Kopp. „Vun Oma un Opa etwa?" Dat is Missbruuk vun Daten. Finn ik. Un entscheed mi för: Verkloren för Half-Normale.
Ik see: „Pass op, Unkel Willi. Ohrenkniepers köönt flegen. Man blots so lang, as de jung sünd. De Deck-Klappen vun jümehr Flünken sünd noch week, un de junge Knieper is sportlich. Nimmt sien egen Knieper un treckt sik sülvst de Flünk ünner de Platten rut. Opspannt, Falten rut, los geiht dat. Aver nich wiet. Blots mal even en lütten Stremel. Vun den Teppich hooch bet an de Gardien."
Unkel Willi glöövt dat ja denn. Aver eerst na tweemal verkloren. Schall ik Schokolaad för kriegen, för de Utkunft, wenn he mi dat neegste Mal drapen deit. „Keen Oorsaak", heff ik seggt, „maak ik geern." Wat wohr is. Blangenbi hett he ja anropen. Nich mien Handy-Kösten. Un Schoko schallst du ok nich mit den Mors ankieken.
As wi opleggt harrn, fallt mi op, dat ik nich weet, wat nipp un nau passeren deit, wenn de Knieper öller warrt. Breekt denn de Flünken af? Stickt he de een letzt Mal ünner de Klappen un allens wasst fast? Warrt de schöne Fallschirmflünk hatt un verdröögt? Ik versöök, mi to marken: ROOP BI EN UNI AN, WO KNIEPERFORSCHERS SITTEN DOOT!
Oder ik kiek in't Internet. Wenn ik wedder to Huus bün. Lexikon hett sowat wiss nich.
Tschernobyl steiht woll al dor binnen. Arme Lüüd. Blots dör Tofall gifft dat Fotos, de meisten Filme sünd verstrahlt. Nix op to sehn. Allens swatt, allens witt. Nu sünd de poor Biller, de dat geven deit, in de Archiven vun de Welt, man de Minschen sünd elennig krepeert. De gröttste Schiet! Allens Tofall. Haha! Seggt wi so. De Pastor in de Kark seggt faken so Saken as: „Gott sien

pütscherig | kleinlich

Weeg köönt wi nich verstahn." Aver ik denk, tomeist maakt de Minsch dat Problem. Emme seggt, de Minsch IS dat Problem. Dor hebbt wi eerst noch lacht. Ehrgüstern. Aver noch en beten wieder, dor weren wi blots böös op all düsse Ätz-Lüüd.
Müll hensmieten, Veehtüüch slecht behanneln, Kinner blau hauen oder verhungern laten. Grote Mist-Lüüd. Finnt wi all. Wi Jugendlichen. Vele Grote labert rüm. Labert un labert. Höörst du en beten to, so in en Teestuuv oder wenn du eten geihst, denn geiht dat faken: „Ach, een schull woll...".
„Schull, Schull, Schullen", hett Emme seggt, „de se in Hamborg nich wullen!" Blots Kinner un Jugendliche schüllt allens oordig doon.
Un Emme?
För en Deern ganz goot. Hett veel los mit de Natur un all dat Veehtüüch dor binnen. Is nich pütscherig. Finn ik egens allens ganz cool.
Mehr nich. Noog. Dorvun.
Ik hang mi över Boord. Noch wieder. Mit mien Kopp vörut. Glieks heff ik de Hoor natt.
Ik hoop, de Motor warrt nich so gau heel.
En grote Swarm heel lütte Fisch schippert vörbi. Dicht ünner mien Kopp langs. Wenn de all op eenmal tobiet, köönt de mi woll in't Water kriegen? Afsupen laten? Wiel ik ok blots een vun düsse komischen Minschen bün?
In mien Büxentasch fangt dat Handy an to rüddeln. SMS.
Oppassen! Eensam Insel an Stüerboord!
Ik kiek över den Haven na Simon sien Schipp to. Nix to sehn. Keen gröne Ammer an Deck.
Ik kiek na links. Nee, na rechts. Stüerboord is rechts. Nix. Ik stell de Ohren op. En Reep sleit an en Mast ut Alu. Kinner snackt. Jichtenswat dröppt an uns Schipp. Ganz liesen. An Stüerboord.
Nee, oh nee! Un nu?
Gau op't Dröge, dat de Keks nich opweekt. Ik versöök, em to griepen. Weg is he. Fudder för den Swarm. Ik redd de Teddies. Lecker. Un den Schirm. Villicht will Emme den noch mal bruken.
Un nu pultert dat ok al op den Steg. Kann ik foorts kennen, den Huppser. Astrein!
Ik neih gau hooch.

ut: Birgit Lemmermann
„Ebbe un Hehn"
mehr op Siet 174

7. Stremel

Dörpsleven

7

Wind in den Gemeenraat

Börgermeester: Leve Lüüd, kaamt wi to Punkt twee. De Landkreis plaant ja al lang, in uns Gegend Windanlagen optostellen. Nu is dat rut: Op de Holthuser Geest schüllt 50 Windanlagen boot warrn. Wi mööt uns enig warrn: Wüllt wi dat, oder wüllt wi dat nich?

Frakschoon vun de Blauen: Bet nu is dat Leven hier bi uns in't Dörp allerbest: Wi hebbt veel Natur, op de Wischen staht de Deerter un all uns Inwahners sünd hier geern tohuus. Man so'n Windrööd bringt nix as Arger: De maakt de Natur kaputt un för Vagels sünd se en groot Gefohr. Bavento kümmt: De Larm is böös lästig för de Lüüd, de dor wahnt. Wi sünd ganz kloor dorgegen: Keen Windanlagen in uns Dörp!

Frakschoon vun de Vigeletten: Wi seht dat ganz anners. För de Buern, de dat Land hebbt, is dat en goot Geschäft. Opstunns kriegt se för de Melk nich veel, man mit Stroom köönt se en Barg Geld verdenen. De Windenergie is nu mal de Tokunft. De Gemeen kriggt dor ja ok Stüern för. Dor köönt wi denn en Kinnerspeelplatz vun boen. Also wi seht blots Vördelen för uns.

Frakschoon vun de Kareerten: Wi hebbt dor lang över nadacht un diskereert. Windenergie is wichtig. Man wi meent: All de Lüüd ut Holthusen schüllt dor wat vun hebben. Wi sünd för en Börgerwindpark: Dor kann jeedeen instiegen un sien Geld anleggen.
Man eerst mööt wi weten: Wat seggt de Lüüd hier in't Dörp dorto? Wi stellt den Andrag, dat de Gemeen en Ümfraag op de Been stellt.

Börgermeester: …

Politik (Wöör)

Plattdüütsch	Hochdeutsch
afstimmen	abstimmen
Andrag	Antrag
Börger-meester	Bürger-meister
diskereren	diskutieren
dorför ween	zustimmen
dorgegen ween	ablehnen
Frakschoon	Fraktion
Gemeen	Gemeinde
Gemeenraat	Gemeinderat
instiegen	beteiligen
Inwahner	Einwohner
ja seggen	zustimmen
Nadeel	Nachteil
nee seggen	ablehnen
opstunns	zur Zeit
sik enig warrn	sich einigen
Ümfraag	Umfrage
Vördeel	Vorteil

1. Wat maakt de Börgermeester dor nu vun?

Kann de Gemeenraat nu al över den Plaan vun den Landkreis afstimmen?
Wat is mit den Andrag vun de Kareerten?
Schriev op, woans dat Hen un Her in den Gemeenraat wiedergeiht!

....

....

....

....

2. Wenn wi nich fiert, is dat Leven man blots half so schöön!

De Lüüd in Holthusen fiert geern. Op de rechte Siet sühst du, wat dor in't Johr allens los is.
Is dat dor, wo du herkümmst, ok so? Wat för Festen kennst du?

....

....

....

....

....

....

Festen (Wöör)

Plattdüütsch	Hochdeutsch
Danz op de Deel	feststehender Ausdruck für Tanzveranstaltung
fiern	feiern
Füerwark	Feuerwerk
Kark	Kirche
Lanteern-lopen	Laterne-laufen
Neejohr	Neujahr
Oorntfest	Erntefest
Oostern	Ostern
Pingsten	Pfingsten
Puhei	Lärm, Spaß
Ringrieden	Ringreiten
Schüttenfest	Schützenfest
Wieh-nachten	Weihnachten

7

Festen fiern

In Holthusen wahnt goot 4000 Lüüd, un hier is bannig wat los: To fiern gifft dat jümmers wat!

12 Januar FÜERWEHRBALL
Danz op de Deel för Jung un Oolt
Klock 8 in'n Dörpskroog

16 Februar FASCHING
An'n Namiddag: Spelen för de Lütten
An'n Avend: Faschingsball för de Groten
Klock 3 för de Lütten / Klock 8 Danz

9 10 11 März THEATER, THEATER
De Holthuser Speeldeel föhrt dat ne'e Stück „Laat mi an Land" op
Klock 7 in't Füerwehrhuus

4 April OOSTERFÜER
Grillen, Beer un Stockbroot / Musik maakt de Radaumakers
Los geiht dat, wenn dat düüster warrt
op de Wisch achter't Gemeenhuus

30 April DANZ IN DEN MAI
To drinken gifft dat Renate ehr feine Maibowle
Klock 8 in de Schüün

12 Mai VÖRJOHRSMARKT
Johrmarkt
Klock 10 bet Klock 6 op den Dörpsplatz

18 Mai VADDERDAGSTOUR
Nich blots för de Vadders – nee, all Mannslüüd köönt mitkamen: Radtour (15 km), an'n Avend Grillen
Klock 11 – wi kaamt vör de Kark tohoop

17 Juni RINGRIEDEN
Ponyrieden för de Lütten / düt Johr dröfft to't eerste Mal ok Gäst mitmaken
An'n Avend dat grote Ringriedereten
Klock 2 bi den Riedvereen

12 Juli SOMMERFEST vun de Landjugend
Spelen för de Lütten / Kaffe un Koken
An'n Avend Lagerfüer un Grillen
Klock 3 op de Wisch achter't Gemeenhuus

21 August SCHÜTTENFEST
Kriegt wi düt Johr en König oder en Königin?
An'n Avend Danz mit DJ Henning
Klock 2 bi den Schüttenvereen

18 September KÖNIGSAVEND
Ümtog dörch't Dörp
An'n Avend Königsball mit Danz
Klock 3 warrt König oder Königin to Huus afhaalt

5 Oktober OORNTFEST
Grote Ümtog mit Oornt-Wagens
An'n Avend Danz mit DJane Clara
Klock 2 – los geiht dat bi den Dörpskroog

14 November LANTEERNLOPEN för de Lütten
Klock 6 – Los geiht dat vör de Kark

6 Dezember WIEHNACHTSBASAR vun de Kark
Kunsthandwark / Böker un Kledaasch
Kaffe un Koken
Klock 10 bet 6 in't Gemeenhuus

31 Dezember GROOT FÜERWARK op den Dörpsplatz
Wi begrööt dat ne'e Johr mit veel Puhei!
Klock 12 an'n Avend op den Dörpsplatz

Wokeen is in Holthusen tohuus?

Sven is 16 Johr oolt un op den Buernhoff vun sien Öllern groot worrn. Noch geiht he na School, man he weet al nu: Wenn he dormit dörch is, maakt he en Lehr as Landmaschinenmechaniker. Mit Maschinen kann he allerbest ümgahn: In de Warksteed vun sien Vadder klütert he to un to geern an ole Motorrööd un Treckers. Dat een oder anner hett he ok al wedder to'n Lopen kregen. Faken kümmt he mit sien Frünnen tohoop, un se schruuvt an de Maschinen. In en poor Johren will he den Hoff vun sien Öllern övernehmen.

Marion kümmt egens ut de Stadt. Dor hett se in en Agentur arbeidt: Man all de Terminen un de Druck bi de Arbeit – nee, gefullen hett ehr dat nich. Vör goot een Johr, as se 40 worrn is, hett se beslaten: So geiht dat nich wieder! Se hett dat maakt, wo se al jümmers vun dröömt hett: Se hett sik en lütt smuck Huus in Holthusen köfft. Dor hett se Stuven för Feriengäst, un ehr gefallt dat heel un deel goot, sik üm de Gäst to kümmern, in den Goorn to arbeiden un mit de Naverslüüd to snacken.

Ulrike un Alfred hebbt siet Johr un Dag en lütten Bioladen in't Dörp. Dor beed se Obst un Grööntüüch ut jümehren Goorn un anner Saken ut de Gegend an. Tweemal de Week fohrt Alfred mit sien olen Lastwagen dörch dat Dörp un levert Eten un Drinken ut. Wenn Ulrike un Alfred mal nich in den Laden staht, arbeidt se wiss jüst an de ole Watermöhl, de se wedder op Schick bringt. Dor wüllt se mal mit ehr beiden Söhns intrecken un en lütt Restaurant opmaken.

Op't Land (WÖÖR)

anbeden	anbieten
beleven	erleben
heel	ganz
heel un deel	ganz und gar, absolut
jumpen	springen
klütern	basteln
liekers	trotzdem
op Schick bringen	renovieren
opmaken	eröffnen
schruven	schrauben
siet Johr un Dag	jahrelang
levern	liefern
rott	marode
Warksteed	Werkstatt
Watermöhl	Wassermühle

Wat vörher ween is

De **normale Vergangenheitsform** op Platt is dat **Perfekt.**

So sett wi dat tohoop:
Präsensform vun dat Hölpsverb hebben / sien un Partizip Präteritum vun dat Vullverb.

Anners as in Hoochdüütsch hebbt wi bi dat Partizip Präteritum keen *ge-* as Vörsülv. Dat gifft regelmäßige un unregelmäßige Verben. Hölpt nix: de mutt een butenkopps lehren!

Dat **Imperfekt** hebbt wi op Platt ok, man so veel bruukt wi dat bi't Snacken nich. Wi finnt dat in schreven Texten, to'n Bispeel in Böker oder in't Blatt.

De Endungen sünd in't Imperfekt bi de regelmäßigen un bi de unregelmäßigen Verben desülvigen. Wenn wi de eerste Person Singular kennt, denn weet wi de anner Personen meisttiets ok.

De Imperfekt-Formen	De regelmäßigen Verben in't Perfekt	
	sien	hebben
ik lach	Ik bün reist.	Ik heff seggt.
du lachst	Du büst klattert.	Du hest fraagt.
he/se/dat lach	He/Se/Dat is rutscht.	He/Se/Dat hett danzt.
wi/ji/se lachen	Wi/Ji/Se sünd krabbelt.	Wi/Ji/Se hebbt snackt.

Wat vörher ween is (WÖÖR)

Blatt	Zeitung
butenkopps	auswendig
meist	fast
Vörsülv	Vorsilbe
meisttiets	meistens

ABC

De Wöörlist finnst du op Siet 152

Hölpsverben

Grundform	1. Pers. Sg. Imperfekt	1. Pers. Sg. Perfekt
hebben	ik harr	ik heff hatt
sien	ik weer	ik bün ween
warrn	ik worr	ik bün worrn

Modalverben

Grundform	1. Pers. Sg. Imperfekt	1. Pers. Sg. Perfekt
dörven	ik dröff	ik heff dröfft
könen	ik kunn	ik heff kunnt
mögen	ik much	ik heff mucht
möten	ik müss	ik heff müsst
schölen	ik schull	ik heff schullt
wüllen	ik wull	ik heff wullt

Regelmäßige Vullverben

Grundform	1. Pers. Sg. Imperfekt	1. Pers. Sg. Perfekt	Grundform	1. Pers. Sg. Imperfekt	1. Pers. Sg. Perfekt
boen	ik bo	ik heff boot	köpen	ik kööp	ik heff köfft
dösen	ik döös	ik heff dööst	lesen	ik lees	ik heff leest
drömen	ik drööm	ik heff dröömt	maken	ik maak	ik heff maakt
fohren	ik föhr	ik bün fohrt	setten	ik sett	ik heff sett
fragen	ik fraag	ik heff fraagt	snacken	ik snack	ik heff snackt
halen	ik haal	ik heff haalt	söken	ik söök	ik heff söcht

Unregelmäßige Vullverben

Grundform	1. Pers. Sg. Imperfekt	1. Pers. Sg. Perfekt	Grundform	1. Pers. Sg. Imperfekt	1. Pers. Sg. Perfekt
blieven	ik bleev	ik bün bleven	liggen	ik leeg	ik heff legen
doon	ik dee	ik heff daan	lopen	ik leep	ik bün lopen
drinken	ik drunk	ik heff drunken	nehmen	ik nehm	ik heff nahmen
eten	ik eet	ik heff eten	ropen	ik reep	ik heff ropen
fallen	ik full	ik bün fullen	schrieven	ik schreev	ik heff schreven
flegen	ik floog	ik bün flagen	sehn	ik seeg	ik heff sehn
gahn	ik güng	ik bün gahn	singen	ik sung	ik heff sungen
geven	ik geev	ik heff geven	sitten	ik seet	ik heff seten
holen	ik heel	ik heff holen	slaan	ik sloog	ik heff slaan
hölpen	ik hölp	ik heff holpen	slapen	ik sleep	ik heff slapen
kamen	ik keem	ik bün kamen	springen	ik sprung	ik bün sprungen
kieken	ik keek	ik heff keken	stahn	ik stünn	ik heff stahn
kriegen	ik kreeg	ik heff kregen	trecken	ik trock	ik heff trocken
laten	ik leet	ik heff laten	vergeten	ik vergeet	ik heff vergeten
legen	ik leeg	ik heff lagen	weten	ik wüss	ik heff weten

3. Popcorn un rode Sesseln: Mal wedder in't Kino

Sett de Perfektformen in.

Bispeel: *Wi **sünd** güstern in't Kino **gahn.***

1. Mien Fründ .... leider to laat .... 2. Twee Tokiekers .... de ganze Tiet mitenanner .... 3. Dor .... wi uns düchtig över .... 4. Man de Film .... uns allerbest .... 5. Achteran .... wi noch en Beer ....

drinken *argern*

~~gahn~~

snacken *gefallen* *kamen*

4. Wat is in Holthusen in'n Sommer passeert?

Sett de Perfektformen in.

1. Gemeenraat, ja seggen, Windpark ▶

....

2. Schoolmeester, inrichten, Goorn för de Schölers ▶

....

3. Kark, grünnen, ne'e Theatergrupp ▶

....

4. Landjugend, op de Been stellen, Sommerfest ▶

....

5. twee Froenslüüd, opmaken, Dörpsplatz, Café ▶

....

6. „Fortuna Holthusen", winnen, Footballturnier ▶

....

Bispeel: *Kinnergoorn, kriegen, Speeltüüch* ▶

De Kinnergoorn hett ne'e Saken to'n Spelen kregen.

7

5. Inbrekers bi de Büx kregen

Vundaag is in't Blatt vun Holthusen düsse Artikel to lesen. Sett de Imperfektformen in.

Holthusen.
In de Nacht vun Sünndag op Maandag ***överfullen*** twee Mannslüüd, 26 un 28 Johr, de Tanksteed an de B5. Se .... swatte Kledaasch an un en Strump över den Kopp. As de Verköper de beiden .... , ... dat al to laat: Een vun de Inbrekers .... em en Pistool ünner de Nees. Dor harr de Verköper keen Schangs: He .... jüm dat ganze Geld ut de Kass. Bavento .... de beiden Mannslüüd noch Zigaretten un Kööm. Denn .... se so gau, as dat man jichtens geiht, weg. Man wat för en Tofall: En Naver harr dat Ganze sehn un .... foorts bi de Polizei an. De Schandarms .... fix dor un .... de Inbrekers bi de Büx!

geven
hebben
holen
klauen
kriegen
lopen
~~överfallen~~
ropen
sehn
sien
sien

Ünner't Lüchtfüer vun Arne Christophersen

Bald geiht dat wedder los mit Proven: Dat ne'e Stück hett de Baas vun de Holthuser Speeldeel al utsöcht. Düt Johr bruukt de Schauspelers op de Bühn Gummisteveln un Regenjack: Dat geiht an de See. Dat Stück speelt op en lütt Insel. Dor steiht en Lüchtfüer un in dat Lüchtfüer arbeidt en Mann. Wat is dat blots för en olen Gnadderputt! Wokeen vun de Holthusers de Rull woll afkriggt? Düsse Week leest de Schauspelers eerstmal den Text:

Paul Gebhardt is 52 Johr oolt un arbeidt siet 14 Johr op't Lüchtfüer vun de Insel Groland: He höllt de Scheep jümmers op Kurs. Bet op den Breefdreger kriggt he meist keen anner Minschen to Gesicht. En beten egen is he woll; ok sien Assistenten hoolt dat meisttiets nich lang mit em ut.

Bengt Reepschläger is 25 Johr oolt un hett al böös veel Geld bi't Spelen verloren. He steiht gewaltig in de Kried. Man ganz ahn sien Spelen schafft he dat nich. Nu schall he as Assistent op't Lüchtfüer arbeiden. Dat is sien letzte Schangs, anners mutt he in't Kaschott.

Herbert Traulsen is 63 Johr oolt, Fischersmann un Breefdreger. All twee Weken föhrt he mit sien Schipp na Groland.

Ein Vormittag im Spätsommer. Das einzusehende Zimmer des Leuchtturms zeigt eindeutige Spuren von Männerwirtschaft. Es klopft.

Bengt *(vor der Tür, vorsichtig)*: Herr Gebhardt?

Herbert: Laat mi mal. *(Er klopft energisch)* Paul! – Paul! Gottsverdorrig. As harr ik dat nich ahnt. *(Er klopft noch einmal)* Verdammig nochmal to! Paul. Wo büst du? – Ach, Schiet wat. Laat uns ringahn.

Bengt: Aver ...

Herbert: Nix aver. Ik heff em dat vör twee Weken vertellt. Un per Funk hebbt se em dat seker ok dörchgeven.

Bengt: Aver wenn he nich dor is ...

Herbert: Dat is ja nu ok dien Tohuus. Kumm.

Die Tür geht auf. Herbert tritt ein. Er trägt eine Posttasche und ein Paket. Vorsichtig kommt hinter ihm auch Bengt herein und zwängt sich mit seiner Leibesfülle und einem vollgepackten Seesack in den Leuchtturm.

Herbert: Denn man mal rin in de gode Stuuv. Also tominnst in en Deel dorvun. *(Er weist auf den rot markierten Bereich des Raumes und ist durchweg darauf bedacht, dass weder er noch Bengt die Grenze überschreiten.)*

mien Rebeet

dien Rebeet

Bengt: He hett dat markeert? *(Will seinen Seesack abstellen)*
Herbert: Nich dorhen. *(Bengt stellt sein Gepäck im Küchenbereich ab)*
Heff di doch vertellt, dat he en beten egen is mit sien Saken.
Bengt: En beten egen?
(Er besieht sich einen rot markierten Hocker, der am aufgeteilten Tisch steht)
Herbert: Naja. So kann een sik tominnst nich verdoon. Allens wat root is, dröffst du anfaten. Sien Saken ...
Bengt: *(hat dem Küchenschrank einen rotes und eine normales Glas entnommen)* ... nich!
Herbert: Du hest dat kapeert. *(Sieht Bengt mit dem Glas)* Laat dien Poten dor weg.
(Bengt stellt das Glas schnell zurück)
Un op sien Rebeet schullst du di man lever ok nich troen.

Bengt: Anners passeert wat?
Herbert: Anners passeert ... Naja, ik heff di ja vertellt. He is en beten egen.
(Man hört von draußen laute Motorsägengeräusche)
Bengt: Wat is dat?
Herbert: Harr ik mi doch denken kunnt. He is bi sien Hobby.
Bengt: Wat maakt he?

Theaterstück	WÖÖR
Baas	Chef, Leiter
Breefdreger	Briefträger
egen	eigen
in de Kried stahn	Schulden haben
Kaschott	Gefängnis
Lüchtfüer	Leuchtturm
Poot	Pfote
Proven	Üben
Rebeet	Gebiet
sik verdoon	sich vertun, irren
Speeldeel	Theater-gruppe
tominnst	wenigstens

6. De Mannslüüd in't Lüchtfüer

Wat hett de ole Gnadderputt Paul woll för en Hobby?
Wat maakt Paul mit all de Saken in't Lüchtfüer?
Woans süht en Dag in't Lüchtfüer bi Paul un Bent woll ut?

....

....

....

....

....

....

....

....

....

Wat en Theater!

De Schauspelers achter de Bühn sünd hibbelig. Fief Minuten noch, denn geiht de Vörhang op. *Wat sünd mien eersten Wöör? Sitt mien Hoot ok richtig? Nich so gau vun dat Schapp na den Disch henlopen.*

Mehr as 80 Lüüd hebbt sik al in den lütten Saal vun Heines Kroog versammelt. Se weet: Wenn de Speeldeel dat ne'e Stück opföhrt, denn gifft dat en groot Spektakel. Dat wüllt all Lüüd sehn. De dor mitspeelt, dat sünd ja de Naverslüüd ut dat Dörp. Acht Weken lang hebbt se den Text instudeert, se hebbt de Kulissen boot un de Kledaasch utsöcht. Un dütmal hett Bäcker Brandt sogor dat Stück sülvst schreven.

In Noorddüütschland gifft dat enige dusend plattdüütsche Speelkoppels. Dor sünd de ganz lütten, de een Stück in't Johr instudeert, dat se denn fief oder teihn mal opföhrt. Denn gifft dat de grötteren Bühnen, de veer bet acht Stücken in't Johr op't Programm hebbt. Un denn sünd dor twee Profi-Bühnen: de Fritz-Reuter-Bühn in Schwerin un dat Ohnsorg-Theater in Hamborg.

De meisten Stücken sünd Komedien. De Schauspelers freit sik, wenn se de Tokiekers to'n Lachen bringen köönt. Geern öövt se ok kotte Sketche in, de twüschendörch oder bi en Familienfier speelt warrn köönt. Man dat gifft ok eernsthaftige Theaterliteratur op Platt. Un dat gifft ok gode Stücken för junge Lüüd.

Op't Dörp füllt dat plattdüütsche Theater de Freetiet ut. Dat is nich jümmers licht intorichten, man dat maakt eenfach Spaaß, mit anner Lüüd wat tosamen op de Been to stellen. Un bi den een oder annern kümmt ok de Arbeit dortwüschen. To'n Glück maakt ok wedder mehr junge Lüüd mit, wenn dat heet: Wi speelt op Platt.

7. MarktTreff

De Börgermeester vun Holthusen hett all Inwahners to en Informatschoonsavend inlaadt.
In't Dörp schall wat Nees inricht warrn: en MarktTreff. **Översett dat, wat de Börgermeester vertellt!**

1. MarktTreff is en Plaan, de för de Minschen op't Land op de Been stellt worrn is. ....

....

2. Früher gab es auf dem Dorf ein paar Läden, eine Post, eine Bank und einen Arzt. ....

....

3. Man mehr un mehr Ladens op't Land hebbt dichtmaakt. ....

....

4. De MarktTreff is en ne'e Inrichtung, de veel ünner een Dack tohoopbringt. ....

....

5. Die Leute können dort Lebensmittel einkaufen, ein Paket abgeben und Bankgeschäfte erledigen. ....

....

6. In den MarktTreff kann een ok na den Dokter gahn, dat gifft Kultur-Namiddaag för de olen Lüüd un dor is een, de op de lütten Kinner oppasst. ....

....

7. Der MarktTreff soll auf die Bedürfnisse der Dorfbewohner abgestimmt werden. ....

....

8. Un nu noch dat Best: Dat Land gifft Geld för dat ne'e Huus dorto. ....

....

To'n Lesen un Singen – un to'n Översetten: Mien Jehann (Klaus Groth)

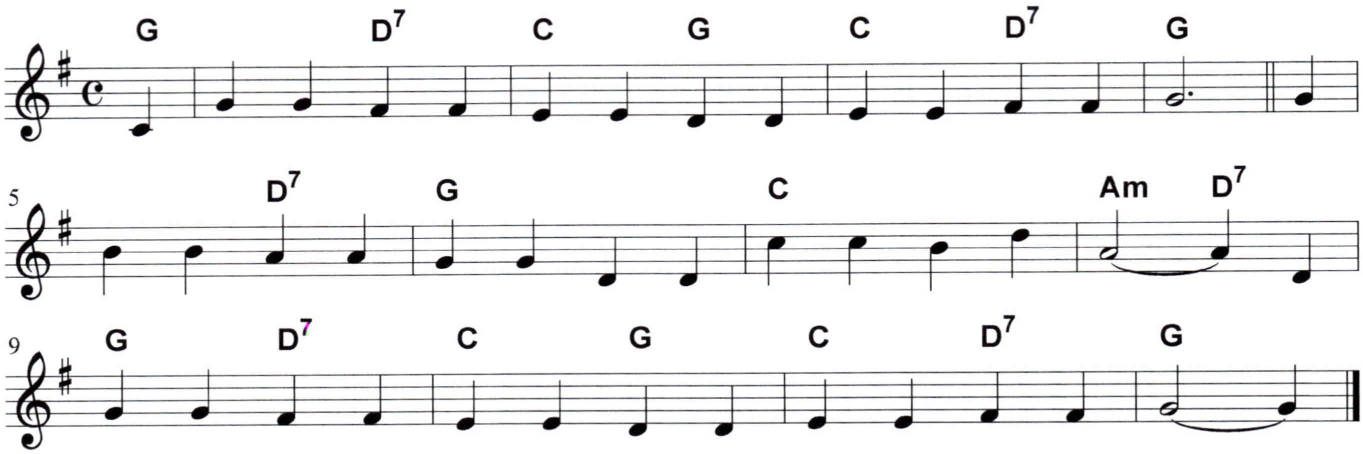

1. Ik wull, wi weren noch kleen, Jehann, dor weer de Welt so groot!
Wi seten op den Steen, Jehann, weetst noch bi Navers Soot.
An'n Heven seil de stille Maand, wi segen wo he leep,
un snacken, wo de Heven hooch un wo de Soot woll deep.

2. Weetst noch, wo still dat weer, Jehann? Dor röhr keen Blatt an'n Boom.
So is dat nu nich mehr Jehann, as hööchstens noch in'n Droom.
Ach nee, wenn dor de Scheper sung, alleen in't wiede Feld:
Nich wohr Jehann, dat weer en Toon! De eenz'ge op de Welt.

3. Mitünner in de Schummertiet dor warrt mi so to Moot.
Denn löppt mi't langs den Rüch so hitt, as domals bi den Soot.
Denn dreih ik mi so hastig um, as weer ik nich alleen:
Doch allens, wat ik finn, Jehann, dat is: Ik stah un ween.

Platt mit Geföhl

Klaus Groth weer de eerste richtige plattdüütsche Dichter. 1852 is sien „Quickborn" rutkamen, un bald weer sien Naam in der Literatur bekannt. Vörher gell Platt as groff un ooltbacksch – man Groth hett dat op Klang, Rhythmus un Geföhl anleggt.

He schrifft vun de Minschen un de Natur, vun de Leevde un dat Lieden, un jümmers wedder vun Kinner. Hunnerte vun Klaus Groth sien Gedichten sünd in Noten sett worrn. An'n besten bekannt sünd „Matten Has'", „Mien Jehann", „Dat Moor" un „Mien Moderspraak". In „Mien Jehann" nimmt he den Naam vun sien Broder op, mit den he tosamen in de Kinnertiet trüchkickt.

De Kinnerwelt kennt blots de Tiet nu, man se is vull mit Sehen un Hören. In den Kinner-Kosmos passt allens tohoop: De Heven is so hooch as de Soot (Brunnen) deep is. Groth sien Melancholie kümmt dorher, dat keeneen de Kinnertiet fasthollen kann. De Geföhlen sünd so groot, dat an't Enn Tranen loopt – bi Groth dröfft ok Mannslüüd jümehr Geföhlen wiesen. Dat is würklich ungewöhnlich in en Gedicht, dat 1851 schreven worrn is.

8. En Radel rund um't Dörp

Dor is woll wat dörchenanner kamen. Mang all de Bookstaven hebbt sik 12 Wöör versteken.
Kannst du jüm all finnen?

A	T	U	L	E	J	D	O	H	C	K	E	W	I
W	I	S	C	H	M	I	K	R	O	O	G	I	S
O	K	C	N	L	A	N	D	J	U	G	E	N	D
L	E	H	F	H	L	B	S	E	T	P	T	D	A
Z	W	Ü	Ü	D	Ö	R	P	L	S	C	L	P	O
K	R	Ü	E	J	S	E	M	T	L	B	L	A	K
K	Ö	N	R	K	O	K	A	R	K	T	E	R	U
R	T	I	W	T	R	E	C	K	E	R	M	K	N
G	E	M	E	E	N	R	A	A	T	U	O	L	W
Ö	L	S	H	P	E	D	I	M	S	N	J	A	G
G	O	O	R	N	U	K	Ü	Ü	H	B	I	S	O

1. Dörp ....

....

....

....

9. Wat weetst du vun Holthusen?

1. Woveel Frakschonen sitt in den Gemeenraat?

E 2
P 3
M 4

2. Över wat mutt de Gemeenraat afstimmen?

I Schall en nee Gemeenhuus boot warrn?
Ä Schall dat Schüttenfest düt Johr utfallen?
U Schall in de Gegend en Windpark inricht warrn?

3. Woneem drinkt de Lüüd an'n Avend geern jümehr Beer?

H in'n Dörpskroog
L to Huus
B in't Gemeenhuus

4. Woneem speelt dat Stück, dat de Theatergrupp düt Johr opföhrt?

A in't Dörp
U in de Stadt
E an de See

5. Wat stellt de Landjugend jümmers op de Been?

R Ringrieden
I Sommerfest
T Wiehnachtsbasar

In Holthusen gifft dat jümmers wat to fiern – Wat för en __ __ __ __ __ !
1 2 3 4 5

24. Knutts. Un Arno [Part 1]

„Ik heff den Knutt sehn!"
Emme jiddelt vör mi rüm: „De Knutt is dor achtern in de Soltwischen!"
„Dat kann nich! De kümmt blots to'n Överwintern na uns", segg ik. „Wenn he nich noch wieder treckt. Wo dat warmer is för em un sien Lüüd."
„Sien Lüüd?", denk ik, „wat för en Quark. Lüüd hebbt en Vagel, aver en Vagel hett keen Lüüd."
Jichtenswo maakt Emme mi nervöös.
„Reeg di af, Thadde. Knutt hebb ik blots seggt, wieldat ik den Naam so goot finn."
„Ja, jüst so", anter ik, denn nu fallt mi doch wat in: „Un wenn du mal Kinner hest, denn heet de all so: Knutt een, Knutt twee..."
„Mann, Thadde, hóör mal even op. Wat ik egens seggen wull, is: Achtern in dat Watt sünd en poor Sabelsnavels. De sünd bekloppt. De Keerl danzt üm dat Wief rüm un stellt all de Feddern op. Kumm! Nix as hen dor!"
Ik aver röög mi nich. Danzen Vagels?? Oh nee, lever nich. Keen bekloppte Vagel-Keerl-Watching. Ahn mi.
„Ey, Thadde! Wat is?"
„Oh, Mann", denk ik. Wenn nu op eenmal Kay vörbi kamen wörr? Egens egaal, de Typ. Oder, Mats oder Ben? Blots dör Tofall?
Kaamt in düssen Haven, jüst so, un ik stah hier so stief un stuuf rüm, un vör mi en Deern mit rode Hoor? Un ik op't best noch mit en Kescher ünner'n Arm?
„Ey, cool, Thadde! Hest al vun dat ne'e Computer-Speel höört?" – „Ey, Thadde! Wat steihst du denn hier rüm? Is dat dien Süster?"
Un wat segg ik denn?
Segg ik: „Ja, Mann, dat hier is Emme, un wi wüllt jüst los un Sabelsnavels bekieken?"
„Ey, Thadde. Wenn ik weggahn schall, bruukst dat blots to seggen."
Emme! Oh, Schiet wat!
„Neenee", stamer ik, „so heff ik dat nich meent. Ik meen blots, ähm ... Könnt wi nich annerswat op to gahn?"
Robert hett so en geel Gummiboot. Keen echt Gummiboot. Mehr so en Speeldings.
„Wullt du paddeln, Emme?", fraag ik un heff glieks wedder hitte Ohren. Ik maak mi to den Blöödmann vun'n Deenst. En reell Gummiboot mit Motor mutt her.
„Ik meen, blots so to'n Spaaß, mit so en..."
„Kinnergummiboot? Speelgummiboot? Plastikgummiboot?"
„Mit so en, äh, ja, also, mit... Mit Robert sien geel Gummiboot!"
So. Nu kann ik wedder henkieken. Robert sien Boot. Nich mien.
„Wüllt wi, Emme?"
„Wenn du wullt", seggt Emme. Höört sik dat an, as wenn se dat langwielig finnt?
„Nee", segg ik gau, „blots, wenn du wullt."
„Ja, köönt wi ja maken", seggt Emme.
„Ach", segg ik denn, „aver blots, wenn du ok wullt."
Mannomann...
Jichtens eenigt wi uns, dat wi dat utproberen wüllt, wenigstens.
Un denn köönt wi ja kieken, of wi wüllt.
Ik smiet dat Boot rut. Robert sien Boot.
Twee Paddel binnen. Fix Luft rin mit de Pump för Luftmatratzen. Los geiht dat.

jiddeln	hin und her laufen
Soltwisch	Salzwiese
Sabelsnavel	Säbelschnäbler
Wief	Weib(chen)
sik rögen	sich bewegen
egens	eigentlich
stuuf	stumpf
stamern	stottern

nüms	niemand
Ollen	Eltern
togegen	zugegen, anwesend
nadenkern	nachdenklich
Kring	Kreis
Gedüer	Geduld
Smodder	Matsch
Smacht	Hunger
ehrder	eher
zapsen	schlürfen
enkelt	einzeln
klabastern	polternd laufen

Bi de Utfohrt ut den Haven is al wedder noog Water an't Inlopen, dor könnt wi eerstmal op to.
Al vun den Steg rünner un op dat Gummideel rop is en Kunstwark. Ik glööv, wi sünd to groot för dat Dings.
Utfohren op en gelen Lolli.
Goot, dat mi nüms kennt.
Goot, dat de Ollen nich togegen sünd.
Wi maakt de Lienen los, oppassen, blots nich utstiegen möten in den stinkerten Havenslick.
Geiht allens blots, wenn wi de Kneen anenanner sett. Nu ok noch paddeln. Emme is al wedder an't Gackern, dat dat Boot wackelt.
„Los, Thadde! Smiet di in de Remens, anners smiet ik di de Haifisch to'n Freten vör!"
Gackert un gackert. Bams is ehr Paddel weg. Kann ik jüst noch to faten kriegen. Op en dicken Steen steiht en dicke Möөv un kickt uns nadenkern an.
Wi dreiht uns nipp un nau sövenundörtig Mal in den Kring, bet wi mit Möh un Noot an de Havenutfohrt in den Slick steken blievt.
Mit Gedüer un Muckis kriegt wi uns Been wedder ut den Smodder rut, treckt dat Boot achterher un maakt dat för dat Eerste an so en klapperigen, en beten wat aflegen Steg fast. Lever nich mit dat Boot ünner den Arm torüch na uns Start. Blots för den Fall, dat anner Lüüd doch tokeken hebbt...
Dat Geeldings könnt wi achteran ja jümmers noch halen.
Toeerst an Boord, wi hebbt Smacht kregen. Villicht kann ik Emme en paar Nudeln kaken. Of de Veegtarier is? Un blots af un an en Swattbroot mit Schink itt?
Un jüst, as ik fragen will: „Du, Emme, ik much geern för di Nudeln kaken..." Nee, dat hööрt sik bekloppt an, villicht ehrder:
„Du, Emme, schall ik di Nudeln kaken?" Oder, nee, beter:
„Du, Emme, ik much geern Nudeln eten. Wullt du Kees oder Ketchup dorop hebben?", dor hööрt wi beide toglieks so en komischen Toon.
So, as of en Ries zapsen deit. As of en övergroten Slickworm sik hoochwöhlen will. Iih!
Wi kiekt över den Havendamm.
Dor steiht een.
Fuchelt mit de Arms.
Fuchelt mit een Been. Un hett en Gummistevel in de Hand. Een enkelten.
Emme kickt mi an. Treckt de Lipp an een Siet hooch. Seggt: „Wat is DAT denn??"
Ik kiek Emme an. Un segg: „Süht nich ganz normal ut, denk ik, aver helpen wüllt wi ja woll."
Un so klabastert wi över den Havendamm dorhen, wo de Gummistevel winkt, un seggt, en beten vun baven: „Wenn du Hölp bruken schullst, kannst Bescheed seggen."
Ik kiek vun dat „DAT" na Emme, un Emme kickt na mi. Un denn na den Worm hen.
So wat bi uns Öller, de Typ.
„Nee, ach, danke", seggt de nu, „aver ik denk, dat geiht so, nä, blots weet ik nich, wat schall mit mien anner Gummistevel warrn, de stickt hier ünnen in den Slick, un wenn ik den nich mit na Huus kriegen do, nä, denn kriggt mien Mudder dat Schimpen."
Wi kiekt uns an. WAT IS DAT DENN?!

ut: Birgit Lemmermann
„Ebbe un Hehn"
mehr op Siet 174

8. Stremel

Natur – Planten – Deerter

8

Mang Sünnblomen un Radies

Planten un Blomen mag Anne to un to geern. In ehr Wahnung in Hamborg hett se blots en lütten Balkon, man en poor Blomenpütt hett se liekers stahn. Se kriggt de Planten jümmers vun ehr Fründin Silke, de hett en groten Goorn. Anne is jüst bi ehr to Besöök. Wat maakt de twee, ehr dat dat Kaffe un Koken gifft? Eerstmal en Tour dörch den Goorn …

Anne: Wat is dien Rosenbeet wedder smuck! Op best gefallt mi düsse düüsterrode Pingstroos.
Silke: Ja, op mien Buernrosen bün ik ok würklich stolt. An mien Rosengoorn heff ik veel Pläseer.
Anne: Un wat blöht op de Wisch op de linke Siet denn allens?
Silke: Dor laat ik dat stahn, wat opkümmt: Sünnblomen, Botterblomen, Mardelblomen …
Anne: En kakelbunte Sommerwisch!
Silke: Kiek mal, wat ik anleggt heff: en Hoochbeet. Dat probeer ik düt Johr dat eerste Maal ut. In den groten Kassen ut Holt sünd Blööd un Telgen ut den Goorn, Kompost un gode Eer binnen. Seggt warrt: De Planten köönt so beter wassen.
Anne: Dat hööt sik goot an. Weer ja meist ok wat för mien Balkon.
Silke: Un weetst wat, för de Snicken is dat woll nich so licht to, an de Planten in't Hoochbeet rantokamen. Dor harr ik in de verleden Johren so en Last mit, de hebbt mi mien ganzen Salat opfreten.
Anne: Un de Mullwarp kann dor ok nich so licht ran – dor hest du doch so mit toseten! Segg mal, wat för Planten schall ik denn mitnehmen?
Silke: Ik heff mien Krüderbeet nee maakt un di wat in lütte Pütt plant: Rosmarin, Petersill, Mint, Zitroonmeliss un Snittlook.

Anne: Wunnerbor, dor frei ik mi to! Weren de Bööm in dien Goorn nich vör een Johr noch grötter?
Silke: Bi en poor vun jüm heff ik in't Vörjohr wat afsneden. De Böken weren al veel to hooch. En Fuhr un en Dann müss ik daalnehmen, de weren doot. Man den groten Eekboom laat ik so as he is.
Anne: Dor ünner den Appelboom hest du ja al den Kaffedisch trecht maakt.
Silke: Ja, dat gifft Eerdbeertort mit ornlich Slackermaschü!
Anne: Allerbest!

Wat so seggt warrt

Dat deit mi goot.	Das tut mir gut.
Dat maakt mi Pläseer.	Das macht mir Freude.
Dor verhaal ik mi bi.	Dabei erhole ich mich.
Dor sitt ik mit to.	Das fordert mich stark. Das steht mir bevor.
Dor heff ik Last mit.	Das fällt mir schwer, es bereitet mir Mühe.
Dor heff ik Kummer mit.	Es bereitet mir Sorgen.

In'n Goorn

WÖÖR

afsnieden	abschneiden
anleggen	anlegen
blöhen	blühen
daalnehmen	herunter-nehmen
geten	gießen
insetten	einsetzen
oornen	ernten
planten	pflanzen
plücken	pflücken
seien	säen
ümgraven	umgraben
wassen	wachsen
Beet	Beet
Botterbloom	Butterblume
Böök(en-boom)	Buche
Buernroos / Pingstroos	Pfingstrose
Dann	Nadelbaum; Tanne, Fichte
Eek(boom)	Eiche
Fuhr	Kiefer
Goorn	Garten
Mardelbloom	Gänse-blümchen
Mint	Minze
Mullwarp	Maulwurf
Petersill	Petersilie
Snick	Schnecke
Sünnbloom	Sonnen-blume
Wisch	Wiese
Zitroonmeliss	Zitronen-melisse

8

Snacks mit Bööm

Keen Boom fallt bi'n eersten Slag.

Een dröff nich höger op den Boom klattern, as dor Telgen sünd.

Wenn ole Bööm ümplant warrt, gaht se ut.

1. Goornarbeit

Schriev di en poor Markwöör op un vertell!

Silke vertellt Anne bi't Kaffedrinken vun ehren Goorn. Vun wat snackt se woll?
Hest du to Huus en Goorn oder en lütten Balkon?
Wat seggst du: Is de Arbeit in'n Goorn en Last oder en Pläseer?

De Boombericht

In den Boombericht steiht binnen, wo gesund un wo krank de Bööm in Düütschland sünd. Goot süht dat nich ut. Man dat gifft ok Lüüd, de oppasst, dat dat nich noch leger warrt, un de wat gegen dat Starven vun de Bööm doot.

Tallen ut den Boombericht:

	böös krank (%)		en beten krank (%)	
	2002	2012	2002	2012
Dann	27	27	43	35
Fuhr	13	11	53	39
Böök	30	38	46	40
Eek	39	50	44	33

2. Dat grote Boomstarven?

Kiek di de Tallen an un beschriev de Laag vun de Bööm in Düütschland.

Haal di de ne'esten Tallen un vergliek de mit dat, wat in de Tabell steiht. Woso süht dat för de Bööm so leeg ut? Wat kann jeedeen vun uns doon, dat dat de Bööm wedder beter geiht?

De Boom

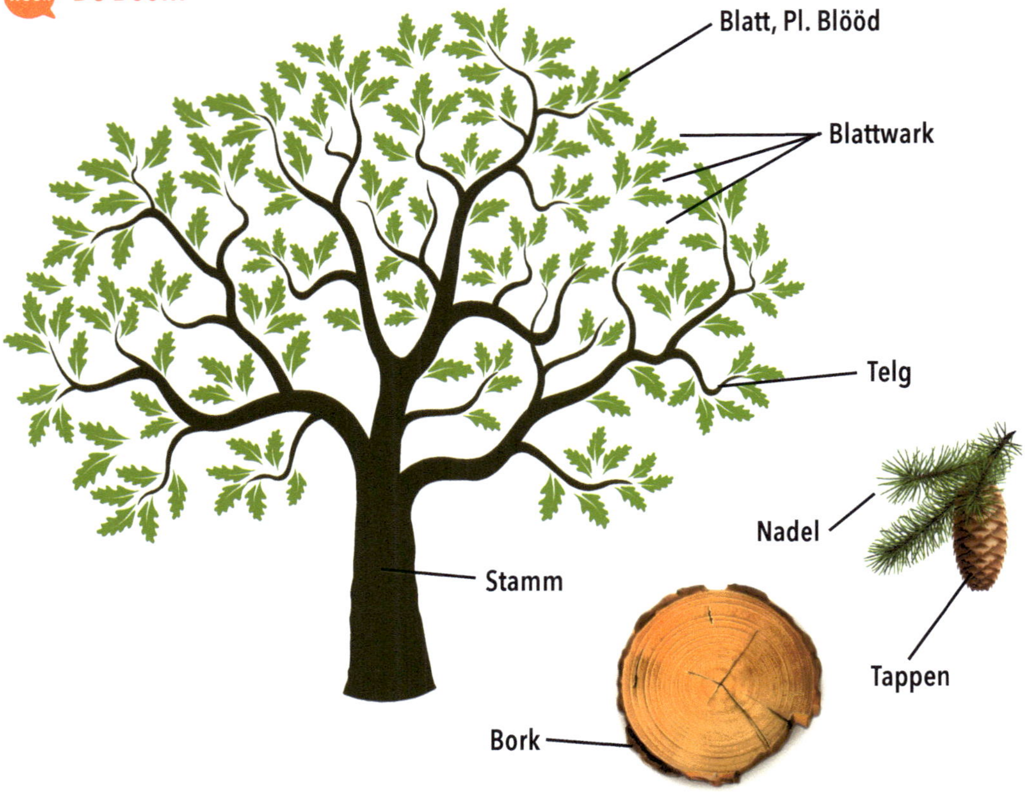

Holt

Bleesticken	Bleistift
Book	Buch
Bowark	Bauwerk
Brett, Pl. Breed	Brett
Brüch, Pl. Brüchen	Brücke
Holt	Holz
Poppeer	Papier
Snittholt	Schnittholz
Woold	Wald

3. För wat bruukt de Minsch egens Holt?

Vun dat Kinnerbett bet hen na den Sarg – dat ganze Leven lang hebbt wi mit *Holt* to doon.

1. De Bleesticken, dat ...., dat Klederschapp oder dat Klaveer, all weren se mal en ....

2. Vör allen de Timmermann bruukt ...., wenn he en Huus boot, man ok bi Brüchen oder anner .... speelt Holt en grote Rull.

3. Jeedeen Minsch in Düütschland bruukt Johr för Johr mehr as 220 kg Snittholt vun ....

8

4. Dor warrt denn Stohl un .... vun, man ok Treppen oder Dören. Alleen an Spaanplatten bruukt jeedeen Düütschen 125 kg dat Johr.

5. Dat meiste, wat in en Woold wassen deit, kriegt wi aver as Papp oder .... in de Hand. Dat sünd üm un bi 250 kg för jeedeen, de hier tohuus is.

6. Vun de Visitenkoort över de Zeitung bet hen na den .... för Waschmiddel.

7. 2018 hebbt se in Düütschland 2,4 Millionen Tünnen Pellets to'n .... herstellt. In keen Land bruukt de Lüüd so veel Pellets as in Düütschland. Liekers wasst jümmers noch mehr Bööm na as afhaut warrt.

8. To knapp een Drüddel vun Düütschland kann man .... to seggen.

Holt
Disch
Bowarken
Inböten
Book
Poppeer
Breed
Woold
Nadelbööm
Kartong
Boom

En Goorn – wat en Last!

In'n Sommer warr ik mien Blomen jeden Avend geten.

Een Saak is wiss: Uns Kinner warrt ok mithölpen!

Hölpt allens nix: Wi warrt den ganzen Goorn ümgraven.

Tokunft I bi de Verben

	arbeiden	maken	seggen
ik	warr arbeiden	warr maken	warr seggen
du	warrst arbeiden	warrst maken	warrst seggen
he/se/dat	warrt arbeiden	warrt maken	warrt seggen
wi/ji/se	warrt arbeiden	warrt maken	warrt seggen

4. Wat warrst du düssen Sommer in den Goorn maken?

Översett bidde

1. Ich werde Kartoffeln pflanzen.

....

2. Mein Mann wird das Blumenbeet umgraben.

....

3. Unsere Kinder werden Erdbeeren pflücken.

....

4. Sonntags werden wir unter der großen Eiche Tee trinken.

....

5. Werden die Pfingstrosen im Mai schon blühen?

....

Tokunft – so geiht dat ok

Wenn een wiesen will, dat dat üm tokamen Tieden geiht, kann man dat mit en Form vun warrn un de Grundform vun dat Verb maken. Man meisttiets nehmt wi eenfach dat Verb in de Gegenwart – de Tosamenhang maakt denn kloor, dat de Tokunft meent is. Dat geiht mit en Tiet-Adverb (a) oder en anner Oort vun Tiet-Utdruck (b) oder Tiet-Satz (c):

a) *Morgen* köfft he in. b) *In de Ferien* fohrt wi na Helgoland. c) Ik roop di an, *wenn ik mehr weet.*

Mag aver ok ween un de Tiet warrt gor nich kloor utdrückt. Hier versteiht sik dat vun sülvst, dat de Tokunft meent is:

d) Wannehr hööր ik wat vun di? – Ik roop di an.

5. De Tokunft mit warrn.

Blots to'n Öven: Schriev de Sätz a), b), c) un d) so op, dat de Tokunft mit *warrn* utdrückt warrt:

a) ....

b) ....

c) ....

d) ....

Sommertiet is Urlaubstiet

Beke Diekmann freit sik: In'n Sommer is bi den Maalkurs Ferientiet, un se kann endlich op Reisen gahn! Düt Johr warrt se na Afrika fohren. Op't leefst is se alleen ünnerwegens: Dor beleevt se en Masse, lehrt ne'e Lüüd kennen un hett naher veel to vertellen. Den Rucksack hett se al trecht, un se weet, wannehr de Fleger geiht. Mehr plaant hett se för ehr Reis nich. Dat warrt sik allens finnen. Fast steiht för ehr: Bi't Reisen kann een wat beleven!

Beke ehr Süster Gesine hett ok al en Plaan för den Sommer: De ganze Familie warrt för twee Weken na Teneriffa flegen. Sünn, Strand un Nix-Doon – so stellt se sik den Urlaub vör. Se mutt sik üm nix kümmern: Vun den Fleger warrt se afhaalt un na't Hotel bröcht, se mutt nich rein maken un nich kaken – wat schöön, dat dat All-Inclusive gifft. För de Kinner warrt en Programm op de Been stellt, un Gesine kann an den Strand in de Sünn liggen un af un an mal en beten swümmen.

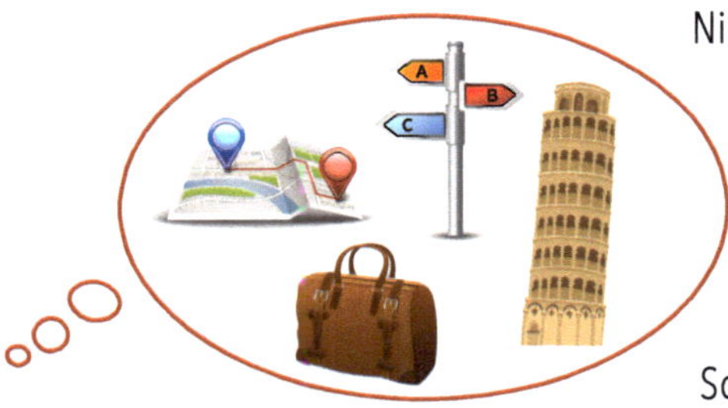

Nils Kruse hett dat Programm för sien Urlaub al nipp un nau utarbeidt. Na goot, utarbeiden laten: He maakt jümmers en Studienreis. Vele, de mitkaamt, sünd so as he Schoolmeester un wüllt allens weten vun Land un Lüüd. Düssen Sommer geiht dat na Rom. Op den Plaan steiht böös veel, wat se ankieken warrt. Man Nils freit sik: So geern he Noorddüütschland, de See un de Dieken mag – twee Weken in't Johr in en grote Stadt mit en lange Geschicht to ween, is ok nich verkehrt.

Wat Minschen op Reisen so seggt...

Dat is ja luder as luut hier in't Hotel!

Wo kaamt all de Lüüd hier an'n Strand blots her? Hebbt de keen Tohuus?

Hebbt Se för düsse Nacht noch en Kamer för twee Lüüd free?

Wat, op den Barg mööt wi ok noch hooch?

Ik sitt to un to geern den ganzen Dag an't Water un denk an nix.

8

6. An de See oder in de Bargen?

Woans maakst du Urlaub? Büst du so as Beke mit den Rucksack ünnerwegens, oder liggst du geern in'n Sünnenstohl an'n Strand? Hest du al mal en Reis in en Grupp maakt? Woans hett di dat gefullen? Oder is dat nix för di?

Schriev di en poor Markwöör op un vertell.

....

....

....

....

....

De Deerter op den Buernhoff

WÖÖR

Aant	Ente
Bull	Bulle
Ever	Eber
Farken	Ferkel
Goos	Gans
Haas	Hase
Hahn	Hahn
Hohn, Pl. Höhner	Huhn
Hund	Hund
Kalf	Kalb
Kanink	Kaninchen
Katt	Katze
Koh	Kuh
Küken	Küken
Muus	Maus
Oss	Ochse
Peerd	Pferd
Schaap	Schaf
Söög	Sau
Swien	Schwein
Zeeg	Ziege

7. Ferien op den Buernhoff – Wat för en Deert is hier woll meent?

Waken warrn, wenn de Hahn fröh an'n Morgen kreiht, de Köh fodern, mit Hund un Katt spelen. Mehr un mehr Familien maakt geern Ferien op den Buernhoff. Kinner, de in de Stadt groot warrt, hebbt so de Schangs, den ganzen Dag buten to ween. Un se kriegt mit, woans dat Leven mit all de Deerter op den Buernhoff is.

Dat _ _ [3] _ _ is faken schietig as man wat. Avers sööt sünd de lütten [1] _ _ [11] _ _ ja doch. Wohrschau: Wenn de _ _ _ [4] kiebig warrt, kann se mit ehren Snavel ornlich tobieten! Laat uns gau in den Stall kieken, vunnacht is en _ _ [10] _ op de Welt kamen. Nu will ik aver utrieden. Is dat _ [7] _ [2] _ al trecht? Mien leefst Deert is dat _ [5] [6] _ _ _ – Vun sien Fell warrt Wull maakt, un dor knütt ik mi denn Strümp vun. Ik bün jümmers en beten bang, dat en lütt [8] _ _ _ vörbi suust, wenn ik in den Stall bün. Wi wüllt Pannkoken backen un bruukt Eier.

Goot, dat wi _ _ _ _ [9] _ hebbt.

Wat gifft dat op den Buernhoff Dag för Dag to drinken?

[ ] [ ] [ ] [ ] [ ] [ ] [ ]
1 2 3 4 5 6 7

[ ] [ ] [ ] [ ]
8 9 10 11

Nee seggen – dubbelt höllt beter

Meist jeedeen Saak kann man ok in ehr Gegendeel dreihen – oder tominnst nee dorto seggen. Dor gifft dat Wöör as *nich*, *keen* un *nix* för.

Ik heff ehr sehn. – Ik heff ehr *nich* sehn.
Dor liggt een Steen. – Dor liggt *keen* Steen.
Dor hangt wat an de Wand. – Dor hangt *nix* an de Wand.

Will man dat „Nee" extra rutstellen, kann man op Platt ok twee Nee-Wöör insetten:

Dor liggt keen Steen. – Dor liggt *keen* Steen *nich*.
Dor hangt nix an de Wand. – Dor hangt *nix nich* an de Wand.

Ok dat Tiet-Adverb nie kann man mit noch en „Nee" düütlicher maken:
Ik heff ehr nie sehn. – Ik heff ehr *nienich* sehn.

8. Översett vun Hooch na Platt

1. Im Garten wachsen überhaupt keine Blumen.

....

2. Am Haus stehen gar keine schönen Pflanzen.

....

3. Auf dem Weg wächst nichts.

....

4. Vor dem Fenster soll gar nichts stehen.

....

5. Zwischen den Bäumen wächst überhaupt kein Gras.

....

Wat so seggt warrt

af un an	ab und zu
heel un deel	ganz und gar
Hüün un Perdüün	Plunder
in de Klatten kriegen	streiten
na un na	allmählich
nipp un nau	genau
pö a pö	allmählich
(luut) as man wat	so (laut) wie möglich

Vagels

WÖÖR

Fedder	Feder
Flünk	Flügel
Kiewitt	Kiebitz
Snavel	Schnabel

De Mann un de Kiewitten

En Minsch hett he al en ganze Tiet lang nich mehr to Gesicht kregen – wenn he sik recht besinnt, siet he hier op de lütte Hallig ankamen is, nich mehr. Man dat Alleen-Ween maakt em nix nich ut. Un so alleen is he ja ok gor nich: Dusende Vagels sünd hier op dat lütte Stück Land tohuus: de Kiewitten.

En ganze Reeg vun jüm kennt he al nipp un nau. Dat sünd meist Frünnen för em worrn, düsse lütten swatt-witten Keerls mit de snaaksche lange Fedder op den Kopp. Wat he den ganzen Sommer över hier maakt? Dat gifft veel to doon: He schall na de Vagels kieken. Sien Opdrag is, jüm to tellen: Wo veel Kiewitten leevt op de Hallig? He weet, woneem se jümehr Nest hebbt. He hett nakeken, woveel Eier in't Nest liggt, un oppasst, woveel lütte Vagels op de Welt kamen sünd.

Pö a pö kriggt jeedeen en Ring vun em üm dat rechte Been. Dat maakt den Vagel-Fründ Pläseer, fröh an'n Morgen buten in't Buschwark to liggen un totohören, woans de Kiewitten mitenanner snackt. Een piept jümmers ganz luut „kiju-wiiiit". Bi en anner höört sik dat mehr na „kschäää" an. En poor vun jüm kriegt sik Dag för Dag in de Klatten: Se riet den Snavel heel un deel op un schreet luut as man wat. De Mann kann sik mit de Kiewitten ünnerholen. Un denn bruukt he ja woll keen annern Minschen nich. He hett en lütt Maschien, mit de he dat Snacken vun de Vagels optekent.

Un in'n Winter, wenn de Kiewitten in den Süden flagen sünd? Denn warrt he wedder bi sik to Huus in de Stuuv sitten un sik de Opnahmen vun de Vagels anhören. Warrt he jeedeen Vagel denn woll noch wedderkennen? kiju-wit!

8

9. Nee seggen un vun de Tokunft snacken

Stell dat „Nee" noch rut!

1. He snackt nich geern mit anner Lüüd.

....

2. Mit de Kiewitten kriggt he sik nich in de Klatten.

....

3. Dat maakt em nix ut, den ganzen Dag in't Gras to sitten un Vagels to tellen.

....

Vun de Tokunft snacken: Schriev den Satz anners op.

4. Wo veel lütte Vagels düssen Sommer woll op de Welt kaamt?

....

5. In'n Harvst fleegt de Kiewitten na Süden.

....

6. In'n Winter dröömt he vun sien Tiet mit de Kiewitten.

....

Ik snack Platt, is doch kloor!

2,5 Millionen Minschen in'n Noorden snackt Platt.

Platt is in negen Bunnslänner to Huus.

Platt is een vun mehr as 60 lütte Spraken in Europa.

Op de ganze Welt gifft dat plattdüütsche Spraakinseln: in de USA, in Mexiko, ok in Russland.

Wat is dat mit Platt?

Üm un bi 2.500.000 Minschen seggt, se köönt goot oder bannig goot Platt snacken. Dat sünd so wat 14 Perzent vun de, de in den Noorden to Huus sünd. Verstahn köönt de Spraak aver en Barg mehr: meist dreemal so veel.

Vergliekt een de Tallen vun de Ümfraag vun 2016 un dat, wat 1984 rutkamen is, denn warrt kloor: In blots een Generatschoon is de Tall vun de Platt-Snackers op dat Halve trüchgahn – süht also nich goot ut för de Tokunft vun Platt – ok wenn sik twüschen 2007 un 2016 nich veel ännert hett.

Op de anner Siet: Vele Minschen möögt Platt, se höört dat geern. Faken warrt seggt: „Mien Grootöllern hebbt noch veel Platt snackt, dat meiste verstah ik ok, man ik waag mi nich sülvst to snacken. Ik bün bang, de annern lacht mi wat ut."

In'n Noorden, vör allen an de See, köönt mehr Lüüd Platt as in't Binnenland un na Süden to. In't Dörp un in de Lütt-Stadt is Platt mehr to hören as in de grote Stadt. Wenn Lüüd Platt snackt, denn in de Familie oder mit Frünnen, geern över dat, wat so jeedeen Dag los is. Rutkamen is ok: Platt köönt veel mehr öllere Lüüd as jüngere. De Grootöllern un de Öllern kriegt dat nich mehr hen, dat se de Spraak an de Kinner wiedergeevt. Lange Tiet hett dat heten: Wenn du wat warrn wullt, muttst du Hooch snacken – Platt steiht di blots in'n Weg. Ok de School hett düchtig mitholpen, dat dat Ansehn vun Platt mau weer.

Middewiel hett sik de Wind dreiht – tominnst en beten. In vele Kinnergoorns singt un speelt de Lütten op Platt. Un dat gifft Scholen mit Platt op den Stünnenplaan. Vele Minschen wünscht sik, dat dat mehr warrt mit Platt in't Radio un in't Feernsehn. Un se wüllt geern, dat mehr Kinner Platt lehren köönt: in de Familien, man ok in'n Kinnergoorn un in de School. 50 Perzent hebbt 2016 seggt, se wörrn jümehr Kind in en plattdüütschen Kinnergoorn geven.

10. Snacks mit Deerter un Planten

Wat is hier woll meent?

1. En goot Swien fritt allens.

D Fleesch vun't Swien is sowat vun gesund!
N Mit em kannst nich losgahn, he itt as en Swien.
M Nu wees man nich so krüüsch bi't Eten!

2. Den een sien Kalf is ok jümmers grötter as den annern sien Koh.

E Dat is en Bangbüx.
U To so een kannst ok Klookschieter seggen.
I Wenn dat man keen Giezkragen is.

3. En Katt fallt jümmers op veer Been.

L Dat seggst du vun en Minsch, de jümmers Glück hett.
T Dat passt op en Keerl, de böös plietsch is.
S De Snack is passlich för en Minsch, de gauer lopen kann as en Katt.

4. Ole Hunnen is slecht Bellen lehren.

E Ole Lüüd vertellt veel vun fröher.
U En ole Hund liggt geern tohuus op't Sofa.
L Wat mutt ik mi jümmers över mien olen Vadder argern! Man ännern kann ik em woll nich mehr.

5. De en Ei ünner den Steert hett, hett goot kakeln.

S Wenn wi nich vun uns Sorgen snackt, warrt de noch grötter.
I Mit mien Kinner mutt ik af un an schimpen.
W Ik weet, ik kann stolt ween, dat ik mien Examen schafft heff.

6. Keen Boom fallt bi den eersten Slag.

U Dat schaffst du nu würklich nich alleen.
L Laat dat man lever blieven.
A Man to, nich glieks opgeven.

7. Laat dat doch en Koh kösten, wi hebbt ja keen.

R Dat segg ik, wenn ik mi jüst en ne'e Auto köfft heff.
L Dat Auto köönt wi uns nich leisten.
E So günstig is dat Auto? Denn kööpt wi dat!

8. De Appel fallt nich wiet vun'n Plummenboom.

B Hier is woll wat scheef lopen!
P Wat weer dat noch mit den Appel un den Stamm?
I Appeln un Plummen wasst allerbest blangenenanner.

Nee, Frünnen warrt wi twee woll nienich:

De _ _ _ _ _ _ _ _ un ik, ok wenn he mi Dag för Dag in'n Goorn besöcht.
1 2 3 4 5 6 7 8

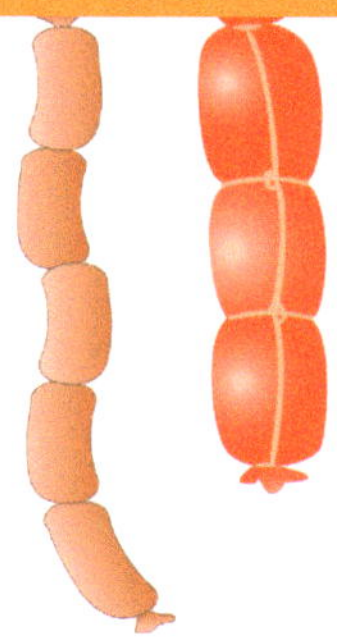

To'n Lesen un Singen – un to'n Översetten: Vun Herrn Pastor sien Koh

1. Kennt ji al das ne'e Leed, ne'e Leed, ne'e Leed,
   dat de ganze Stadt al weet, vun Herrn Pastor sien Koh?

   Sing man to, sing man to vun Herrn Pastor sien Koh, jo, jo,
   sing man to, sing man to, vun Herrn Pastor sien Koh.

2. Oostern weer se dick un drall, dick un drall, dick un drall,
   Pingsten leeg se doot in'n Stall, den Herrn Pastor sien Koh.

   noch mal: Sing man to, sing man to…

3. As se weer in Stücken sneden, Stücken sneden, Stücken sneden,
   hett dat ganze Dörp wat kregen vun Herrn Pastor sien Koh.

   noch mal: Sing man to, sing man to…

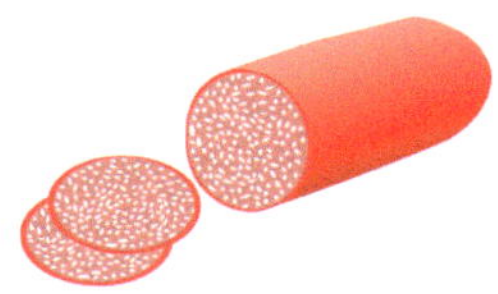

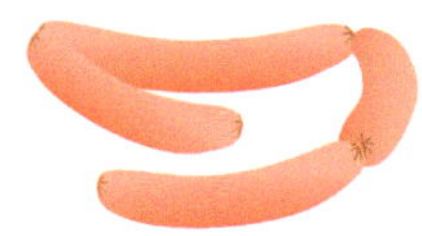

4. Un de Köster Dümelang, Dümelang, Dümelang
   kreeg den Steert as Klockenstrang vun Herrn Pastor sien Koh.

   noch mal: Sing man to, sing man to…

5. Un de ne'e Füerwehr, Füerwehr, Füerwehr
   kreeg en Putt vull Wagensmeer vun Herrn Pastor sien Koh.

   noch mal: Sing man to, sing man to…

Wenn dat üm plattdüütsche Volksleder geiht, de wi all kennt, denn is düt Leed wiss dorbi. Opkamen is dat üm un bi 1850. De Minschen hebbt dat geern sungen, wenn dat wat to'n Fiern geev – un dat doot se ok vundaag noch.

Een Minsch singt jümmers de Stophe, un denn krakeelt all tohoop „Sing man to…". Toenn is dat eerst, wenn keeneen mehr en Strophe infallt – un dat kann duern. Faken denkt sik de Lüüd vun dat, wat jüst passeert, ne'e Strophen ut. Un dat Singen nimmt un nimmt keen Enn nich.

Över de Johren sünd dat mehr un mehr Strophen worrn. Hier hebbt wi de bekanntesten utsöcht.

24. Knutts. Un Arno [Part 2]

„Wenn de dat överhaupt överleevt hett, mien Mudder", geiht dat dor ok al wieder. Mann, de hett Nerven.
Nu kummt he op uns daal.
Sackt in, treckt een Been rut, dat sluurt in'n Slick, pedd wieder, sackt in, fuchelt mit sien een Stevel in de Luft, maakt den neegsten Stapp.
„Wenn de dat man överleevt hett!" He kickt uns an un treckt sien Been rop op de Steen vun den Havendamm: „Wenn..."
He parkt sien Mors.
Ik segg nix. Emme seggt nix.
He seggt: „Wat maak ik blots, wenn nich? Denn bün ik ja alleen op de Welt. Nee, nä, nich ganz. Mien Vadder, de leevt noch."
Wi kiekt uns nich an. Emme schüfft een Foot röver na mi.
Ik segg: „Hä?"
Kotte Paus.
Emme ehr Foot is noch dor.
„Woans heet ji egens?" De Gummistevel-Jung leggt sik mit en Süüfzer lang in de Sünn. Süht nich jüst kommodig ut, de Havendamm is baven rund.
Mi dücht ok, dat de Stevel keen grote Rull mehr speelt.
„Wat is nu mit dien Mudder?" Emme rüüscht en beten wieder af, as se fraagt. Nu kann se mi beter Teken geven.
„Smiet doch düssen Stevel ok weg", raad ik. Keen Stevel is lichter mit ümtogahn as mit een enkelten.
„Ja, kloor", seggt he. Un sett sik wedder op. „Arno heet ik, un ik denk doch, dat ik gau na de Polizei hengahn mutt. Nä? Gifft dat de ok hier in düssen Haven? Oder, nee, op Scheep is doch jümmers so en Funkapparaat, köönt wi dor nich fragen? Funk harrn de ok op dat Schipp, op dat wi weren, nä. De Kaptein hett dat aver nich mehr schaffen kunnt, wat över Funk to schicken. De hett dat vergeten, nä, oder wiss weer dat gor keen echte Kaptein, anners harr de dat doch daan."
Emme kringelt de Huut an ehr Nees: „Hä?"
Arno markt dat gor nich. He fuchelt ok an Land. De Stevel glippt suutje den Havendamm hendaal.
„Oder he harr dat verhinnern müsst, dat dat Schipp afbuddelt. Ja, genau!"
Arno kickt mi an. Oder ok nich. Nu steiht he op den Damm. Glieks is he ünnen, jüst so as sien Stevel.
„He harr dat Schipp nich afbuddeln laten müsst. Ik heff dat nülich jüst leest, nä, dat veel Scheep ünnerwegens sünd ahn richtigen Kaptein, nä, dat sünd faken Lüüd, de doot blots so. As of se dat sünd. Un sünd dat gor nich. Nich echt! Nä?
Mien Mudder hett ok seggt, also, mit den Pries för de Överfohrt, dat kunn so wat Dulles ja nich ween. Puuh! Nee, ik mutt mi mal henleggen, nä, dat weer doch to veel för mi. All de Tiet in de Sünn, eerst müssen wi ja allesamt swümmen, un na un na wörrn dat jümmers minner Lüüd. Un op eenmal weer ik meist alleen. Un denn bün ik inslapen oder mi is swiemelig worrn, nä, un as ik wedder to mi keem, dor weer ik hier. Puuh!"
Nu liggt he wedder.
„Hä?" Emme un ik, tohoop.
As of em en Hörk staken hett, is he al wedder op de Been un fuchelt. Mit beide Arms. Nu is de Stevel würklich ut de Welt.

överleven	überleben
sluren	schlurfen
Stapp	Schritt
schuven, schüfft	schieben, schiebt
Süüfzer	Seufzer
rüüschen	rutschen
glippen	gleiten
afbuddeln	untergehen
nülich	neulich
swiemelig	schwindelig
Hörk	Hornisse

8

afsupen	untergehen
Redder	Retter
ünnergahn	untergehen
liek	gerade
Sabbelputt	Schwätzer
Sükenhuus	Krankenhaus
blöden	bluten
maddelig	matt, flau
männich	manch
andrieven	antreiben
nickköppen	nicken
Ellbagen	Ellenbogen

„Schippwrack! Dat Schipp is afsapen! Wiss sünd se allemann doot. Un ik de eenzig Minsch, de överbleven is. Ik mutt na de Polizei! De schüllt rut op See un de annern söken. Villicht hebbt ja noch welk överleevt.
Dat weer bi de Titanic ok so kamen. Wenn de Redders gauer kamen weren, nä, denn harrn mehr Lüüd överleven kunnt. Denn dat weet ji ja, nä", nu kickt he uns beide an, „dat de dacht hebbt, dat Schipp kann nich ünnergahn. Un denn hebbt se nich noog Reddungskahns bi sik hatt. So weer dat bi uns Schipp wiss ok. Un wiss hett de Kaptein extra..."
„Ey, Arno!" Emme sett sik liek op. „Wies uns mal even de Steed, an de du opwaakt büst."
Super Idee. Dat stoppt den Sabbelputt. Un wi köönt rutkriegen, wat an de Geschicht an is.
„Hmmm...", maakt Arno, steiht aver op. „Ja, also, ganz akraat weet ik dat man ja ok nich, dat weer ja Nacht, nä, un de harrn ok blots Raketen vun Silvester, bi dat Licht kannst du nich so goot dat Land sehn, nä, un ik weer ja ok besinnunglos, un, ähm, in dat Sükenhuus, wo ik mal binnen weer, as ik slimm en Allergie harr, dor hebbt de seggt, dat Lüüd faken ganz veel nich mehr weet, wenn de en sworen Unfall hatt hebbt, un, ähm, ja, meist nich mal jümehren Naam, nä, un denn..."
„Arno. So heetst du doch, oder?"
„Arno? Ach! Wat? Ja, Arno. Ja, aver düssen groten Steen dor achtern, ik glööv, den kenn ik wedder, dor an hebb ik mi, glööv ik, den Kopp stött, dat hett wiss ok blödt, denn as ik opwaken dee, dor föhl ik mi so maddelig, un dat passeert jümmers, wenn een veel Bloot verloren hett. Un villicht köönt wi ja ok dat Bloot noch sehn."
Na tweeunhalv Stünnen, na so männich een Geschicht mehr, un na so vele passliche Steden to'n Andrieven na en Schippsünnergahn hebbt wi egens noog vun: „Ach, nee, doch nich. Dat weer en anner Steed, aver meist as düsse", un: „Ach, nee, dat weer nich an düssen Deel vun den Strand, süht aver jüst so ut", bit na: „Villicht doch en annern Oort?".
„Oder en anner Planet?", fraagt Emme, de al heel mööd utsehn deit.
Ik kniep ehr in den Arm, as Arno vörweg löppt: „Du, Emme, ik meen, de maakt doch woll normal Urlaub, wat denkst du? Oder hett de echt keen Mudder?"
In Emme ehr Gesicht lücht dat kott op.
„Arno!", röppt se em achterna, „Arno! Wies uns mal even ju Ferienhuus!"
Ja, ja, ja! Dormit hebbt wi em!
Twee Weken Ferien op en Eiland, mit Mudder in de Ferienwahnung. Dat is mehr as normal! Egens. Vörn vör dat Huus staht Blomen in en blauen Putt, un en Bank steiht dor ok. Jüst, as sik dat so höört.
Arno sien Mudder is nich dor, wi denkt aver, de warrt mal even bi't Inköpen ween.
Wi mööt denn bilütten na Huus, dat heet, wi wüllt an Boord. En beten fix schullen wi ween, nich dat noch jichtenseen Geschicht ut Arno rutkamen kann.
„Uns Lüüd töövt", seggt Emme, „un ik mutt wat fuddern."
Op den Weg torüch na den Haven krieg ik Emme ehren Ellbagen in de Siet: „Un?"
„Wat un?", fraag ik torüch, ik mutt aver sülvst al grienen.
„En beten wat stuur, de Arno", segg ik un hau ehr op de Schuller, aver nich dull, „ man schullen wi af un to nich liekers wat mit em maken?"
„Af un to." Emme nickköppt. „Nä? Aver nich jeden Dag."
„Nee, nä", segg ik. „Nich jeden Dag. Even af un to".

ut: Birgit Lemmermann
„Ebbe un Hehn"
mehr op Siet 174

9. Stremel

Ünnerwegens in de Stadt

9

Na den Weg fragen

Links oder rechts oder liekut – in en frömde Stadt is dat nich eenfach, dor hentokamen, na wo man hen will. De een löppt eenfach los un versöcht sien Glück. Man beter is dat, man fraagt...

Holger ist jüst mit de Bahn in Wischhusen ankamen. He hett en Termin in't Raathuus un fraagt en junge Fro, wat se em hölpen kann, dor den Weg hen to finnen.

Holger: Seggt Se mal, woneem geiht dat na dat Raathuus?
en junge Fro: Dat is ganz licht to. Sünd Se denn dat eerste Mal in Wischhusen?
Holger: Ja. Ik kenn mi hier nich ut. Un ik schall in teihn Minuten dor ween.
en junge Fro: Dat is goot to schaffen. Gaht Se dwars över den Bahnhoffsplatz, denn böögt Se de eerste Straat na links af in de Klaus-Groth-Straat, denn en ganze Tiet liekut bet na den Watertoorn. Güntsiet vun den Watertoorn is en groot Koophuus. Achter dat Koophuus rechts rin in de Hökerstraat, un denn köönt Se dat Raathuus ok al sehn.
Holger: Wenn ik mi dat man allens marken kann! Dank ok.

Gesine is mit ehr Auto an de Küst fohrt, na Westerdiek. Hier is se noch nie ween. Eerst löppt se en beten rüm, kickt hier mal un dor. Man denn will se en lütt Paus maken. Villicht kann de ole Mann, de dor op de Bank sitt, ehr hölpen.

Gesine: Goden Dag, köönt Se mi seggen, woneem ik hier en Tass Kaffe un en Stück Koken kriegen kann?
en ole Mann: Bi Schulte gifft dat den besten Botterkoken wiet un sied. Man ok de Appelkoken is lecker. Dat is nich wiet weg vun hier.
Gesine: Denn lohnt sik dat ja.
en ole Mann: Op jeden Fall.
Gesine: Un woneem mutt ik langslopen?
en ole Mann: De Kark köönt Se linkerhand ja al sehn. Wenn Se bi St. Petri sünd, gaht se dor man mal rin. De ole Orgel lohnt dat Ankieken, un ok op den Toorn köönt Se ropgahn. Dor köönt Se över de ganze Stadt kieken. Un…
Gesine: Besten Dank. Vun dor fraag ik mi denn wieder dörch.

Anne is mit ehr Rad ganz na Neestadt fohrt. Se will sik dor dat ne'e Technik-Museum bekieken. Man woans kümmt se dor blots hen?

Anne: Kannst Du mi verkloren, woans ik na dat Technik-Museum kaam?
en lütt Deern: Ja.
Anne: Also, woneem mutt ik lang?
en lütt Deern: Hest du denn gor keen App op dien Plietschfon? Na, maakt nix. Is nich wiet. Schall ik mit mien Rad vörfohren?
Anne: Ja, dat maak man.
en lütt Deern: Aver seh to – ik bün bannig fix.

9

In de Stadt

WÖÖR

Aftheek	Apotheke
Bäcker	Bäckerei
Bahnhoff	Bahnhof
Bökeree	Bücherei
Brüch	Brücke
Dokter	Arztpraxis
Footballplatz	Sportplatz
Freebad	Freibad
Gröönhöker	Gemüseladen
Iesladen	Eisdiele
Kark	Kirche
Karkhoff	Friedhof
Kinnergoorn	Kindergarten
Kino	Kino
Koophuus	Kaufhaus
Kroog	Gastwirtschaft
Marktplatz	Marktplatz
Museum	Museum
Park	Park
Post	Post
Raathuus	Rathaus
School	Schule
Schooster	Schuster
Slachter	Schlachterei
Snieder	Schneider
Speelplatz	Spielplatz
Spoorkass	Sparkasse
Sprüttenhuus	Feuerwehr-haus
Tähndokter	Zahnarzt-praxis
Tanksteed	Tankstelle
Theater	Theater

1. Fragen is nich eenfach – man Utkunft geven ok nich

De junge Fro hett Holger den Weg nipp un nau verkloort. Meenst du, dat he sik dat markt hett? Hett de ole Mann Gesine holpen? As di een dat letzte Maal na den Weg fraagt hett, wat hest du dor seggt? An wat mutt een denken, wenn een den Weg beschrieven deit?

WÖÖR Woneem geiht dat hen?

achter dat Huus	hinter dem Haus/ hinter das Haus
an de Straat	an der Straße/ an die Straße
bet na den Markt hen	bis zum Markt
bi dat Koophuus	beim Kaufhaus
blangen den See	neben dem See/ neben den See
dörch de Huusdöör	durch die Haustür
dwars över den Marktplatz	quer über den Marktplatz
in dat Kino	im Kino/ in das Kino hinein
langs den Park	den Park entlang
liekut	geradeaus
na den Bahnhoff hen	zum Bahnhof
över dat Water röver	über das Wasser hinweg
op den Barg rop	auf den Berg
twüschen de Post un de Kark	zwischen der Post und der Kirche
ünner de Brüch	unter der Brücke/unter die Brücke
ut dat Kino rut	aus dem Kino
vun de See her	von der See

2. Verkloor mi den Weg!

Ik stah op de Brüch an't „Groot Enn“ un will na den Kinnergoorn. Verkloor mi den Weg.

Du wullt vun den Park hen na de Spoorkass.
Fraag een vun de annern Lüüd.
Fraag di wieder dörch dat Dörp dörch.

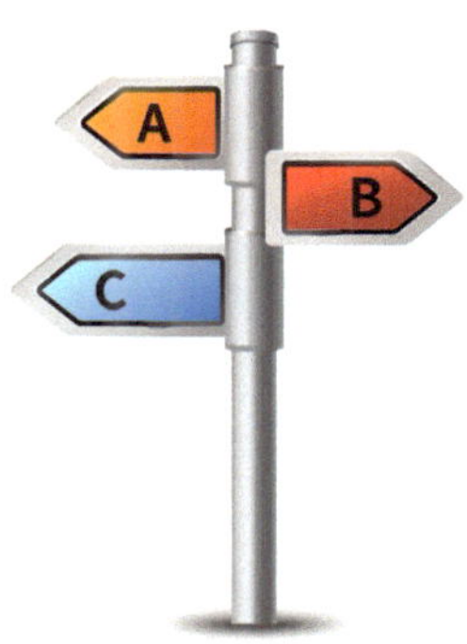

3. Wi plaant en Stadt

Ji sünd Stadtplaners un schüllt för Wischhusen en ne'en Stadtdeel boen. Woans kann dat utsehn? Bruukt wi för vele Minschen Hoochhüüs un brede Straten? Oder wüllt wi mehr Natur sehn mit Water, Parks un Fohrradstraten?

Maalt en groot Plakaat un stellt dat achteran de annern Gruppen vör. Schrievt op dat Plakaat de Wöör för de enkelten Bowarken op.

Stratennaams in Noorddüütschland

An vele Stratennaams kann een rutkennen, dat een in Noorddüütschland ünnerwegens is. Dor heet dat denn *Karkenweg* (un nich *Kirchenweg*), *Ekengrund* (un nich *Eichengrund*) oder *Achtern Diek* (un nich *Hinter dem Deich*).

De meisten Naams för Straten oder Stücken Land vertellt wat vun de Gegend. Hier gifft dat en *Barg* (as in *Barkhoff*), dor gifft dat en *Born* (as in *Bornkamp*), hier liggt en *Wisch* (as in *Butenwisch*) un dor is mal de *Diek* braken, dor heet dat *Brack*. En *Twiet* is egens en enge *Dörchgang*, en *Redder* en smalle *Feldweg* twüschen twee *Knicks*, en *Kamp* is en Stück *Acker* oder *Weid*.

Nich jümmers kann een vundaag noch dat, wat achter den Naam stickt, in de Ümgegend finnen. Mag ween un de *Beek* (hoochdüütsch *Bach*) is al lang nich mehr dor un de *Hoop* (hoochdüütsch *Haufen, Hügel*) ok nich. Faken finnt een aver in ole Koorten noch de richtigen Henwiesen.

In ne'e Siedlungen gifft dat Naams, de nich veel vun de Gegend vertellt, as *Tulpenweg* oder *Buchenstraße*. Man dat gifft ok den *Poggenpool* oder den *Ellernstieg*.

4. Wat gifft dat bi di för plattdüütsche Stratennaams?

In en Dörp striedt sik de Lüüd: De een wüllt, dat en Straat „Op den Bulten" heet – so hett de Gegend dor al jümmers heten. De annern seggt, de keen Platt köönt, verstaht dat nich un sünd denn butenvör. Wat meenst du? Schriev di en poor Markwöör op un vertell.

....

....

....

de Präposition *na*

Op Plattdüütsch hebbt wi för dat hoochdüütsche *zu* de Präposition **na**:

De Kinner gaht **na** School.
De Vagels fleegt wedder **na** Noorden.

Faken nehmt wi ok noch **hen** dorto:

Se fohrt **na** ehr Oma **hen**.
Ik mutt **na** den Bahnhoff **hen**.

Mehr un mehr kann een ok op Plattdüütsch **to** hören; dat kümmt ut dat Hoochdüütsche:

Bringt dat Kind **to** Bett.
Ik gah **to** mien Fründin.

5. Finnst du den hoochdüütschen Naam för düsse Straten?

1. Op'n Sand
2. Achter de Wisch
3. Achtern Brack
4. Bökentwiete
5. Butenkamp
6. Dörpsweg
7. Dröögsiet
8. Fiefstücken
9. Goosacker
10. Spökelbarg
11. Steenbargwisch
12. Süsterstraat

6. Vun hier na dor

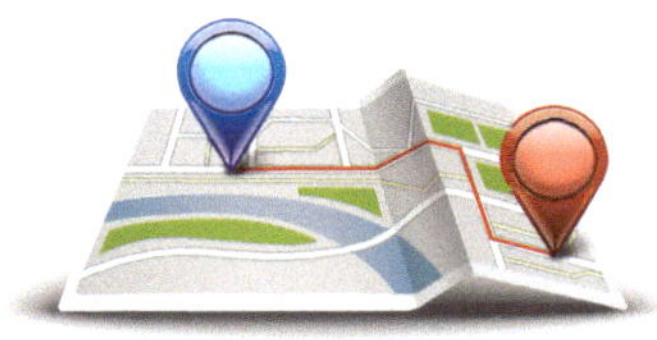

Woneem kriggst oder maakst du wat? Un wat för en Präposition passt?

Präpositionen: *bi, in, na, op, ut*

Bispeel: ***Ik bring dat Geld na de Spoorkass.***

1. Du kriggst dat Fleesch ……………………
2. Ik bring de Kinner ……………………
3. Mien Auto is kaputt un mutt ……………………
4. Gröntüch, Obst un Fisch koop ik jümmers Middeweken ……………………
5. Ik bring dat Paket ……………………
6. Ik fohr mit mien Rad ……………………
7. Mien Büx hett en Lock, ik bring ehr ……………………
8. Ik smiet den Breef ……………………
9. Wi kriegt de Medizin ……………………
10. An'n Namiddag speelt de Kinner geern ……………………
11. Ji kriegt de Appeln ……………………
12. Se köfft de Kledaasch ……………………
13. Ik bring mien kranken Söhn ……………………
14. Mien Rundstück koop ik ……………………

Bäcker
Speelplatz
Gröönhöker
Warksteed
Post
~~Spoorkass~~
Breefkassen
Markt
Slachter
Dokter
Kinnergoorn
Aftheek
Koophuus
Snieder
Straat

Nebensätz

Op Platt bruukt wi veel weniger Nebensätz as op Hooch. Dat heet ok: Wi bruukt veel mehr Hauptsätz, un faken stellt wi een Hauptsatz blangen den annern. Dor warrt denn nich utdrückt, woans de eerste Satz to den tweten steiht. Man meist jümmers weet wi nipp un nau, woans dat meent is.

hooch	*platt*
Ich nehme einen Schirm, weil es regnet.	*Ik nehm en Schirm. Dat regent.*
Er rannte los, als ich um die Ecke bog.	*Ik keem üm de Eck, un he suus los.*

Bi de meisten Nebensätz steiht en Konjunktion vörn an. Un de regelt denn vun den Inhalt her, woans de Nebensatz to den Hauptsatz steiht. Düsse Oorten vun Nebensatz sünd de wichtigsten: **Temporalsatz, Lokalsatz, Kausalsatz, Konditionalsatz.**

De Temporalsatz

In den Temporalsatz geiht dat üm en Tietpunkt oder wo lang wat duert hett.

Konjunktionen in den Temporalsatz

Se seten an den Disch, ***as*** *de Breef ankeem.*	***as***	als
He drinkt un drinkt, ***bet*** *he nich mehr lopen kann.*	***bet (dat)***	bis
Wi mööt noch inköpen, ***ehr dat*** *wi na Huus gaht.*	***ehr (dat)***	ehe, bevor
Nadem dat *he ut de School rut is, maakt he en Lehr.*	***nadem (dat)***	nachdem
Nu dat *he Geld hett, gifft he ok veel ut.*	***nu (dat)***	nun, jetzt
Siet *ik em kenn, snackt he Platt mit mi.*	***siet (dat)***	seit
Sietdem *he nich mehr smöken deit, is sien Hoost weg.*	***sietdem (dat)***	seitdem
Solang as *ik denken kann, hett mien Vadder griese Hoor.*	***solang (as/bet/dat)***	solange
Mi geiht dat goot, ***wenn*** *ik Musik höör.*	***wenn***	wenn, während

7. Ut twee warrt een

Maak dor een Satz vun, mit Hauptsatz un Nebensatz.

Bispeel: Wi speelt buten. Dat warrt düüster. ▶

1. He duuscht. He fröhstückt. ▶

....

2. He hett sien Feernsehapparaat wegsmeten. He hett veel Tiet. ▶

....

3. He will jeedeen Dag en Bild malen. He hett Urlaub. ▶

....

4. Se wüllt dat Huus köpen. Se mööt veel Geld sporen. ▶

....

5. Se geiht na Arbeit. He slöppt noch. ▶

....

6. Dat pingelt an de Döör. Wi sitt an den Fröhstücksdisch. ▶

....

8. Temporalsätz översetten

Översett vun Hooch na Platt.

1. Als ich spät nach Hause gekommen bin, haben schon alle geschlafen.

....

2. Solange ich noch laufen kann, gehe ich jeden Tag an die Elbe.

2. ....

3. Während sie beim Schlachter einkauft, wartet er im Auto.

....

4. Bevor er über die Straße geht, schaut er nach links und rechts.

....

5. Immer wenn die Sonne scheint, geht er schwimmen.

....

De Kausalsatz

In Texten mööt wi faken utdrücken, dat eerst de een Saak dor is un de twete dor ut folgen deit. Dat gifft en Reeg Oorten, dat uttodrücken:

1) Een Hauptsatz steiht blangen den annern. In den tweten Satz steiht, woso dat ut den eersten Satz gellt:

   Ik kann nich kamen. Ik bün krank.

2) Twüschen den eersten un den tweten Hauptsatz steiht en Konjunktion, de anseggt, woans Satz een mit Satz twee tohoophangt:

   *Ik kann nich kamen, **denn** ik bün krank.*

3) Haupt- un Nebensatz warrt mit en Konjunktion to en Kausalsatz tohoopknütt:

   *Ik kann nich kamen, **wiel (wieldat)** ik krank bün.*

Ik kann vundaag nich arbeiden. Mien Kopp deit so weh.

Konjunktionen in den Kausalsatz

denn	denn
wiel (wieldat)	weil

9. Segg, worüm dat so is

Du kannst dat so oder so seggen.

1. Ik kann nich kamen. *(Auto kaputt)* ▶

....

2. Ik mutt tomaken. *(Regen)* ▶

....

3. Ik heff keen Tiet. *(laat)*

3. ....

4. Du hest keen Geld. *(Böker inköfft)* ▶

....

5. Se heiraadt. *(wat Lütts ünnerwegens)* ▶

....

6. He kann keen Platt. *(Öllern, hoochdüütsch snacken)* ▶

....

7. Wi fohrt düt Johr nich weg. *(keen Urlaub)* ▶

....

8. He bruukt nich na'n Putzbüdel. *(keen Hoor)* ▶

....

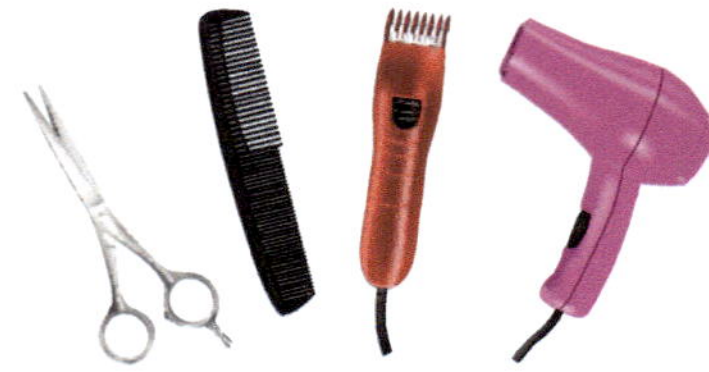

Wokeen de Putzbüdel is?

Kiek na in Kapitel 10, dor finnst du en Henwies!

10. Kausalsätz översetten

Översett de Kausalsätz vun Hooch na Platt.

1. Ich kann nicht zur Arbeit kommen, weil ich Kopfschmerzen habe.

....

2. Er kommt nicht mit, weil er keine Lust hat.

....

3. Sie kann das Haus nicht kaufen, weil sie kein Geld hat.

....

4. Wir können nicht Plattdeutsch sprechen, weil wir in der Schule nur englisch gelernt haben.

....

5. ....

....

De Konditionalsatz

In vele Texten wüllt wi angeven, wat an dat, wat wi seggt, noch mit anhangt: is dor wat vörutsett? Dat steiht in den Bedingungssatz vörn: ***Schient de Sünn,*** *gah ik swümmen.*

Ok de Konjunktion ***wenn*** kann vörn in en Bedingungssatz stahn. Denn fangt de Hauptsatz faken mit ***denn*** an: *Wenn de Sünn schient,* ***(denn)*** *gah ik swümmen.*

Konjunktionen in den Konditionalsatz

Platt	Hochdeutsch
wenn … denn	wenn … dann

11. Wat mutt ween, dat wi wat maakt?

Du kannst dat so oder so seggen.

1. Wi arbeidt in den Goorn. *(Sünn schient)* ▶

....

2. ....

3. Ik drink en hitten Tee. *(buten regen)* ▶

....

4. Mien Kinner bruukt Handschen. *(Snee liggt)* ▶

....

5. Dat warrt Harvst. *(Blööd fallt daal)* ▶

....

12. Konditionalsätz översetten

Översett vun Hooch na Platt.

1. Wenn ich Zeit habe, komme ich zu dir.

....

2. Ich fahre nach England, wenn ich mit der Schule fertig bin.

2. ....

3. Wenn es glatt ist, fährt er vorsichtig.

....

4. Wenn ihr mit den Aufgaben fertig seid, dürft ihr ins Schwimmbad.

....

....

5. Wenn wir früh anfangen, sind wir schnell fertig.

....

....

Musik – Löppt!

De Plattdüütsch snacken kann, de kennt ok plattdüütsche Leder. Dat geiht al in'n Kinnergoorn los, dor singt de Lütten: „Moin Moin, leve Lüüd, wi snackt plattdüütsch hüüt". Siet en poor Johr is bi de Musik för junge Lüüd düchtig wat in Gang kamen. So hebbt „De Fofftig Penns" Elektro-Hip-Hop op Platt in ganz Düütschland bekannt maakt. Mit dat Leed „Löppt" sünd se bi den Bundes-Vision-Song-Contest 2013 op Platz söss kamen. Teemlich luut is de Punkrock vun „De Schkandolmokers", bi de „Tüdelband" geiht dat fründlicher un poppiger to. Kloor is: Junge Lüüd maakt Musik op Platt.

Mit de Folkmusik sünd in de 1970er Johren vele plattdüütsche Leder opkamen, de wi ok vundaag noch kennt. Hannes Wader, Helmut Debus, Knut Kiesewetter oder Fiede Kay hebbt dorför sorgt, dat Platt eenfach mit dorto höör. Gruppen as „Godewind" hebbt in de Musik jümehr egen Klangfarv entwickelt, singen doot se geern vun Diek un See un Wulken un Wind.

En Reeg Stücken, de an't Enn vun dat 19. un den Anfang vun dat 20. Johrhunnert för Musikprogrammen in Hamborg schreven worrn sünd, singt wi ok vundaag noch: Hein Köllisch sien „De Pingsttour" oder vun Ludwig Wolf „Snuten un Poten" un „An de Eck steiht en Jung mit en Tüdelband".

Kloor gifft dat ok en ganzen Barg plattdüütsche Volksleder, un bi vele weet een nich mal, wokeen den Text schreven oder sik de Melodie utdacht hett. So is dat bi „Dat du mien Leefsten büst", „Lütt Anna Susanna" oder „Wenn hier en Putt mit Bohnen steiht".

Bi vele Chöre höört plattdüütsche Stücken dorto, bi en Shanty-Chor geiht dat gor nich anners. Op See gifft de Arbeit an Boord den Takt vör, un wo de Minschen op de Seilscheep veel engelsch snackt hebbt, kann so'n Stück ok engelsche Andelen hebben. So is dat in „De Hamborger Veermaster" oder „Magelhan (Rolling Home)".

Dat plattdüütsche Singen wiest, wo lebennig de Spraak is.

To'n Lesen un Singen – un to'n Översetten: Hamborger Veermaster

1. Ik heff mal en Hamborger Veermaster sehn – to my ho-day, to my ho-day!
De Masten so scheef as den Schipper sien Been – to my ho-day, ho-day, ho!

Blow, boys, blow, for Californio. There is plenty of gold,
so I am told, on the banks of Sacramento.

2. Dat Deck weer vun Iesen, vull Schiet un vull Smeer,
dat weer de Schietgäng ehr schöönstet Pläseer.

noch mal: Blow, boys, blow, ...

3. Dat Logis weer vull Wanzen, de Kombüüs weer vull Dreck,
de Beschüten, de Iepen vun sülven al weg.

noch mal: Blow, boys, blow, ...

4. Dat Soltfleesch weer gröön, un de Speck weer vull Maden,
un Kööm geev dat ok blots an'n Wiehnachtsavend.

noch mal: Blow, boys, blow, ...

5. Un wullen wi mal seilen, ik segg dat ja nur,
denn leep he dree vörut un veer wedder retour.

noch mal: Blow, boys, blow, ...

9

6. As dat Schipp, so weer ok de Kaptein,
de Lüüd för dat Schipp, de weren ok blots schangheit.

noch mal: Blow, boys, blow, ...

Woortverkloren:

Schietgäng: Reinigungs-mannschaft
Logis: Unterkunft, Quartier
Kombüüs: Schiffsküche
Beschüten: Schiffszwieback
schangheien: seemännische Personalrekrutierung durch Alkoholisierung und böses Erwachen auf dem inzwischen ausgelaufenen Schiff

WÖÖR Musik maken

Bass	Bass
Fleit	Flöte
Gitarr	Gitarre
Hoorn	Horn
Klaveer	Klavier
Kloornett	Klarinette
Orgel	Orgel
Posaun	Posaune
Trummel	Trommel
Trumpeet	Trompete
Quetsch-kassen / Schipper-klaveer	Akkordeon
Vigelien / Fiedel	Geige

13. Över Musik snacken

Wat för Leder singst du geern? Speelst du en Instrument? Wat för Musik höörst du geern? Wo kann een af un an plattdüütsche Leder hören? Mit wat för Instrumenten warrt faken to plattdüütsche Leder speelt? Schriev di en poor Markwöör op un vertell.

....

....

....

....

14. Wat för plattdüütsche Leder finnst du?

Söök en poor plattdüütsche Leder tohoop: in Lederböker oder in't Internet. Kennt de anner Lüüd de Leder? Villicht singt ji dat een oder anner Leed?

3 Kinnerleder: ....

....

....

3 Musikstücken vun de Fofftig Penns: ....

....

....

3 Leder över Seefohrt: ....

....

....

3 ole, traditionelle Leder: ....

....

....

3 ne'e Leder (na 2000 schreven): ....

....

....

15. En lütt Musik-Radel

Finn rut, wat mit düsse Oorten vun Musik meent is: 1. Bumsmusik, 2. Danzmusik, 3. Dudelmusik, 4. Kattenmusik, 5. Pannkokenmusik, 6. Quetschkassenmusik, 7. Stratenmusik

1. .... 5. ....

2. .... 6. ....

3. .... 7. ....

4. ....

27. Hunnertveer Mohnblomen

As ik röverkaam, sitt Emme över den Disch böögt in Simon sien Köök un maalt rode Blomen op witt Poppeer. Mohnblomen.
„Stöör mi nich, bün eerst bi Nummer föffteihn", gnaddelt se, ahn op to kieken.
Simon, de mit den Afwasch rümmuddelt, treckt sien Schullern hooch, as he mi ankickt: „Stöör ehr man nich. Se is bi föffteihn."
Op den Disch is noch en Pinsel free, ik snapp mi en Stück vun dat witte Poppeer un fang ok an to hölpen, ahn dat ik weet, för wat.
„To wat schall dat goot ween?", fraag ik. Ik denk mi nix dorbi. Simon kickt so dull röver, dat ik dat marken kann. Mann, wat denn nu? Hett de Madam ehren slechten Dag?
Ik plier na Emme röver. Dat rode Hoor hangt över ehr Gesicht, een Ohr linst rut, se markt dat gor nich. Afduukt in ehr Maleree. Süht nich dorna ut, dat se glieks en Rappel kriegen deit.
Ik fraag wedder na: „To wat schall dat dögen?"
„Mmh?" Dat neegste Blatt warrt an de Siet leggt. Wieder geiht dat.
„WAT DU DORMIT WU-ULLT!", roop ik. Düvel, dat weer to luut. Simon geiht na baven, jichtenseen kümmt.
„Hunnertveer", seggt Emme blots, un maalt wieder.
Woans schall de Stängel utsehn an mien Mohnbloom? Schall ik Emme dat fragen? Wokeen kann uns hölpen? Ik kiek dörch de föffteihn Blomen-Biller, Nummer sössteihn dröögt ja noch, un an mien Bloom fehlt de Stängel. Mit de tohoop steiht dat bi söventeihn. Wat nich jüst en grote Bült is. Vun hunnertveer.
„Wat is denn dat hier?" Ik treck en Bild ut den lütten Stapel, dor is mehr op as en rode Bloom.
„Wat is dormit?" Emme kickt even un even hooch. Hett de mi överhaupt al sehn?
„Ach", seggt se. „Vasen". Un as nix kümmt vun mi: „För dat Water. För de Blomen."
Wat? Ik mutt even anholen. Wat schall dat geven?
Will de hunnertveer Vasen malen? För hunnertveer Mohnblomen? Gifft dat in de Noordsee en Virus, de Minschen anfallen kann? Dat de wunnerlich warrt?
Un wokeen schall hunnertveer Blööd Mohnpoppeer torecht snieden? Ik klei mi an de Nees.
Ik fraag: „Wullt du hunnertveer Vasen malen? För hunnertveer Blomen?"
Emme seggt nix. Ehr Ohr stickt noch jümmers ut de Hoor rut.
Mi stickt de Haver: „Hey, Emme! Maal doch hunnertveer Wildswien. De freet de Blomen ut de Vaas. Nee, beter noch, de freet de Blomen, eher dat se in de Vaas sünd, denn bruukt wi de ok nich to malen. Un wenn de Wildswien de Blomen sounso freten doot, denn bruukt wi ok de Blomen nich malen! Problem löößt!"
Ik finn dat witzig.
„Ach, Muul holen!", seggt Emme. „Ik mutt wieder malen."
Ma un Robert sünd buten un snackt mit Simon. Dat geiht woll üm den Motor. Oh Mann, schall ik rutgahn un tohören, wat mit den Motor warrn schall?
Schall ik hier binnen blieven un Emme hölpen, oder nich hölpen, oder wat?
Ik kunn rutgahn un MF un Ma fragen, of se ok en Mohnbloom för Emme malen wüllt. Un dorbi mitkriegen, wat nu is, mit Motor un Ferien un all dat.
Egens heff ik so en Geföhl, dat mien Ferien jüst anfungen hebbt. Egens weet ik jüst gor nich, wat nu is...
Ik mutt bilütten mal mien Vadder antern. Tweemal op de Mailbox, wiss töövt he op en Teken vun mi. Meisttiets heff ik mien Handy ut. Egens wull ik em noch besöken, düsse Ferien. Dröff ik nich

gnaddeln	nörgeln
rümmuddeln	so tun, als würde man arbeiten
plieren	blinzeln, zwinkern
rutlinsen	knapp heraus-schauen
afduken	abtauchen
Rappel	(Wut-)Anfall
dögen	taugen
drögen	trocknen
Bült	Haufen
kleien	kratzen
Teken	Zeichen

9

Käver	Käfer
Dischkant	Tischkante
Korf	Korb
smerig	schmierig, verschmutzt
Mieg-Apatschen	Ameisen
afblieven	abbleiben
afhauen	weglaufen
batz	plötzlich
rutsmieten	rauswerfen
insehn	einsehen
Appelknuust	Kerngehäuse eines Apfels
op en Stutz	auf der Stelle

vergeten. Nu aver nich an denken. Nich jüst nu. Keen Tiet!
„Du, Emme?"
„Hmh?"
„To wat löppt hier en Käver över den Disch? Un woso sünd de Vasen nich to Enn maalt?"
„Söventeihn!" Emme stickt den Pinsel in't Water un sett sik op de Dischkant. In en Korf liggt Appeln, de söcht se dör, grippt sik een, kickt mi an: „Mmm?"
„Mmh", anter ik un fang den grönen Appel, de dörch de Luft segelt, mit een Hand. Ik sett mi op den Dreckammer, de rümsteiht in Simon un Emme jümehr Köök. De is nich smerig an de Kant, kann ik so op sitten.
„De Vasen", höör ik Emme dörch en groot Stück Appel hendör, „de bruukt nich fardig maalt warrn, wieldat de Mieg-Apatschen kemen un en Wiendruuv över den Disch rullen."
Ik tööv en lütten Momang un maak mien Snuut halfwegs praat to'n Snacken, sluuk gau hendaal, lecker, de Appel. Buten warrt noch snackt. Ik mutt dat weten, wat mit den Motor is. Of wi noch hierblieven doot. Seggen, dat ik noch hierblieven will.

„Ik seh blots en Käver", segg ik, „woneem sünd de Mieg-Apatschen afbleven?"
Dat kracht wedder ornlich in Emme ehren Appel, de halve is al op.
„De sünd ja ok afhaut", seggt se. „Kunnen sik nich enigen, keen de Druuv hebben schull, dat güng so hen un her, tweemal is se meist vun den Disch fullen, un denn harr ik batz keen Lust mehr, mi dat antokieken. Heff se allesamt rutsmeten, dat Swümmen to lehren. Un denn harr ik ok keen Lust mehr op de Vasen. Un in den Ogenblick keem denn de Käver un haal sik de Druuv af, ik denk, för sien Madenkinner. Un dat weer dat. Nu mutt ik wiedermaken. Bet hunnertveer is noch en beten..."
Dat kann ik insehn. Ik maal fix den Stängel an mien Mohn an. Achtteihn.
„Ik fünn dat egens goot, wenn ji noch blieven mööt, un de Motor nich foorts ganz heel maakt is."
Emme kickt op ehren Appelknuust. „Ik weet wat", segg ik.
„Woans wi op en Stutz to mehr Blomen kaamt."
Un denn griep ik mi en paar Blööd Poppeer un gah los.
Bet hunnertveer is echt noch en beten.

ut: Birgit Lemmermann
„Ebbe un Hehn"
mehr op Siet 174

10. Stremel

De Dag för Dag sien Arbeit deit

10

Vun acht bet fief

Klaus: Wat maakt de Arbeit?

Uwe: Löppt. De Warft hett noch Opdrääg för twee Johr. Woans dat denn wiedergeiht, dat weet wi noch nich. De Baas seggt: Wi mööt mit de Kosten daal, anners köönt wi nich mitholen. Un bi di, mit de Flegers süht dat beter ut, oder?

Klaus: Wi maakt al Överstünnen un arbeidt in twee Schichten. De Sozialleistungen sünd goot, dor gifft dat nix to klagen. Vele junge Lüüd laat sik geern bi uns utbillen. Wat maakt egentlich dien Kinner?

Uwe: Jan maakt en Lehr bi de Bank. Dat gefallt em goot. Un Julia geiht noch na School. De is tokamen Johr fardig. Denn will se eerstmal een Johr in't Butenland. Hier fallt ehr de Deek op den Kopp, seggt se. Un dien Kinner, wo geiht de dat?

Klaus: Goot, dücht mi. Yannick arbeidt nu ok in uns Bedrief. Man, wat he dor blieven will, weet he noch nich. Jümmers dat sülvige: stuur Wark is nix för em. He hett geern mit Lüüd to doon un maakt geern mal wat Ne'es.

Uwe: Junge Lüüd hebbt dat vundaag beter, de köönt överall hen.

Klaus: Man dat is ok nich so licht to, dat Richtige för sik sülvst to finnen.

Arbeiden (WÖÖR)

Bedrief	Betrieb
Butenland	Ausland
Fleger	Flugzeug
Opdrag	Auftrag
Överstünn	Überstunde
stuur Wark	harte Arbeit
utbillen	ausbilden
Warft	Werft

Wat een so seggt

ehr fallt de Deek op den Kopp	ihr fällt die Decke auf den Kopf
dat is nich so licht to	es ist nicht so einfach
dor weet ik nix vun af	davon verstehe ich nichts

1. Veel to doon

Segg an:

1. Woans süht dat mit de Arbeit opstunns beter ut: bi de Flegers oder op de Warft?

....

....

2. Hebbt de jungen Lüüd dat vundaag eenfacher oder sworer as fröher?

....

....

2. Schrievdisch oder frische Luft: Wat maakst du op de Arbeit?

Schriev di en poor Markwöör op un vertell.

1. Vertell vun dien Beruf: Wat maakst du den ganzen Dag? Hest du mit vele Lüüd to doon? Büst du veel ünnerwegens oder büst du egaalweg an desülvige Steed? Muttst du mehr mit den Kopp oder mit de Hannen arbeiden?

....

....

....

....

2. Wenn du vundaag noch mal nee anfangen kunnst: Op wat för en Beruf wörrst du tostüern?

....

....

....

....

Ik söök mi mien Opgaven geern sülvst.

Ik mag geern Minschen hölpen.

Ick mag geern mit veel ünnerscheedliche Lüüd tohoop ween.

Ik bruuk en kloren Plaan, de nipp un nau vörgifft, wat ik to doon heff.

Ick will veel vun de Welt sehn.

Ik bün den ganzen Dag an de frische Luft.

Ik will junge Minschen op'n Weg bringen.

Ik weet: Klock veer heff ik Fieravend.

Ik kann mien Ideen kreativ ümsetten, ok bet Klock twee in de Nacht.

Ik heff Spaaß mit mien Kollegen.

Ik much veel Geld verdenen.

Ik bruuk Tiet to'n Nadenken.

Ik maak mi nich geern de Finger schietig.

2. Wat is dien Profeschoon?

Dat Speel geiht so: Een denkt sik en Beruf ut. De annern fraagt. Tellt warrt, wo faken de Speler „Nee" seggt. Bi teihn hett he wunnen. *Fragen kann een to'n Bispeel: Stellst du wat her? Bruukst du en Fohrtüüch för de Arbeit? Hest du mit Lüüd to doon?*

3. Is de Postbüdel al dörch?

För vele Berufen gifft dat Jux-Wöör:

Deegaap (Teigaffe) · *Postbüdel (Postbeutel)* · *Suppensmitt (Suppenschmied)* · *Pillendreiher (Pillendreher)*

Kusenbreker (Eckzahnbrecher) · *Buckrutscher (Bockrutscher)* · *Iesenschooster (Eisenschuster)* · *Putzbüdel (Putzbeutel)*

Wokeen is hier meent?

1. Aftheker: _ _ _ [1] _ _ _ _ _ _ _ _ _
2. Bäcker: _ _ [2] _ _ _ _
3. Smitt: _ _ _ _ _ _ _ [3] _ _ _ _ _ _
4. Tähndokter: _ _ _ _ _ _ [4] _ _ _ _
5. Breefdreger: _ _ _ [5] _ _ _ _ _
6. Kock: _ _ _ _ _ _ _ _ [6] _ _
7. Frisöör: _ _ _ _ _ _ _ [7] _
8. Anstellte in de Verwaltung: _ _ _ _ _ _ [8] _ _ _ _ _

Na de [1] [2] [3] [4] [5] [6] [7] [8] krieg ik mien Gesellenbreef.

Prinzessin, Piraat un Schandarm

Ramona is söss. Se geiht na'n Kinnergoorn. Se weet nipp un nau, wat se mal warrn will: Prinzessin. Villicht ok Ballerina. Geern speelt se mit Mark. De is ok söss. Man wat se Frünnen blieven köönt, weet se noch nich. Denn Prinzessin un Piraat – dat passt doch nich tohoop, oder?

Hannes is acht. In de eerste Klass hett he mit de annern Jungs Sammel-Biller tuuscht, un se hebbt veel dor över snackt, wat nu beter is: Footballspeler oder Schandarm. Bi en Football-Vereen speelt he al. Sien Trainer seggt jümmers: Vun nix kümmt nix.

Svea is teihn. Se hett al mit ehr Mudder afsnackt, dat se Doktersch för Deerter warrt. Denn kann se mit de Natur arbeiden, un se kann mithölpen, dat kranke Deerter wedder op de Been kaamt.

4. Wenn ik groot bün, warr ik ...

Wat hest du fröher mal warrn wullt? Un is dor wat vun worrn?

Schriev di en poor Markwöör op un geev Bericht.

....

....

....

WÖÖR Wat maakt düsse Lüüd?

Aftheker	Medizin verköpen, Salv anröhren, Raatslag geven, wat bi Koppwehdaag oder Hoost to doon is
Bäcker	Rundstück un Broot backen
Bankkoopmann	in Geldfragen Raat geven, Geld för anner Lüüd anleggen, Kredite utgeven
Busfohrer	Bus fohren, Fohrschien verköpen
Breefdreger	Breven, Postkoorten un Tietschriften utlevern
Buer	Veeh optrecken, melken, seien, ackern, Hau maken, de Oornt inhalen
Discher	dischern, sagen, huveln, Disch, Stohl un Schapp boen
Dokter	kranke Minschen ünnersöken, de Medizin fastleggen un Rezepten utstellen
Fischer	Fisch fangen un na'n Markt bringen
Kaptein	Schipp stüern, Kurs vörgeven
Kock	kaken, braden, afsmecken, ne'e Rezepten utproberen
Muskant	singen, Instrument spelen, ne'e Leder öven, Kunzert geven
Muermann	muern, Zement anmischen, Steen op Steen setten
Paster	Gottsdeenst holen, Minschen Moot maken un Stütt geven, Kinner döpen, Lüüd verheiraden, Dode ünner de Eer bringen
Putzbüdel / Frisöör	Hoor waschen un snieden, Locken dreihen, Klöör in de Hoor maken
Schandarm	för Ordnung sorgen, wenn Lüüd to luut sünd oder sik in de Klatten hebbt, Unfall opnehmen, Verbrekers jagen un infangen
Schoolmeester	junge Minschen wat bibringen: Lesen, Schrieven, Reken un anners wat för't Leven
Slachter	Veeh slachten, Fleesch trecht maken, Wust maken
Tähndokter	Tähn nakieken, en Sprütt geven, bohren, Tähn ruttrecken
Timmermann	ut Holt boen
Verköpersch	verköpen, beraden, ne'e Woor ordern

Nehmt Se düsse Drüppens dreemal den Dag, denn schull dat bald beter warrn.

Vundaag mööt wi Hau maken, morgen schall dat Regen geven.

Dor fehlt noch en Spier Solt an de Supp.

Dat hölpt nix: De Tähn mutt rut!

Dat blaue Kleed passt allerbest to Se Ehr Ogen.

5. Jeedeen maakt wat anners

Söök Di en Beruf ut un vertell wat vun den Arbeitsdag. So kann dat losgahn:

As Muermann mutt ik al Klock söven op de Bosteed ween...

....

....

....

För't Leven lehren?

Bi en ganze Reeg Berufen hett sik dat, wat to doon is, teemlich ännert - as bi den Timmermann, den Muermann, den Maler oder den Bäcker. Dat sünd ole Profeschonen, de dat ok vundaag noch gifft. Man en poor vun jüm finnt wi nich mehr so as fröher in jeedeen Dörp oder Stadt, to'n Bispeel den Schooster oder den Snieder. Jüst Kledaasch warrt faken in't Butenland produzeert un köst so wenig Geld, dat de Lüüd dat nich heelmaken laat, wenn dor en Lock in is.

Bi de Lehrsteden stünn 2017 de Koopmann oder de Koopfro för't Büro baven an. An twete Steed weren de Kraftfohrtüüch-mechatronikers, denn de Kooplüüd in Ladengeschäften, denn de Industriekooplüüd un de Industriemechanikers.

Vele junge Froenslüüd wüllt sik utbillen laten för Berufen, bi de se anner Lüüd oder de Natur hölpen köönt, as Doktersch oder Plegersch för Deerter, Krankenplegersch oder Kinnergoorners. 98 Perzent vun de, de op medizinisch oder tähnmedizinisch Fachangestellten lehrt, sünd junge Froens. De jungen Mannslüüd hebbt dat mehr mit de Technik, de meisten wüllt wat mit Autos to doon hebben. Ok hier sünd 98 Perzent vun de, de Elektroniker oder Mechaniker för Sanitär, Heizung, Klima warrn wüllt, Mannslüüd.

6. Wat bringt de Tokunft?

Wat för Berufen bruukt wi in 20 Johr woll nich mehr? Un wat warrt wichtiger?
Wat meenst du, wo liggt dat an, dat dat typische Mannslüüd- un typische Froenslüüd-Berufen gifft? Köönt wi dor wat an ännern?

....

....

....

7. Översett de Snacks

Wat stickt dor woll achter? Snack dor mit de annern över.	
1. De Dag för Dag sien Arbeit deit un jümmers op den Posten steiht un deit dat goot un deit dat geern, de schall sik ok mal amüseren!	
2. Een Oog arbeidt mehr as teihn Hannen.	
3. Maak di nützlich! Dat sünd dree Wöör, dor kümmst du överall mit dörch.	
4. Wannehr schall ik arbeiden? seggt de Fule. In't Vörjohr is dat to natt, in'n Harvst is dat wedder to natt, in'n Sommer is dat to hitt un in'n Winter to koolt.	
5. De bi de Arbeit freert un bi't Eten sweet, dat sünd de düchtigsten Keerls.	
6. Arbeit maakt Spaaß, man för Spaaß bün ik nich to hebben.	

Dat Passiv

Will man wat in en Satz utdrücken, kann man dat faken in Aktiv maken oder in Passiv. Bi Aktiv kiekt wi to allereerst op den, de wat maakt oder de tostännig is. Bi Passiv geiht dat mehr üm dat, wat dor maakt warrt.

Aktiv	Passiv
De Bäcker backt dat Broot.	Dat Broot warrt (vun den Bäcker) backt.
De Muskant speelt en Leed.	Dat Leed warrt (vun den Muskant) speelt.
De Tähndokter treckt den Tähn rut.	De Tähn warrt (vun den Tähndokter) ruttrocken.
Op Platt bruukt wi weniger Passiv as op Hooch:	
platt	**hooch**
In den Bunnsdag hebbt se över de Gesetzen afstimmt.	*Im Bundestag wurde über die Gesetze abgestimmt.*
Geern warrt Passiv mit Modalverben bruukt:	
De Arbeit mutt daan warrn.	Die Arbeit muss getan (erledigt) werden.
De Acker kann verköfft warrn.	Der Acker kann verkauft werden.
De natte Farv dröff nich anfaat warrn.	Die feuchte Farbe darf nich berührt werden.
Dat Eten schall nich koolt warrn.	Das Essen soll nicht kalt werden.

8. Wat mutt bi dat Auto repareert warrn?

Maak Sätz mit Passiv.

Bispeel: (Kupplung) utwesseln ▶ ***De Kupplung mutt utwesselt warrn.***

1. (Auto) waschen ▶ ....
2. (Auto) vull tanken ▶ ....
3. (Ööl) wesseln ▶ ....
4. (Wischwater) opfüllen ▶ ....
5. (Winterrööd) optrecken ▶ ....
6. (Wagen) dörch den TÜV bringen ▶ ....

Tietformen för Passiv

An Tietformen gifft dat dat Passiv för de Nu-Tiet un dat Passiv för verleden Tieden.			
a) Passiv för de Nu-Tiet:		**b) Passiv för verleden Tieden:**	
Personalform vun warrn + Partizip II		**Personalform vun ween + Partizip II + Partizip II vun warrn**	
ik	warr utfraagt	**ik**	bün utfraagt worrn
du	warrst utfraagt	**du**	büst utfraagt worrn
he/se/dat	warrt utfraagt	**he/se/dat**	is utfraagt worrn
wi/ji/se	warrt utfraagt	**wi/ji/se**	sünd utfraagt worrn

Lesen kann man ok Passiv mit Präteritum-Formen, man to hören sünd de meist gor nich:
ik wörr utfraagt

Oppassen mööt wi bi de starken Verben

doon	daan
hölpen	holpen
sitten	seten
trecken	trocken
waschen	wuschen
ganz vigeliensch:	
lopen	lopen
sehn	sehn
stahn	stahn
weten	weten

10

Swache Verben

fragen	fraagt
kennen	kennt
köpen	köfft
maken	maakt
spelen	speelt

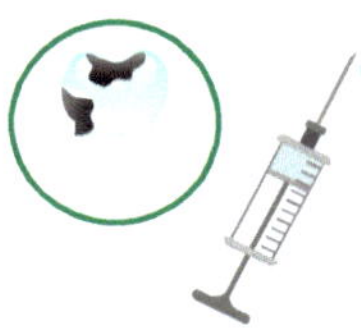

9. Wat deit nödig? Bruuk dat Passiv.

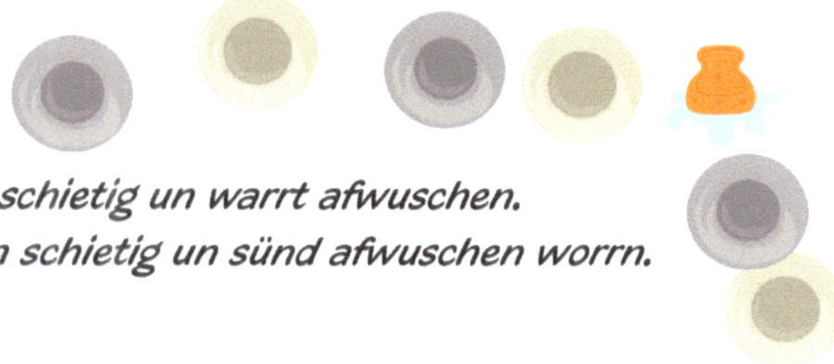

Bispeel: Töllers schietig, afwaschen ▶
Nu-Tiet: *De Töllers sünd schietig un warrt afwuschen.*
verleden Tieden: *De Töllers weren schietig un sünd afwuschen worrn.*

1. Appeln riep, plücken ▶
Nu-Tiet: ....
verleden Tieden: ....

2. Strump Löcker, stoppen ▶
Nu-Tiet: ....
verleden Tieden: ....

3. Brüch twei, nee boen ▶
Nu-Tiet: ....
verleden Tieden: ....

4. Tähn deit weh, ruttrecken ▶
Nu-Tiet: ....
verleden Tieden: ....

5. Auto oolt, verköpen ▶
Nu-Tiet: ....
verleden Tieden: ....

Licht heff ik dat würklich nich:

10. Passiv oder Aktiv – wat will ik utdrücken?

In Passiv-Sätz steiht faken nix binnen vun den, de wat maakt oder ümsett hett. Wenn een dor en Aktiv-Satz vun maakt, mutt dat aver seggt warrn.

Schriev de Passiv-Sätz üm in Aktiv-Sätz.
Bispeel: De Ball warrt afwehrt. ▶ *De Toorwart wehrt den Ball af.*

1. Dat Gesetz warrt uthannelt. ▶ ....
2. De Wand warrt anmaalt. ▶ ....
3. Dat Boot warrt ümsmeten. ▶ ....
4. De Boom warrt afsaagt. ▶ ....
5. De Koken warrt eten. ▶ ....
6. De Jung warrt beten. ▶ ....
7. Dat Book warrt leest. ▶ ....
8. De Musik warrt höört. ▶ ....
9. De Breef warrt schreven. ▶ ....

Plattdüütsch morgen

„Moin Moin, leve Lüüd, wi snackt plattdüütsch hüüt" – so singt un klingt dat in vele Kitas. „Lütt Matten" heet de oder „De Plattmüüs". Enige hunnert sünd dat, allerwegens in Noorddüütschland. De meisten Kinner köönt keen Platt, wenn se in den Kinnergoorn kaamt. Man hier nehmt de Lütten de plattdüütsche Spraak bi't Spelen un Singen ganz fix op. Un se hebbt dor Spaaß an.

Lange Tiet weer dat gor keen Fraag, dat in de Familien de Jungen Plattdüütsch vun de Olen övernehmt. Man so löppt dat nu nich mehr. An vele vun de jungen Minschen kümmt Platt gor nich mehr ran. Mag ween un se köönt noch en beten verstahn, man to snacken troot se sik nich.

Hier hölpt nu de Kitas. Un an vele Steden geiht dat ok in de School wieder. An en ganze Reeg Scholen steiht Plattdüütsch al ganz normaal op den Stünnenplaan op. In düssen modernen Plattünnerricht geiht dat dorüm, Stück för Stück de Spraak to lehren – as wi dat vun dat fröhe Engelsch-Lehren al lang kennt. In anner Scholen, un denn vun de föffte Klass an, sett se op bilingualen Ünnerricht. Dor gifft dat Eerdkunn oder Geschicht oder Sport op Platt.

Keeneen weet, wat för Spraken de Minschen bi uns in föfftig oder hunnert Johr bruukt. En Weltspraak is wiss nödig, as Engelsch oder Spaansch. Man wat is mit Chineesch oder Russisch? Ok warrt dat jümmers noch Düütsch geven – in Düütschland, man ok in Öösterriek un in de Schweiz. Kickt een op Arbeit, Kultur oder Medien in't 21. Johrhunnert, denn warrt kloor: För de lütten Spraken warrt dat nich eenfach. Hett Plattdüütsch en Tokunft?

11. Wat speelt Platt för en Rull?

Geev Antwoort op düsse Fragen:

1. Dat is noch nich lang her, dor hebbt vele seggt, Platt is en Last bi't Lehren vun de hoochdüütsche Spraak. Hest du so wat ok al mal höört? Wat seggst du dorto?

....

....

2. Dat gifft Lüüd, de seggt, Platt kann mehr as Hoochdüütsch. Wat kunn düt „Mehr" ween?

....

....

3. Vele seggt, dat weer al goot, wenn all Lüüd bi uns hoochdüütsch kunnen. Platt hett in uns Tiet keen Opgaav mehr. Wat kann Platt in uns moderne Tiet leisten?

....

....

Plattdüütsch in de Medien

Wat kennst du vun:

- Plattdüütsch in de Zeitung?
- Plattdüütsch in't Radio?
- Plattdüütsch in't Feernsehn?
- Plattdüütsch in't Internet?
- Plattdüütsch in de sozialen Nettwarken?

Un wat leest / höörst / kickst du op Platt an?

Wat köönt wi mit *doon* doon?

Dat plattdüütsche ***doon*** warrt veel mehr bruukt as dat hoochdüütsche ***tun***. Vörkamen kann ***doon*** as Vullverb, Hölpsverb un Modalverb.

1. *doon* as Vullverb

Tomeist drückt ***doon*** ganz allgemeen en Handlung ut, op Hooch kann man dorför faken machen, handeln, verrichten oder bewirken seggen:

Steiht ***doon*** in en Reeg mit een oder mehr anner Verben, denn warrt de rutstellt:

2. *doon* as Hölpsverb

Verben kann een mit Formen vun ***doon*** ümschrieven. Sett ik dat ***doon*** as Hölpsverb in, heet dat: dat, wat dat Verb utdrückt, is mööglich.

3. *doon* as Modalverb

Mit ***doon*** kann een dat Verb in en Satz düütlich rutstellen. De Vördeel is, dat de Flexion jümmers blots in de ***doon***-Form (*deit, deen* usw.) stickt, dat egentliche Verb aver steiht in de Grundform. In Hauptsätz warrt dat nich faken bruukt, denn steiht de Verbgrupp ut dat Verb un de Form vun ***doon*** ganz vörn:

In jeedeen Nebensatz kann en Verbgrupp mit ***doon*** stahn:

Bispelen:

He deit sien Arbeit geern. – Er mag seine Arbeit.
Dor is nix an to doon. – Daran kann man nichts ändern.

He mag dat doon. – Er ist unverschämt.
Doon is en Ding. – Auf das Handeln kommt es an.

He lehrt un deit un kriggt nix op de Reeg.
Er lernt mit großem Eifer, doch ohne Erfolg.

Wi maakt un rennt un doot. – Wir mühen uns ab.

ahn doon: *He sä, he reep mi an, wenn de Saak kloor weer.*
mit doon: *He sä, he dee mit anropen, wenn de Saak kloor weer.*

ahn doon: *Wi verkoopt nix.*
mit doon: *Verköpen doot wi nix.*

ahn doon: *Dor is keeneen, de mi mit de Arbeit hölpt.*
mit doon: *Dor is keeneen, de mi mit de Arbeit hölpen deit.*

12. Schriev de Sätz üm. Bruuk dor en Form vun *doon* bi.

1. Erika arbeidt düchtig.

....

2. Du snackst den ganzen Dag.

....

3. Ik weet, wat du denkst.

....

4. Se överleggt, woneem he henfohrt.

....

5. Ji wüllt, dat wi noch wat eet.

....

dee *daan* *doot* *deist* *doon* *deen* *deit*

13. Wokeen deit wat doon?

En heel un deel vigelienschen Satz mit *doon* hett Fritz Reuter schreven.

Översett den Satz un verkloor, wat he bedüden deit:

1. Wenn een doon deit, wat he deit, kann he nich mehr doon as he deit.

....

....

....

Minschen plegen

„Moin, Fro Hansen. Hebbt Se goot slapen?“ Emma Hansen is 91 Johr oolt. An düssen Freedag, morgens Klock söven is se al dree Stünnen waken. Faken geiht ehr dat so. Man en Smuustern löppt över ehr Gesicht, as nu de vergnöögte Pleger Marco in ehr Kamer steiht. „Ja, ja, nich lang aver deep“, seggt se mit ehr fiene, aver kräftige Stimm. Marco is 28, he arbeidt nu al fief Johr in dat „Huus Sünnschien“. He will Minschen hölpen. He maakt de Seep un den Waschlappen trecht. Un later faat he mit an, wenn Emma Hansen ehr Bluus un ehr Büx antrecken deit. Dat duert allens en beten, man in düsse Tiet kann Emma wat vertellen, op't leefst vun ehr Urenkelkinner. Glieks, as he hier anfungen hett, hett he mitkregen: Mit Platt löppt sien Arbeit veel beter.

Ok Emma Hansen weer faken trurig, un se kunn ok richtig vergrellt ween. Se wull sik dor nich rinfinnen, dat se nich mehr allens dat kunn, wat ehr vörher so licht vun de Hand gahn weer. Marco sien Oma hett veel mit em Platt snackt. För sien Kollegin Nurseda weer dat nich so licht to. Ehr Öllern snackt to Huus Kurdisch, man in't „Huus Sünnschien“ hett se plattdüütsche Wöör un Sätz bi de Arbeit opsammelt. Geern seggt se dat Eten an: „Vundaag eet wi to Middag Fisch.“ Ahn Platt kunn se sik ehr Arbeit gor nich mehr vörstellen. Un af un an snackt se sogor mit Marco Platt.

14. Plegen heet Brüchen boon

Geev Antwoort op düsse Fragen:

1. Wo kümmt dat, dat Emma Hansen sik beter föhlt, wenn Marco ehr hölpen deit?

....

2. Wat meenst du: Vun wat snackt Emma Hansen noch geern?

....

3. Woso is dat för Marco eenfacher as för Nurseda, sik in de Arbeit as Pleger rintofinnen?

....

4. Woso hett Nurseda Plattdüütsch lehrt?

....

15. Wat för Pleeg-Wöör finnst du?

Söök de teihn Pleeg-Wöör rut, de hier ünnerkamen sünd. Dat sünd allens Verben. De Wöör loopt vun vörn na achtern un vun achtern na vörn, vun baven na ünnen un vun ünnen na baven, man ok dwars dörch den Bookstavensalaat dörch.

I	W	A	S	C	H	E	N	N	U	1. ....
N	E	L	L	E	T	R	E	V	N	2. ....
A	P	V	A	X	I	K	R	I	E	3. ....
N	Z	R	P	T	C	J	E	N	N	4. ....
E	E	A	U	E	K	L	O	E	E	5. ....
M	J	K	R	T	E	B	H	C	O	6. ....
M	I	T	C	Y	G	C	O	L	L	7. ....
E	N	G	F	A	A	A	T	U	K	8. ....
A	F	B	U	L	N	M	H	E	N	9. ....
K	N	E	G	N	I	S	P	N	G	10. ....

Wat een in de Pleeg so seggt
Hebbt Se goot slapen?
Wat maakt de Rüch vundaag?
Hebbt Se Hunger?
Hebbt Se Döst?
Vertellt Se mi doch en beten vun fröher.
Wat geev dat bi Se Wiehnachten to eten?
Köönt Se mi verkloren, woans een Mehlbüdel maakt?
An'n Namiddag kaamt Ehr Kinner to Besöök.
Wüllt wi en beten Skaat spelen? Wi bruukt blots noch den drüdden Mann.
Nich bang ween, dat deit nich weh un ik bün ja dor.
Schall ik Se en Geschicht vörlesen?
Wat sünd Se flink op de Been vundaag!
Nu man sinnig. Se sünd ja ganz ut de Puust!
Se lacht as en junge Deern.

DE FOFFTIG PENNS

To'n Singen un Spelen: De Fofftig Penns – Ik mutt gor nix

1. Dat muttst du sehn hebben – nee mutt ik nich
   Dat muttst du leest hebben – nee mutt ik nich
   Dat muttst du proberen – nee mutt ik nich
   Dat muttst du demonstreren – nee mutt ik nich
   Dor muttst du ringahn – nee mutt ik nich
   Dor muttst du doch up stahn – nee mutt ik nich
   Du muttst mit di harmoneren – nee mutt ik nich
   Du muttst mit spazeren – NEE MUTT IK NICH!

Ik mutt gor nix bit op slapen, drinken, aten un nöken
Un mi sülvst un ganz alleen mien egen Regeln söken
Ik mutt gor nix bit op slapen, drinken, aten un nöken
Un af un an wat doon, is mi mal dat Fell an't Jöken
Ik mutt gor nix bit op slapen, drinken, aten un nöken
Un mi sülvst un ganz alleen mien egen Regeln söken
Ik mutt gor nix bit op slapen, drinken, aten un nöken
Is mi dat Fell an't Jöken mutt ik even de Been rögen.

2. Dor muttst du unbedingt mal hen – nee mutt ik nich
   Du muttst se ween de Winnerin – nee mutt ik nich
   Dat muttst du doch verstahn – nee mutt ik nich
   Dat muttst du ok mal anners doon – nee mutt ik nich
   Dor muttst du över nadenken – nee mutt ik nich
   Du muttst di ok mal aflenken – nee mutt ik nich
   Dor muttst du afsluuts op töven – nee mutt ik nich
   Dat muttst du wedder trechtbögen – NEE MUTT IK NICH!

De 't mag, de mag 't, un de 't nich mag, de mag 't denn woll nich mögen.

noch mal: Ik mutt gor nix bit op slapen, drinken, aten un nöken...
...
IK MUTT GOR NIX!!!

Wohrschau! Düt is en Stück Rap. Wat dat heten deit? Ganz eenfach: Dat is Snack-Musik. Noten gifft dat to düt Leed keen. De Fofftig Penns bruukt dor keen Arranschemang för.

Probeert dat doch ok mal ut: De een fangt an – un de anner gifft Antwoort.
Denk di (mit de annern tohoop) en ne'e Stroph ut – jümmers twee Regen mööt sik riemeln.

38. Schüddelrobben, Swanenhäls

„De Swanenhals", is Robert midden in dat Verkloren vun technische Saken, „de sitt also so in den ünnersten Deel vun de Bilsch, ganz achtern. Seggt wi mal, dor!" He wiest mit sien Finger na ünnen hen, man ik kiek nich reell hen, blots so in de Richt. Ik will mi mit Emme drapen. Un ik mutt vördem noch annerweerts op daal.
Robert pruckelt rüm un snackt un snackt.
Ik höör: „De Motor puust dat Köhlwater dörch den Utpuff rut, dat dämmt toglieks den Schall, so en Boot schall ja keen Mofa ween. Aver dor dröff ja keen Seewater vun achtern in den Motor rin drücken, wat bi achterliche Wellen angahn kunn. Dor sitt dor de Swanenhals, dor fangt sik dat Water in den Knick. Un all dat Water, wat sik in den Swanenhals sammeln deit, warrt, wenn de Motor löppt, mit Druck wedder rutsmeten. Kapeert, Thadde?"
He kickt kuum na mi hen.
„Kiek, Thadde, halfwegs so süht dat ut", tekent he gau mit sien Kried ut de Büxentasch op de Klapp vun den Motorruum rop.
Ik nickköpp. Slaue Idee. Echt wohr. Aver begriepen do ik nix.
Wi fangt an, dat Deel intosetten, wat Ma un MF in den Spezialkoopladen an Land afhaalt hebbt. Ik heff doch nich so veel Lust, dor mit an to warken, as ik dacht heff.
„Schall ik nich al na de Höhner gahn? Un denn wieder hölpen?"
Ma kickt Robert an. De töövt en lütten Ogenblick, tuckst mit de Schullern un seggt: „Loop man los, Thadde. Kannst di ja ielen."
Ik raas los.
In de Büxentasch heff ik mien Taschengeld. Ik hebb ornlich wat anspoort, denn hier an Boord geev ik nich alltoveel Geld ut. Un dat Handy is meisttiets nich an.
Ik will na den Laden, woneem de Robben Lollies un Sünnenbrillen verköpen doot.
Ik bruuk wat för Emme. Falls wi op eenmal los mööt. Dor in den Laden, heff ik sehn, gifft dat so feine Sneekugeln, dörsichtig un blau in den Achtergrund, wenn du de schüddelst, denn sneet dat op twee Robben, de liggt an en Strand mit Musseln dorop. De Snee is witt un sülvern toglieks, dat gifft en Sneestövern, un wenn de Snee sik setten deit, denn sünd de beiden wedder dor, in de Sünn. Un de een Robb hett sik so en beten opstellt, op ehr Flossen, un de hett op ehr Snuut en Ball op sitten.
Kitschig, kloor. Aver doch beter als Söötkraam. Un en Droomfanger kann ik ja nu nich boen.
Wenn de Robbenverköpers mi fragen doot, of ik blaue, gröne oder rode Poppeer will, denn nehm ik Gröön. Oder Root. Keen Blau. Dat süht to koolt ut.
Ik nehm gröne Poppeer, dat passt to den Strand.
Dat kann ik Emme geven, wannehr wi losreisen mööt, un seggen, se schall dat eerst apenmaken, wenn ik nich mehr to sehn bün.
Annerthalf Stünnen later hebbt wi den Swanenhals binnen, de Motor löppt, Robert will even en Tuur rut ut den Haven un tosehn, of nu allens sitt as dat mutt. Ma geiht de Höhner halen, un sik bi de Lüüd bedanken. Dat weer woll al lang besnackt mit de Lüüd, de de Höhner opnahmen hebbt.
Woso heff ik dat nich mitkregen?
Ma will vundaag noch de Höhner wedder in den Käfig doon???
Un mit de Schuuvkoor in den Haven bringen??
Aver vundaag geiht dat doch noch nich af?
Ik kaam na, heff ik seggt. Ik will even Emme Bescheed seggen. Wi köönt ja woll bi de Höhner

midden	mitten
rumpruckeln	herum-fuhrwerken
nickköppen	(mit dem Kopf) nicken
begriepen	begreifen
rasen	schnell laufen
Sünnenbrill	Sonnenbrille
tucksen	zucken
Sneestövern	Schnee-gestöber
Söötkraam	Süßigkeiten
Droom-fanger	Traumfänger

in't Tütern kamen	durcheinander geraten
Blarrklump	Heulkloß
opsetten	aufsetzen
kotthannig	kurz und bündig
Kluntjes	Kandisstücken
Middagstiet	Mittagszeit
afleggen	ablegen
inpacken	einpacken
toschick kriegen	bewältigen, auf die Reihe kriegen
tüffelig	einfältig, dumm
Regentüüch	Regenkleidung
blisterig	aufgewühlt, unruhig, verwirrend
inwickeln	einwickeln
utpacken	auspacken
Slaapsteed	Schlafstelle
verkrupen	verkriechen

hölpen. Un ik heff noch wat för de Höhnerlüüd inköfft.
Ik loop na Simon un Emme jümehren Steg. Dat fangt an to regen.

Emme packt. Twee grote Taschen staht al vör de Trepp na buten.
„Ey, Emme, wat...?" Man ik kaam in't Tütern. Heff ik mi kumplett versehn? Allens verpasst? Wat is los?? Ik versöök, rünner to sluken, aver dor sitt al en Blarrklump in mien Hals.
Simon hett jüst Tee opsett. „Sett di hen, Thadde", seggt he un stoppt mi kotthannig op de Bank. Rupps, heff ik ok al en hitten Tee mit heel veel Kluntjes vör de Nees. Gau en Sluck, denn mutt ik nich an dat anner Geföhl denken, wat mi in'n Nacken kleevt.
Emme kickt mi nich an. Smitt wieder Saken tohoop. Nu geiht dat allens ahn uns togang. Mien Puckel föhlt sik an as koolt Holt, dat sik smeten hett.
Simon maakt mi slau. Emme ehr Mudder hett anropen, se schall gau na Huus. Jichtenswat is. Dat Fährschipp, wat noch vör de Middagstiet afleggen warrt, mutt se kriegen. Ik schuuv mien Geschenk över den Disch. Emme drückt dat kott an sik, denn warrt dat inpackt, bi all de annern Saken.
Ik holl mi an mien Teeputt fast. Wieder krieg ik nix toschick. Wat tüffelig.
Mag ween, dat keem vun den Regen an den Dag, dat ik de Gestalt op dat Deck vun dat grote, witte Fährschipp nich kloor mehr kennen kunn. Ik heff wunken un wunken, un de Arm in dat dicke Regentüüch dor achtern, op dat natte Deck, de hett torüch wunken un torüch wunken. En poor vun de roden Hoor keken natt ünner de Kapuuz rut. Blisterig, so as allens an düssen Dag.
Ik dach noch, dat de Höhner afdeckt warrn müssen, un wannehr wi woll to Huus ankemen.
De Regendrüppen, de in mien Gesicht hendaal lepen, weren warm un soltig. Emme hett ehr Geschenk för mi in rode Poppeer inwickeln laten.
„Dat kannst du utpacken, wenn du mi nich mehr sehn kannst. Aver eerst denn."
Ik glööv, ik heff nich mal schönen Dank seggt oder annerswat. Ik harr doch düssen groten Klumpen in mien Hals.
As ik dat utpacken dee, an Boord, in mien Slaapsteed verkrapen, un dat Sneestövern sik leggen dee, seten dor twee Robben in de Sünn. Un gröten mi vun Emme.

ut: **Birgit Lemmermann**
„Ebbe un Hehn"
mehr op Siet 174

Lösungen

Lösungen

Stremel 1 > Gröten - Vörstellen - Tallen

1. Wo geiht di dat?

Allerbest! / Dat geiht mi goot. / Dat kunn nich beter gahn. / Kunn beter gahn. / Geiht so. / Mutt ja.

2. To'n Afscheed

Tschüüs! / Laat jo dat goot gahn. / Kaamt goot na Huus! / Bet anner Mal! / Maakt dat goot!

3. Segg an: Wat weetst du vun de Lüüd?

1. Holger wahnt in Lümborg.
2. He hett dree Kinner.
3. He is fiefunveertig Johr oolt.

4. Anne leevt in Hamborg.
5. Se is negenuntwintig Johr oolt.
6. Se leest geern Böker, singt veel, un geiht sünnavends faken to'n Danzen.

7. Nils is Schoolmeester.
8. He is in Lübeck op de Welt kamen.
9. Nils kickt geern Filme an, op't leefst Krimis.
10. Gesine kann keen Platt snacken. Ehr Öllern hebbt tosamen un mit anner Lüüd Platt snackt, man nich mit ehr.

11. Nee, Gesine hett twee Kinner: een Söhn un een Dochter.
12. Gesine wahnt mit ehr Familie in Kiel.
13. Nee, Beke interesseert sik mehr för Spraken as för't Malen.

14. Nee, se wahnt in Bremen.
15. In twee Johr will Beke na Neeseeland.

4. Haal de Wöör an de richtige Steed!

1. Du büst ut Bremen.
2. Ji sünd ut Neddersassen.
3. Wi sünd ut Düütschland.
4. He is ut Lübeck.
5. Se sünd ut Dithmarschen.
6. He hett dree Kinner.
7. Se hett en Hund.
8. Ji hebbt twee Katten.
9. Se warrt 35 Johr oolt.
10. Du warrst bald en Reis maken.

5. Segg mi dat / Schriev dat op: Vertell wat vun di un Lüüd, de du kennst!

So köönt de Sätz to'n Bispeel utsehn:

1. Se is veertig Johr oolt un hett vele Böker.
2. Wi sünd ut Bremen un hebbt en Dochter un en Söhn.
3. Du büst verheiraadt un hest en groten Goorn, en Hund un twee Katten.

6. Bi de Verben is wat verkehrt lopen. Sett de üm:

1. Ik heet Hansen un segg Moin.
2. He wahnt in Bremen un speelt Football.
3. Wi vertellt den ganzen Dag.
4. Se snackt Platt.
5. Wi maakt en Maalkurs.

7. Haal den richtigen Artikel her!

1. Ik seh den Mann.
2. Anne snackt mit dat Kind.
3. Du sühst de Fro ut den Danzkurs.
4. Nils leest en Krimi.
5. Gesine maalt en Fohrrad.
6. Nils steiht an den Diek.
7. Holger danzt mit de Süster vun Beke.

8. Sett de Wöör in!

	arbeiden	fohren	dreihen	vertellen	spelen	wiesen
ik	arbeid	fohr	dreih	vertell	speel	wies
du	arbeidst	fohrst	dreihst	vertellst	speelst	wiest
he/se/dat	arbeidt	fohrt	dreiht	vertellt	speelt	wiest
wi/ji/se	arbeidt	fohrt	dreiht	vertellt	speelt	wiest

9. Wat passt?

1. Ik lees geern Krimis.
2. Wi sünd twintig Johr verheiraadt.
3. Ik bün ut Bayern.
4. Du fohrst en VW.
5. Ji maakt en lange Reis.
6. Wi danzt Walzer.

10. Maak Sätz mit de Verben!

So köönt de Sätz to'n Bispeel utsehn:

1. Ik heet Meier.
2. Mien Fro snackt al en beten Platt.
3. Dat Kind vertellt dumm Tüüch.
4. Wi wahnt in Hamborg.
5. Mien Vadder snackt to veel.
6. De Familie heet Meier.
7. Beke maakt nix.
8. Mudder liggt an'n Diek.

11. Schriev dat op: Mannslüüd un Froenslüüd – wat fehlt?

Mannslüüd	Froenslüüd
Vadder	1. Mudder
2. Broder	Süster
Jung	3. Deern
4. Mann	Fro
Koopmann	5. Koopfro
Söhn	6. Dochter
7. Grootvadder	Grootmudder
Naver	8. Naversch
9. Unkel	Tant
10. Herr	Daam

12. Segg mi dat: Wokeen is dat?

1. mien Vadder
2. mien Vadder oder mien Unkel
3. mien Süster
4. mien Broder oder mien Kuseng
5. mien Broderdeern

14. Dat kann ik in'n Kopp utreken!

150 un 160 sünd dreehunnertteihn.
1000 weniger 500 sünd fiefhunnert.
Twölf mal twee sünd veeruntwintig.
144 dörch 12 sünd twölf.
100 weniger 88 sünd twölf.
1 Million weniger 1 sünd negenhunnertnegenunnegentigdusend-negenhunnertnegenunnegentig.
17 un 88 sünd hunnertfief.
20 dörch 5 sünd veer.
Dree mal dree sünd negen.
47 un 10000 sünd teihndusendsövenunveertig.
33 un 44 sünd sövenunsöventig.
100 un 100 sünd tweehunnert.
Fief mal acht sünd veertig.
8 dörch 2 sünd veer.
13 un 5 sünd achtteihn.
21 dörch 7 sünd dree.
35 dörch 7 sünd fief.
1032 un 500 sünd dusendfiefhunnerttweeundörtig.
Veer mal söven sünd achtuntwintig.

15. Reken dat ut: Stück för Stück

acht un föffteihn weniger fief dörch söss mal twölf = sössundörtig
söven weniger dree mal fiefuntwintig dörch twintig un twee = söven

16. Segg an: Wat köst dat?

Een Liter Melk köst fiefunachtig Cent.
Een Broot köst dree Euro un achtig Cent.
En half Pund Botter köst een Euro un dörtig Cent.
Fief Appeln köst een Euro un negentig Cent.
Een Koort för dat Kino köst acht Euro un föfftig Cent.
Een Pund Kaffe köst veer Euro un söventig Cent.
Een Buddel Rum köst söven Euro un negenunnegentig Cent.
Een Liter Sprit köst een Euro un tweeunföfftig Cent.

17. Vertell mi dat: Meten un wegen

So köönt de Sätz to'n Bispeel utsehn:

1. Ik weeg 65 Kilo.
2. Ik bün een Meter tweeunsöventig groot.
3. En Kilo Botter köst fief Euro un twintig Cent.
4. Teihn Sack Zement weegt tweehunnertföfftig Kilo.
5. Mien Huus / Wahnung hett 75 Quadraatmeter.

18. Fraag dien Naver. Schriev de Antwoorden op!

1. Wi hebbt dat Johr (to'n Bispeel) Tweedusendnegenteihn.
2. dusendveerhunnertveertig
3. En Pund Solt hett fiefhunnert Gramm.
4. En Sack Kantüffeln hett (to'n Bispeel) fief Pund.
5. Mien Fohrrad hett (to'n Bispeel) veerhunnert Euro köst.
6. Tweeuntwintig Footballspelers sünd op den Platz.
7. To en goden Pannkoken höört (to'n Bispeel) veer Eier.
8. De letzten Olympischen Spelen weren (to'n Bispeel) Tweedusendsössteihn.
9. De tokamen Bunnsdagswahl is (to'n Bispeel) Tweedusendeenuntwintig.
10. In Düütschland wahnt so üm un bi eenunachtig Millionen Lüüd.

19. To'n Vörlesen, to'n Singen – un to'n Översetten:

2. Jeden Tag zweimal läuft die Flut dort auf, über's Watt und Vorland, steigt am Deich empor und über die Krone, spült und wühlt um Pfahl und Steg, läuft dann ruhig wieder ab, jeden Tag.
3. Meine Leute gehen ihren stillen, sturen Gang, was sie wollen, nehmen sie in Angriff, halten ihr Wort und stehen ihren Mann, nur was ihnen auf dem Herzen liegt, sagen sie nicht – sagen sie nicht, meine Leute.
4. Wo ich herkomme, ist das Land so frei und weit, wächst das Gras und blüht der Klee, riecht die Luft nach Salz und See, glänzt das Wasser, raschelt Reet, fliegen die Wolken vorbei, weht der Wind, wo ich herkomme.

20. To'n Högen: Wat is hier woll meent?

APPELDWATSCH (albern, unsinnig)

1. Wat ittst du geern to't Fröhstück? Un wat magst du gor nich eten?

So köönt de Sätz to'n Bispeel utsehn:

Ik eet geern en Rundstück mit Botter un Kees. Mien Ei mag ik nich to hatt un in mien Kaffe mutt veel Melk.

3. Wat is richtig?

1. geel
2. root
3. Hahn
4. Staat
5. twee Naams
6. freten
7. Diek
8. Söhn

4. Wannehr maakst du wat?

So köönt de Sätz to'n Bispeel utsehn:

1. De Post kümmt so üm un bi Klock negen.
2. Vundaag heff ik Klock halvig een Middag eten.
3. In England drinkt de Lüüd Klock fief Tee.
4. Ik maak Klock halvig fief Fieravend.
5. De Kinner mööt twintig vör acht na School.
6. De „Tageschau" gifft dat Klock acht avends in't Feernsehn.
7. Ik gah üm un bi Klock ölven an'n Avend na Bett.
8. De Geschäften maakt Klock halvig söven dicht. Man vele hebbt ok bet Klock acht apen.
9. De Hahn kreiht Klock fief an'n Morgen.

6. Segg dat op Platt un schriev dat op!

1. Klock acht eet ik geern Rundstück mit Wust un Marmelaad.
2. Mien Fründin steiht in't Vörjahr al twintig vör söven op.
3. In'n Harvst eet ik nienich Kees.
4. Middeweken mag ik geern Schink.
5. Middernacht slaap ik nienich.
6. Klock halvig dree drink ik geern en Tass Kaffe, viddel vör veer en Glas Melk.

7. Gesa steiht op

So köönt de Sätz to'n Bispeel utsehn:

1. Fief na söss waak ik op un denn stah ik ok op.
2. Fief Minuten later dusch ik un maak mi schier.
3. Klock halvig söven treck ik mi an.
4. Ik fröhstück viddel vör söven un gah Klock halvig acht ut't Huus.
5. Mit de Arbeit fang ik denn Klock acht an.

9. Regen un Sünnschien

1. In'n Sommer is dat warm un in'n Winter koolt.
2. 35 Graad – Wat is dat hitt vundaag.
3. Wiehnachten ahn Snee is för mi nix.
4. Laat uns bi den schönen Sünnschien na buten gahn.
5. Dat regent al den ganzen Dag lang un allens is natt.
6. De Wind weiht as dull, dat is al meist en Storm.
7. Wenn dat in'n Winter ieskoolt is, treck ik mi en Pullover un en dicke Jack an.
8. De Blomen sünd ganz dröög, wannehr regent dat blots mal wedder?
9. Eenmal dörch dat Johr: Vörjohr, Sommer, Harvst un Winter.
10. Regen un Wind: Dor seggt wi in'n Noorden Schietwedder to.

10. Haal de Wöör an de richtige Steed!

1. Laura driggt vundaag en witte Bluus un en swatte, lange Büx, dat süht smuck ut un is dat Richtige bi de Arbeit in't Büro.
2. Tohuus löppt se geern in kommodige Kledaasch rüm.
3. En Kleed driggt se blots af un an mal, wenn dat wat to fiern gifft.
4. Geern kickt se sik in de Koophüüs un Geschäften in de Stadt an, wat dat Ne'es gifft.
5. Güstern hett se sik en smucken Mantel köfft.
6. Ehr Mann hett seggt, dat passt gor nich to de dörtig Graad buten; en Baadantog weer nu in'n Sommer doch veel beter.
7. Man Laura meen, tokamen Winter steiht al vör de Döör.

12. Woans mutt dat heten?

1. Ik gah na Huus.
2. Du köffst di ne'e Schoh.
3. He deit dat nich.
4. Dat Kind röppt na sien Mudder.
5. Elke smitt dat Book in de Eck.
6. Wi schuuvt uns Auto.
7. Ji eet to Middag.
8. De Kinner slaapt bet Middag.

13. Wat passt?

	geven	ropen	stahn	schrieven
ik	geev	roop	stah	schriev
du	giffst	röppst	steihst	schriffst
he/se/dat	gifft	röppt	steiht	schrifft
wi/ji/se	geevt	roopt	staht	schrievt

14. Segg dat op Platt!

1. Mien Süster blifft vundaag to Huus.
2. Hans stött sik den Kopp.
3. Mien Unkel seggt jümmers: „Worüm striedt sik de Kinner?"
4. Se kümmt laat na School.
5. De Ball flüggt dörch de Luft.

Stremel 2

6. Dat Peerd lett sik nich rieden.
7. Sünndags vergeet wi de Arbeit.
8. Mien Naversch süht de Blomen in den Goorn.
9. De Katt krüppt ünner den Busch.
10. De Lehrer slütt de Döör op.

To'n Vörlesen, to'n Singen – un to'n Översetten:

1. Klein Martin der Hase, der machte sich einen Spaß,
   er war am Studieren, das Tanzen zu lernen,
   und er tanzte ganz allein auf den Hinterbeinen.
2. Da kam Reineke der Fuchs und dachte: Was für ein Mahl!
   Und er sagt: Klein Martin, so flink auf den Pfoten?
   Und tanzt hier allein auf den Hinterbeinen?
3. Komm lass uns zusammen tanzen! Ich kann es wie die Dame!
   Die Krähe, die spielt Geige und dann geht es lustig zu,
   dann geht es schön auf den Hinterbeinen!
4. Klein Martin gab ihm die Pfote. Der Fuchs biss ihn tot
   und setzte sich in den Schatten und verspeiste den Kleinen
   Martin: Die Krähe, die bekam eines von den Hinterbeinen.

Stremel 3 > Inköpen – Kaken – Eten un Drinken

1. Holger köfft in

So köönt de Sätz to'n Bispeel utsehn:

1. Lang töövt Holger nich: He is vundaag de Eerste, de bi den Marktstand wat inköfft.
2. Dat steiht nich op Holger sien Zettel op: twee Kilo Tomaten un een Kilo Bickberen.
3. He köfft en Bund Petersill un en Bund Snittlook.
4. Holger hett blots en Hunnert-Euro-Schien un de Verköpersch hett noch nich so veel Lüttgeld.
5. Holger schall na en Bank gahn un sik lütte Geldschiens halen. Denn kann he ok betahlen.

2. Wat för en Woort fehlt?

För wat bruukt wi so veel Kantüffeln, Holger?
Un mit wat wullt du den maken?
Över / vun wat hebbt wi denn güstern snackt? Wi hebbt doch keen Appeln mehr.

8. Översett düsse Snacks:

Op en vullen Buuk steiht en lustigen Kopp. >
Auf einem gefüllten Bauch sitzt ein lustiger Kopf.

Op is satt. > Aufgegessen ist satt.

En goot Fröhstück is beter as den ganzen Dag nix. >
Ein gutes Frühstück ist besser, als den ganzen Tag nichts.

Stremel 3

Ik wull, dat all Daag Sünndag weer, un Eten un Drinken mien Handwark. > Ich wollte, es wäre alle Tage Sonntag und Essen und Trinken mein Handwerk.

Dat hett mi goot smeckt, blots de Aptiet is mi dorvun vergahn. > Das hat mir gut geschmeckt; nur der Appetit ist mir davon vergangen.

Wenn Eten un Drinken man goot sünd, mit de Arbeit köönt wi uns behölpen. > Wenn Essen und Trinken gut sind, dann können wir uns mit der Arbeit behelfen.

Dor weet blots twee Lüüd, wat dor binnen is: De Kock un de leve Gott! > Bloß zwei Leute wissen, was drinnen ist: der Koch und der liebe Gott!

To'n Vörlesen, to'n Singen – un to'n Översetten:

1. Juche, lustig, sagt er, ich bin Koch, sagt er,
   trinke auch gern, sagt er, ein Glas Grog.
   Fahre zur See, sagt er, zwanzig Jahre, sagt er,
   bin auch immer, sagt er, glücklich gefahren.
2. Gelbe Erbsen, sagt er, koche ich weich, sagt er,
   rühre sie immer, sagt er, kräftig durch.
   Ein Stück Speck, sagt er, ziemlich groß, sagt er,
   schmeckt auf See, sagt er, wirklich gut.
3. Mache ich Klöße, sagt er, so wie immer, sagt er,
   spucke ich erst, sagt er, in die Hand.
   Dann rolle ich sie, sagt er, kugelrund, sagt er,
   die schmecken gut, sagt er, sind gesund.
4. Wenn ich koche, sagt er, für den Kapitän, sagt er,
   mache ich alles, sagt er, sauber und rein.
   Mit einem Strumpf, sagt er, wische ich aus, sagt er,
   erst die Schüssel, sagt er, dann den Topf.
5. Für das Quartier, sagt er, sorge ich auch, sagt er,
   denn ich bin, sagt er, ziemlich klug.
   Gutes Futter, sagt er, und auch satt, sagt er,
   und den Rest, sagt er, kriegt die Katze.
6. Doch eine Sache, sagt er, ist dabei, sagt er,
   dass ich sorge, sagt er, auch für mich.
   Für meine Mühe, sagt er, für meinen Fleiß, sagt er,
   lege ich ein bisschen, sagt er, an die Seite.
7. Und so fahre ich, sagt er, immerzu, sagt er,
   komme ich mal, sagt er, zu meiner Frau,
   zeige ich ihr, sagt er, wie man kocht, sagt er,
   und wie Seeleute, sagt er, es sonst machen.

Stremel 4 > Lüüd un Saken beschrieven

1. Sett dat richtige Adjektiv in!

1. Wenn een nix in den Kopp hett, is he dösig.
2. De Kantüffeln sünd trecht. Se sünd goor.
3. Den Keerl kannst bruken. He arbeidt fix / gau.
4. He kümmt goot mit in de School. He is flietig / plietsch.
5. Ehr geiht dat nich goot. In't Gesicht is se ganz bleek.
6. De Deern kann knapp över den Disch kieken. Se is man lütt.
7. Grootmudder hett al griese Hoor, se is al oolt.
8. In Noorddüütschland sünd vele Köh swatt-bunt.
9. Woneem sünd mien Handschen? Buten is dat koolt.
10. He gifft nich veel Geld ut, he is giezig.
11. Se itt nich allens, se is krüüsch.
12. Wenn he sik opreegt, warrt he füünsch.
13. Keen Tiet, keen Tiet, se hett dat hild.

2. Kledaasch in all Farven

1. En gröön Hemd passt allerbest.
2. Man ik bruuk noch en witt Hemd.
3. En griese Hoot fallt nich op.
4. Ik heff noch en blauen Hoot.
5. Dat rode Halsdook hett en Lock.
6. Ik binn mi mien gele Dook üm.

3. Wat finnst du beter?

1. Wat för en Mantel finnst du beter, den gelen oder den brunen?
2. Wat för en Jack finnst du beter, de gröne oder de witte?
3. Wat för en Mütz finnst du beter, de lütte oder de grote?
4. Wat för en Pullover finnst du beter, den engen oder den wieden?

4. Wat hebbt de Lüüd vundaag an?

1. Se driggt en blauen Rock mit en gröne Bluus.
2. He driggt swore Schoh mit dicke Strümp.
3. Se driggt en düüsteren Rock mit en root T-Shirt.
4. De Fro driggt en witt Kleed un en blaue Jack.
5. De Mann driggt en vigelette Büx mit gele Schoh.

8. Kennst du dat Gegendeel?

1. witt - swatt
2. groot - lütt
3. fründlich - gnadderig
4. plietsch - dösig
5. breet - small
6. oolt - jung
7. schier - schietig
8. koolt - warm / hitt
9. klook - dösig
10. riek - arm
11. slecht - goot
12. sööt - suer
13. fix - langsam / sinnig

9. Wi vergliekt

De Zitroon is surer as de Banaan.

En half Pund Botter is dürer as een Ei.

De Kassbeer is lütter as de Ananas

De Honnig is söter as de Wust.

10. Wokeen is de Gröttst?

1. Wie alt ist Peter? > Wo oolt is Peter?
2. Neunzehn. > Negenteihn.
3. Und Kurt? > Un Kurt?
4. Kurt ist zwanzig. > Kurt is twintig.
5. Dann ist er älter als Peter. > Denn is he öller as Peter.
6. Und wie alt ist Hans? > Un wo oolt is Hans?
7. Er ist am ältesten, er ist zweiundzwanzig. > He is de öllst / an'n öllsten; he is tweeuntwintig.
8. Und wie groß ist Peter? > Un wo groot is Peter?
9. 1,75 m. > Een Meter fiefunsöventig.
10. Und Kurt? > Un Kurt?
11. Kurt ist 1,82 m. > Kurt is een Meter tweeunachtig.
12. Dann ist er größer als Peter. > Denn is he grötter as Peter.
13. Und wie groß ist Hans? > Un wo groot is Hans?
14. Er ist am größten, er ist 1,85 m. > He is de gröttst / an'n gröttsten; he is een Meter fiefunachtig.

11. Wo is dat böös natt un wo asig hitt?

So köönt de Sätz to'n Bispeel utsehn:

1. In Frankriek is dat natter as in Italien, man warmer as in Luxemborg.
2. In Däänmark is dat an'n koolsten, man nich so natt as in Luxemborg.
3. In Italien is dat an'n warmsten und an'n dröögsten.
4. In Luxemborg is dat natter as in Düütschland, man en lütt beten wat warmer.

12. Twee sünd mehr as een

1. De Frünnen speelt mit den Ball.
2. De Swien wöhlt in de Eer.
3. De Biller hangt scheef an de Wand.
4. De Deerns speelt faken Koorten tohoop.
5. De Timmerlüüd sett den Dackstohl op dat Huus.
6. De Köh staht op de Wisch.
7. De Bänner hoolt dat Pakeet tohoop.
8. De Büdels sünd vull mit Eten un Drinken.
9. De Glöös sünd al wedder leddig.
10. Twee Knööp vun sien Hemd sünd apen.
11. Dree Stöhl staht üm den Disch rüm.
12. Veer Löcker sünd in sien Strümp.
13. De Straten sünd in'n Winter böös glatt.
14. Op de Wischen staht Köh un Peer.
15. De Leder sing ik so geern.

Stremel 4

13. Wokeen kriggt de Appeln?

1. Die Eltern geben den Freunden die Bücher. >
   De Öllern geevt de Frünnen de Böker.
2. Die Nachbarn schenken den Kindern Äpfel. >
   De Naverslüüd schenkt de Kinner Appeln.
3. Die Bäume haben schöne Farben. >
   De Bööm hebbt schöne Farven.
4. Viele Fragen brauchen viele Antworten. >
   Vele Fragen bruukt vele Antwoorden.
5. Sie wollen Tische und Stühle kaufen. >
   Se wüllt Dischen un Stöhl köpen.

To'n Vörlesen, to'n Singen – un to'n Översetten:

1. Dass du mein Liebster bist, das weißt du wohl.
   Komm in der Nacht, komm in der Nacht, sag, wie du heißt.
2. Komm du um Mitternacht, komm du um ein Uhr.
   Vater schläft, Mutter schläft, ich schlafe allein.
3. Klopfe an die Zimmertür, fasse die Klinke an.
   Vater meint, Mutter meint: Das macht der Wind.
4. Wenn dann der Morgen graut und der Hahn kräht.
   Liebster mein, Liebster mein, du musst nun gehen.

Stremel 5 > Mien Tohuus

3. Een Tall – een Bookstaav

1. Dor maak ik mi dat Eten trecht: Köök
2. In de Nacht bün ik dor: Slaapstuuv
3. Mehl, Solt, Kantüffeln un Appeln heff ik dor: Spieskamer
4. Mien Feernseher steiht dor: Wahnstuuv
5. Dor putz ik mien Tähn: Baadstuuv
6. Wat schullst du nicht vergeten, wenn du ut't Huus geihst? Slötel

4. Mit wat köönt düsse fief Lüüd allerbest ümgahn?

In den K E L L E R geiht Beke gor nich geern: Dor ist dat düüster, schietig un koolt.
Sünndag sitt Anne faken in den S C H A U K E L S T O H L un leest en Krimi.
Eenmal de Week speelt Holger bi sik to Huus mit sien Kollegen Skaat an'n K Ö K E N D I S C H.
An'n Avend kickt Gesine jümmers na: Is de H U U S D Ö Ö R ok würklich afslaten?
Egens schull Nils sien S C H R I E V D I S C H mal wedder oprümen: Popperen, Reken, Breven – liggt allens dörchenanner.

Lösungswort: KLÖÖR

Stremel 5

6. Hier ist wat verkehrt lopen

1. De Blomenvaas steiht op den Disch.
2. Dat Bild hangt an de Wand.
3. De Stohl steiht vör / blangen den Disch.
4. Dat Regaal steiht blangen dat Schapp.
5. De Blomenputt steiht vör / achter de Gardinen.

8. In de ne'e Wahnung

1. Der alte Schrank passt nicht in die Ecke.
2. Das neue Bett geht gerade so durch die Tür durch.
3. Das grüne Sofa von Oma sieht immer noch hübsch aus.
4. Die Holzstühle können wir für drinnen und draußen gebrauchen.
5. Stell dat lütte Schapp in de linke Eck! Dat süht goot ut.
6. De brede Disch kümmt blangen den ne'en Kökendisch an de Wand.
7. Schüllt wi Vörhäng oder Gardinen vör de Fenstern hangen?
8. Woneem schüllt wi den Schaukelstohl blots henstellen?

9. Wat för'n Arbeit mit de Tapeten!

1. Heiko, röhr den Kliester an!
2. Luise un Anne, meet de ne'en Tapeten ut un sniedt jüm af!
3. Paul, smeer de Tapeten mit Kliester in!
4. Hanna un Niklas, backt de Tapeten an!

10. Veel to doon

1. Mit de Knieptang treck ik den Nagel rut.
2. Mit de Saag saag ik de Footliest dörch.
3. Mit den Schruventrecker dreih ik de Schruuv in't Regaal rin un wedder rut.
4. Mit den Tollstock meet ik den Ruum för den Teppich ut.
5. Mit de Bohrmaschien bohr ik en Lock för de Lamp in de Deek.
6. Mit den Pinsel maal ik dat Fenster witt.
7. Mit den Kliester back ik de Tapeet an de Wand.

13. Huusarbeit: Wat mutt, dat mutt

1. Wi mööt oprümen.
2. Du dröffst den Koken eten.
3. Ji köönt mi bi't Afdrögen helpen.
4. De Söhn schall sien Stuuv oprümen.
5. De Naversch kann de Blomen geten.
6. De Dochter will hüüt nich na School gahn.
7. Wüllt ji nich mal de Fenstern putzen?
8. Na't Eten schall een sik de Tähn putzen.
9. Se dröfft bet Klock teihn an'n Avend Larm maken.

Stremel 5

14. Wat för en Modalverb passt?

So köönt de Sätz to'n Bispeel utsehn:

1. Paul un Anna mööt dat Book för de School lesen.
2. Sien Fro will Klock söven fröhstücken.
3. Sünndag köönt / dröfft ji lang slapen.
4. De Dokter seggt, ik schall / dröff nich so veel Beer drinken.
5. Wi dröfft hier nich smöken.
6. He kann jümmers noch nich swümmen.
7. Wi dröfft / köönt fröher na Huus gahn, seggt de Chef.

To'n Vörlesen, to'n Singen – un to'n Översetten:

1. An der Ecke steht ein Junge mit einem Tüdelband, in der anderen Hand ein Butterbrot mit Käse, wenn er nur nicht mit den Beinen durcheinander kommt, und da liegt er auch schon lange auf der Nase. Und er schlägt mit dem Kopf gegen den Kantstein und er beißt sich ziemlich heftig auf die Zunge. Als er aufsteht, sagt er: „Hat nicht wehgetan! Das ist ein Klacks für so einen Hamburger Jungen!"

   Refrain: Klauen, klauen, Äpfel wollen wir klauen, ruckzuck über den Zaun, ein jeder aber kann es nicht, denn er muss aus Hamburg sein.

2. An der Ecke steht ein Mädchen mit einem Eierkorb, in der anderen Hand eine große Flasche Rum, wenn sie nur nicht mit den Eiern auf das Pflaster segelt, und da macht es auch schon bum bum. Und sie wirft die Eier und den Rum zusammen und sie sagt: „So einen Eiergrog, den hab ich gern!" Als sie aufsteht, sagt sie: „Hat nicht wehgetan! Das ist ein Klacks für so ein Hamburger Mädchen!"

Stremel 6 > Gesund un krank

2. Wenn…, denn…

1. Wenn ik dat Been braken heff, denn kann ik nich lopen.
2. Wenn ik Hoost un Snööv heff, denn drink ik hitten Tee.
3. Wenn se mi de Mandeln rutnahmen hebbt, denn eet ik Ies.
4. Wenn ik dat mit'n Maag heff, denn eet ik Tweeback.
5. Wenn mi swiemelig is, denn legg ik de Been hooch.

3. Wat is dat för en Körperdeel

Dor kannst du mit danzen, lopen un hüppen: Fööt
In de Nacht sünd se dicht: Ogen
Dor steihst du mit op de Eer: Been
Dat du to veel eten hest, markst du doran: Buuk
Dor kannst du mit wiesen un Klaveer spelen: Finger
Dor höörst du den Larm vun de Welt mit: Ohren
För den Kock un de Kööksch is de heel wichtig: Tung

Stremel 6

4. Wat passt hier nich rin?

Arm, Tähn, Fuust, Wiesfinger
Mund, Hoor, Ogen, Foot
Ohr, Rüch, Buuk, Bost
Töhn, Foot, Hand, Been

7. Wokeen höört dat to?

1. Dat is Lena ehr rode Kugelschriever. / Dat is Lenas rode Kugelschriever. / Dat is de rode Kugelschriever vun Lena.
2. Dat is Oma ehr gele Jack. / Dat is Omas gele Jack. / Dat is de gele Jack vun Oma.
3. Dat is Helge un Hanna jümehr lütte Huus. / Dat is Helges un Hannas lütte Huus. / Dat is dat lütte Huus vun Helge un Hanna.
4. Dat is jümehr Speeltüüch. / Dat is dat Speeltüüch vun jüm.
5. Dat sünd uns Kinner. / Dat sünd de Kinner vun uns.

8. Meist all sünd se krank

1. Nils hett sik sien linke Been braken.
2. Britta höört nix mehr op ehr rechte Ohr.
3. Gesche un Wenke vertellt, dat jümehr Vadder in't Krankenhuus liggt.
4. Man jümehr Mudder un jümehr Bröder geiht dat goot.
5. Uns Kinner mööt na'n Tähndokter.
6. Ju Kinner hebbt Fever un mööt to Huus blieven.

13. Wat mööt wi doon? Wat dröfft wi nich doon?

1. Wenn ik nervöös bün, schall ik lever Yoga maken un villicht op't Water kieken. Computer spelen dröff ik denn nich.
2. Wenn mien Maag wehdeit, schall ik lever Krüdertee drinken. Op- un daalhüppen dröff ik denn nich un en Seereis schall ik lever ok nich maken.
3. Wenn ik nich slapen kann, schall ik lever en Höörbook anhören un villicht in de Baadwann gahn. Över Probleme nadenken dröff ik denn nich.
4. Wenn mien Kopp wehdeit, schall ik lever na buten gahn un villicht en Espresso mit Zitroon drinken. Singen un danzen dröff ik denn nich.

To'n Vörlesen, to'n Singen – un to'n Översetten:

1. Wo die Nordseewellen an den Strand schlagen, wo die gelben Blumen im grünen Land blühen, wo die Möwen hell ins Sturmgebrause schreien, da ist meine Heimat, da bin ich zu Hause.
2. Wellen und Wogen sangen dort mein Wiegenlied, und die hohen Deiche kennen meine Kinderzeit, kennen auch all meine Sehnsucht, all mein heißes Begehren, in die Welt zu fliegen, über Land und Meer.
3. Wohl hat das Leben all mein Verlangen gestillt, hat mir alles gegeben, was mein Herz nun erfüllt. Alles ist verschwunden, was mich quälte und trieb, hab auch das Glück gefunden, doch die Sehnsucht blieb.
4. Sehnsucht nach meinem lieben grünen Marschland, wo die gelben Blumen im grünen Land blühen, wo die Möwen hell in das Sturmgebrause schreien, da ist meine Heimat, da bin ich zu Hause.

3. Popcorn un rode Sesseln: Mal wedder in't Kino

1. Mien Fründ is leider to laat kamen.
2. Twee Tokiekers hebbt de ganze Tiet mitenanner snackt.
3. Dor hebbt wi uns düchtig över argert.
4. Man de Film hett uns allerbest gefullen.
5. Achteran hebbt wi noch en Beer drunken.

4. Wat is in Holthusen in'n Sommer passeert?

1. De Gemeenraat hett ja seggt to den Windpark.
2. De Schoolmeester hett en Goorn för de Schölers inricht.
3. De Kark hett en ne'e Theatergrupp grünnt.
4. De Landjugend hett dat Sommerfest op de Been stellt.
5. Twee Froenslüüd hebbt an den Dörpsplatz en Café opmaakt.
6. „Fortuna Holthusen" hett dat Footballturnier wunnen.

5. Inbrekers bi de Büx kregen

Holthusen. In de Nacht vun Sünndag op Maandag överfullen twee Mannslüüd, 26 un 28 Johr, de Tanksteed an de B5. Se harrn swatte Kledaasch an un en Strump över den Kopp. As de Verköper de beiden seeg, weer dat al to laat: Een vun de Inbrekers heel em en Pistool ünner de Nees. Dor harr de Verköper keen Schangs: He geev jüm dat ganze Geld ut de Kass. Bavento klauen de beiden Mannslüüd noch Zigaretten un Kööm. Denn lepen se so gau, as dat man jichtens geiht, weg. Man wat för en Tofall: En Naver harr dat Ganze sehn un reep foorts bi de Polizei an. De Schandarms weren fix dor un kregen de Inbrekers bi de Büx!

7. MarktTreff

1. MarktTreff ist ein Konzept, das für die Menschen auf dem Land erstellt worden ist.
2. Fröher geev dat op't Dörp en poor Ladens, en Bank un en Dokter.
3. Immer mehr Läden auf dem Land haben geschlossen.
4. Der MarktTreff ist eine neue Einrichtung, die vieles unter einem Dach zusammenbringt.
5. De Lüüd köönt dor wat to Eten un Drinken inköpen, en Paket afgeven un Bankgeschäften maken.
6. Im MarktTreff kann man auch zum Arzt gehen, es gibt Kulturnachmittage für die älteren Leute und es gibt jemanden, der auf die kleinen Kinder aufpasst.
7. De MarktTreff schall utricht warrn op dat, wat de Lüüd in't Dörp bruukt.
8. Und jetzt noch das Beste: Das Land gibt einen Zuschuss für das neue Gebäude.

To'n Vörlesen, to'n Singen – un to'n Översetten:

1. Ich wollte, wir wären noch klein, Johann, da war die Welt so groß! Wir saßen auf dem Stein, Johann, weißt du noch, bei Nachbars Brunnen. Am Himmel segelte der stille Mond, wir sahen wie er lief, und fragten uns, wie hoch wohl der Himmel wäre und wie tief wohl der Brunnen.
2. Weißt du noch, wie still das war, Johann? Da rührte sich kein Blatt am Baum, so ist es jetzt nicht mehr, Johann, höchstens noch im Traum. Ach nein, wenn da der Schäfer sang, allein im weiten Feld: Nicht wahr, Johann, das war ein Klang! Der einzige auf der Welt.
3. Mitunter in der Dämmerung, da wird mir so zu Mute. Dann läuft es mir so heiß den Rücken entlang, wie damals beim Brunnen. Dann drehe ich mich so hastig um, als wäre ich nicht allein. Doch alles, was ich finde, Johann, das ist: ich stehe und weine.

8. En Radel rund um't Dörp

1. Dörp	5. Windpark	9. Füerwehr
2. Wisch	6. Goorn	10. Kroog
3. Kark	7. Inbreker	11. Schüün
4. Gemeenraat	8. Landjugend	12. Trecker

9. Wat weetst du över Holthusen?

1. Woveel Frakschonen sitt in den Gemeenraat?
   P 3
2. Över wat mutt de Gemeenraat afstimmen?
   U Schall in de Gegend en Windpark inricht warrn?
3. Woneem drinkt de Lüüd an'n Avend geern jümehr Beer?
   H in'n Dörpskroog
4. Woneem speelt dat Stück, dat de Theatergrupp düt Johr opföhrt?
   E an de See
5. Wat stellt de Landjugend jümmers op de Been?
   I Sommerfest

Lösung:
In Holthusen gifft dat jümmers wat to fiern – Wat för en **PUHEI**!

3. För wat bruukt de Mischen egens Holt?

1. De Bleesticken, dat Book, dat Klederschapp oder dat Klaveer, all weren se mal en Boom.
2. Vör allen de Timmermann bruukt Breed, wenn he en Huus boot, man ok bi Brüchen oder anner Bowarken speelt Holt en grote Rull.
3. Jeedeen Minsch in Düütschland bruukt Johr för Johr mehr as 220 kg Snittholt vun Nadelbööm.
4. Dor warrt denn Stohl un Disch vun, man ok Treppen oder Dören. Alleen an Spaanplatten bruukt jeedeen Düütschen 125 kg dat Johr.
5. Dat meiste, wat in en Woold wassen deit, kriegt wi aver as Papp oder Poppeer in de Hand. Dat sünd üm un bi 250 kg för jeedeen, de hier tohuus is.
6. Vun de Visitenkoort över de Zeitung bet hen na den Kartong för Waschmiddel.
7. 2018 hebbt se in Düütschland 2,4 Millionen Tünnen Pellets to'n Inböten herstellt. In keen Land bruukt de Lüüd so veel Pellets as in Düütschland. Liekers wasst jümmers noch mehr Bööm na as afhaut warrt.
8. To knapp een Drüddel vun Düütschland kann man Woold to seggen.

4. Wat warrst du düssen Sommer in den Goorn maken?

1. Ik warr Kantüffeln planten.
2. Mien Mann warrt dat Blomenbeet ümgraven.
3. Uns Kinner warrt Eerdberen plücken.
4. Sünndags warrt wi ünner den groten Eekboom Tee drinken.
5. Warrt de Pingstrosen in'n Mai al blöhen?

5. De Tokunft mit warrn.

a) Morgen warrt he inköpen.
b) In de Ferien warrt wi na Helgoland fohren.
c) Ik warr di anropen, wenn ik mehr weet.
d) Wannehr warr ik wat vun di hören? – Ik warr di anropen.

7. Ferien op den Buernhoff – Wat för en Deert is hier woll meent?

Dat S W I E N is faken schietig as man wat. Avers sööt sünd de lütten F A R K E N ja doch. Wohrschau: Wenn de G O O S kiebig warrt, kann se mit ehren Snavel ornlich tobieten! Laat uns gau in den Stall kieken, vunnacht is en K A L F op de Welt kamen. Nu will ik aver utrieden. Is dat P E E R D al trecht?

Mien leefst Deert is dat S C H A A P – Vun sien Fell warrt Wull maakt, un dor knütt ik mi denn Strümp vun. Ik bün jümmers en beten bang, dat en lütt M U U S vörbi suust, wenn ik in den Stall bün. Wi wüllt Pannkoken backen un bruukt Eier. Goot, dat wi H Ö H N E R hebbt.

Lösung: Wat gifft dat op den Buernhoff Dag för Dag to drinken?
F R I S C H E M E L K

8. Översett vun Hooch na Platt

1. In'n Goorn wasst keen Blomen nich.
2. An't Huus staht keen smucke Planten nich.
3. Op den Weg wasst nix (nich).
4. Vör dat Finster schall nix nich stahn.
5. Twüschen de Bööm wasst keen Gras nich.

9. Nee seggen un vun de Tokunft snacken

1. He snackt nich geern mit anner Lüüd nich.
2. Mit de Kiewitten kriggt he sik nienich in de Klatten.
3. Dat maakt em nix nich ut …
4. Wo veel lütte Vagels warrt woll düssen Sommer op de Welt kamen?
5. In'n Harvst warrt de Kiewitten na Süden flegen.
6. In'n Winter warrt he vun sien Tiet mit de Kiewitten drömen.

10. Snacks mit Deerter un Planten

1. En goot Swien fritt allens.
   M Nu wees man nich so krüüsch bi't Eten!
2. Den een sien Kalf is ok jümmers grötter as den annern sien Koh.
   U To so een kannst ok Klookschieter seggen.
3. En Katt fallt jümmers op veer Been.
   L Dat seggst du vun en Minsch, de jümmers Glück hett.
4. Ole Hunnen is slecht Bellen lehren.
   L Wat mutt ik mi jümmers över mien olen Vadder argern! Man ännern kann ik em woll nich mehr.
5. De en Ei ünner den Steert hett, hett goot kakeln.
   W Ik weet, ik kann stolt ween, dat ik mien Examen schafft heff.
6. Keen Boom fallt bi den eersten Slag.
   A Man to, nich glieks opgeven.
7. Laat dat doch en Koh kösten, wi hebbt ja keen.
   R Dat segg ik, wenn ik mi jüst en ne'e Auto köfft heff.
8. De Appel fallt nich wiet vun'n Plummenboom.
   P Wat weer dat noch mit den Appel un den Stamm?

Lösung:
Nee, Frünnen warrt wi twee woll nienich:
De **M U L L W A R P** un ik, ok wenn he mi Dag för Dag in'n Goorn besöcht.

Stremel 8

To'n Vörlesen, to'n Singen – un to'n Översetten:

1. Kennt ihr schon das neue Lied, neue Lied, neue Lied, das die ganze Stadt schon kennt, von Herrn Pastors Kuh?

   Refrain: Sing nur los, sing nur los von Herrn Pastors Kuh, ja, ja, sing nur los, sing nur los von Herrn Pastors Kuh.

2. Ostern war sie dick und rund, dick und rund, dick und rund, Pfingsten lag sie tot im Stall, Herrn Pastors Kuh.
3. Als sie wurde in Stücke geschnitten, Stücke geschnitten, Stücke geschnitten, hat das ganze Dorf etwas bekommen von Herrn Pastors Kuh.
4. Und der Küster Dümelang, Dümelang, Dümelang bekam den Schwanz als Glockenstrang von Herrn Pastors Kuh.
5. Und die neue Feuerwehr, Feuerwehr, Feuerwehr bekam einen Topf Wagenschmiere von Herrn Pastors Kuh.

Stremel 9 > Ünnerwegens in de Stadt

5. Finnst du den hoochdüütschen Naam för düsse Straten?

1. Auf dem Sand
2. Hinter der Wiese
3. Hinter dem Deichbruch
4. Buchengang
5. Außenacker
6. Dorfweg
7. Trockenseite
8. Fünf Stücke
9. Gänseacker
10. Spukberg
11. Steinbergwiese
12. Schwesternstraße

6. Vun hier na dor

1. Du kriggst dat Fleesch bi den Slachter.
2. Ik bring de Kinner na den Kinnergoorn.
3. Mien Auto is kaputt un mutt na de Warksteed.
4. Grööntüch, Obst un Fisch koop ik jümmers Middeweken op den Markt.
5. Ik bring dat Paket na de Post.
6. Ik fohr mit mien Rad op de Straat.
7. Mien Büx hett en Lock, ik bring ehr na den Snieder.
8. Ik smiet den Breef in den Breefkassen.
9. Wi kriegt de Medizin in de Aftheek.
10. An'n Namiddag speelt de Kinner geern op den Speelplatz.
11. Ji kriegt de Appeln bi den Gröönhöker.
12. Se köfft de Kledaasch in't Koophuus.
13. Ik bring mien kranken Söhn na den Dokter.
14. Mien Rundstück koop ik bi den Bäcker.

Stremel 9

7. Ut twee warrt een

1. He duuscht, ehr dat he fröhstückt.
2. Siet he sien Feernsehapperaat wegsmeten hett, hett he veel Tiet. / Nu dat he sien Feernsehapperaat wegsmeten hett, hett he veel Tiet.
3. He will jeedeen Dag en Bild malen, wenn he Urlaub hett. / Nu dat he Urlaub hett, will he jeedeen Dag en Bild malen.
4. Wenn se dat Huus köpen wüllt, mööt se veel Geld sporen.
5. Se geiht na Arbeit, wenn he noch slöppt.
6. Dat pingelt an de Döör, as wi an den Fröhstücksdisch sitt.

8. Temporalsätz översetten

1. As ik laat na Huus kamen bün, hebbt se all al slapen.
2. Solang as ik noch lopen kann, gah ik jeedeen Dag na de Elv.
3. Wenn se bi den Slachter inköfft, töövt he in't Auto.
4. Ehr dat he över de Straat geiht, kickt he na links un rechts.
5. Wenn de Sünn schient, geiht he swümmen.

9. Segg, worüm dat so is

1. Ik kann nich kamen, denn mien Auto is kaputt. / Ik kann nich kamen, wieldat mien Auto kaputt is.
2. Ik mutt tomaken, denn dat gifft Regen. / Ik mutt tomaken, wieldat dat Regen gifft.
3. Ik heff keen Tiet, denn ik bün laat. / Ik heff keen Tiet, wieldat ik laat bün.

4. Du hest keen Geld, denn du hest Böker inköfft. / Du hest keen Geld, wieldat du Böker inköfft hest.
5. Se heiraadt, denn dor is wat Lütts ünnerwegens. / Se heiraadt, wieldat wat Lütts ünnerwegens is.
6. He kann keen Platt , denn sien Öllern hebbt hoochdüütsch mit em snackt. / He kann keen Platt, wieldat sien Öllern hoochdüütsch mit em snackt hebbt.
7. Wi fohrt düt Johr nich weg, denn wi hebbt keen Urlaub. / Wi fohrt düt Johr nich weg, wieldat wi keen Urlaub hebbt.
8. He bruukt nich na'n Putzbüdel, denn he hett keen Hoor. / He bruukt nich na'n Putzbüdel, wieldat he keen Hoor hett.

10. Kausalsätz översetten

1. Ik kann nich na Arbeit kamen, denn ik heff Koppwehdaag / wieldat ik Koppwehdaag heff.
2. He kümmt nich mit, denn he hett keen Lust / wieldat he keen Lust hett.
3. Se kann dat Huus nich köpen, denn se hett keen Geld / wieldat se keen Geld hett.
4. Wi köönt nich platt snacken, denn wi hebbt in de School blots engelsch lehrt / wieldat wi in de School blots engelsch lehrt hebbt.
5. Ik gah nich na den Strand, denn dat is mi to koolt / wieldat mi dat to koolt is.

Lösungen

Stremel 9

11. Wat mutt ween, dat wi wat maakt?

1. Wi arbeidt in den Goorn, denn de Sünn schient. /
   Wenn de Sünn schient, denn arbeidt wi in den Goorn.
2. Mien Mann fohrt mit Rad to Arbeit, denn dat is dröög. /
   Wenn dat dröög is, denn fohrt mien Mann mit Rad to Arbeit.
3. Ik drink en hitten Tee, denn buten regent dat. /
   Wenn dat buten regent, denn drink ik en hitten Tee.
4. Mien Kinner bruukt Handschen, denn buten liggt Snee. /
   Wenn buten Snee liggt, bruukt mien Kinner Handschen.
5. Dat warrt Harvst, denn de Blööd fallt daal. /
   Wenn de Blööd daalfallt, denn warrt dat Harvst.

12. Konditionalsätz översetten

1. Wenn ik Tiet heff, denn kaam ik na di.
2. Ik gah na England, wenn ik mit de School trecht bün.
3. Wenn dat glatt is, denn fohrt he vörsichtig.
4. Wenn ji mit de Opgaven trecht sünd, dröfft ji na't Swömmbad gahn.
5. Wenn wi fröh anfangt, denn sünd wi gau fardig.

To'n Vörlesen, to'n Singen – un to'n Översetten:

1. Ich habe mal einen Hamburger Viermaster gesehen – to my ho-day, to my ho-day! Die Masten so schief wie die Beine des Schiffers – to my ho-day, ho-day, ho!

   Refrain: Blow, boys, blow, for Californio. There is plenty of gold, so I am told, on the banks of Sacramento.

2. Das Deck war aus Eisen, voll Dreck und voll Schmiere,
   das war für die Reinigungsmannschaft das größte Vergnügen.
3. Die Kabinen waren voll Wanzen, die Kombüse war voll Dreck,
   der Schiffszwieback, der lief von selber schon weg.
4. Das Salzfleisch war grün, und der Speck war voller Maden,
   und Schnaps gab es auch nur am Weihnachtsabend.
5. Und wollten wir mal segeln, ich sage es ja nur,
   dann lief er drei voraus und vier wieder zurück.
6. So wie das Schiff war auch der Kapitän,
   die Besatzung des Schiffes hatte man auch nur schanghеit.

15. En lütt Musik-Radel

1. Bumsmusik > schlechte Blasmusik
2. Danzmusik > Tanzmusik
3. Dudelmusik > leiernde Musik / Gedudel
4. Kattenmusik > Katzenmusik / als unschön empfundene Musik
5. Pannkokenmusik > Straßenmusik
6. Quetschkassenmusik > Ziehharmonikamusik
7. Stratenmusik > Straßenmusik

Stremel 10 > De Dag för Dag sien Arbeit deit

3. Is de Postbüddel al dörch?

1. Aftheker > PILLENDREIHER
2. Bäcker > DEEGAAP
3. Smitt > IESENSCHOOSTER
4. Tähndokter > KUSENBREKER
5. Breefdreger > POSTBÜDEL
6. Kock > SUPPENSMITT
7. Frisöör > PUTZBÜDEL
8. Anstellte in de Verwaltung > BUCKRUTSCHER

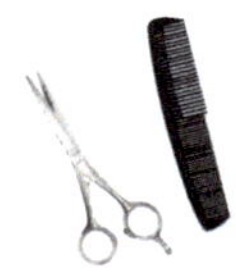

Lösung: Na de **LEHRTIET** krieg ik mien Gesellenbreef.

7. Översett de Snacks

1. Wer Tag für Tag seine Arbeit macht und immer auf dem Posten steht und es gut macht und es gerne macht, der soll sich auch mal amüsieren.
2. Ein Auge arbeitet mehr als zehn Hände.
3. Mach dich nützlich! Das sind drei Wörter, mit denen du überall durchkommst.
4. Wann soll ich arbeiten? sagt der Faule. Im Frühling ist es zu nass, im Herbst ist es wieder zu nass, im Sommer ist es zu heiß und im Winter zu kalt.
5. Bei der Arbeit frieren und beim Essen schwitzen, das sind die besten Kerle.
6. Arbeit macht Spaß, aber für Spaß bin ich nicht zu haben.

8. Wat mutt bi dat Auto repareert warrn?

1. Dat Auto mutt wuschen warrn.
2. Dat Auto schall vulltankt warrn.
3. Dat Ööl mutt wesselt warrn.
4. Dat Wischwater mutt opfüllt warrn.
5. De Winterrööd mööt optrocken warrn.
6. De Wagen schall dörch den TÜV bröcht warrn.

9. Wat deit nödig? Bruuk dat Passiv

1. De Appeln sünd riep un warrt plückt.
   De Appeln weren riep un sünd plückt worrn.
2. De Strump hett Löcker un warrt stoppt.
   De Strump harr Löcker un is stoppt worrn.
3. De Brüch is twei un warrt nee boot.
   De Brüch weer twei un is nee boot worrn.
4. De Tähn deit weh un warrt ruttrocken.
   De Tähn hett weh daan un is ruttrocken worrn.
5. Dat Auto is oolt un warrt verköfft.
   Dat Auto weer oolt un is verköfft worrn.

Stremel 10

10. Passiv oder Aktiv – wat will ik utdrücken?

So köönt de Sätz to'n Bispeel utsehn:

1. De Politikers hannelt dat Gesetz ut.
2. De Maler maalt de Wand an.
3. De Wind smitt dat Boot üm.
4. De Mann saagt den Boom af.
5. Wi eet den Koken.
6. De Hund bitt den Jung.
7. He leest dat Book.
8. De Deerns hööört de Musik.
9. De Fro schrifft den Breef.

12. Schriev de Sätz üm. Bruuk dor en Form vun doon bi.

1. Arbeiden deit Erika düchtig.
2. Snacken deist du den ganzen Dag.
3. Ik weet, wat du denken deist.
4. Se överleggt, woneem he henfohren deit.
5. Ji wüllt, dat wi noch wat eten doot.

13. Wokeen deit wat doon?

1. Wenn jemand das macht, was er macht, dann kann er nicht mehr machen als das, was er macht.

15. Wat för Pleeg-Wöör finnst du?

antrecken	singen
kämmen	snacken
klönen	tohören
lachen	vertellen
rutgahn	waschen

To'n Vörlesen, to'n Singen – un to'n Översetten:

1. Das musst du gesehen haben – nein muss ich nicht
   Das musst du gelesen haben – nein muss ich nicht
   Das musst du probieren – nein muss ich nicht
   Das musst du zeigen – nein muss ich nicht
   Da musst du reingehen – nein muss ich nicht
   Da musst du doch drauf stehen – nein muss ich nicht
   Du musst mit dir harmonieren – nein muss ich nicht
   Du musst mit spazieren – NEIN MUSS ICH NICHT!

   Refrain:
   Ich muss gar nichts bis auf schlafen, trinken, essen und vögeln
   und mir selbst und ganz allein meine eigenen Regeln suchen
   Ich muss gar nichts bis auf schlafen, trinken, essen und vögeln
   und manchmal etwas tun, wenn mir mal das Fell juckt
   Ich muss gar nichts bis auf schlafen, trinken, essen und vögeln
   und mir selbst und ganz allein meine eigenen Regeln suchen
   Ich muss gar nichts bis auf schlafen, trinken, essen und vögeln
   Juckt mir mal das Fell, muss ich eben die Beine bewegen.

Stremel 10

2. Da musst du unbedingt mal hin – nein muss ich nicht
   Du musst sie sein, die Gewinnerin – nein muss ich nicht
   Das musst du doch verstehen – nein muss ich nicht
   Das musst du auch mal anders machen – nein muss ich nicht
   Da musst du drüber nachdenken – nein muss ich nicht
   Du musst dich auch mal ablenken – nein muss ich nicht
   Da musst du unbedingt drauf warten – nein muss ich nicht
   Das musst du wieder zurechtbiegen – NEIN, MUSS ICH NICHT!

Wöörlist

Wöörlist

Appelsina 

A

Aal, Aal	Aal
Aant, Aanten	Ente
acht	acht
achter	hinter
achteran	anschließend, hinterher
Achtersten	Hintern
achtig	achtzig
Ader, Adern	Ader
af un an	ab und zu
afbieten	abbeißen
afbrennen	abbrennen
afdauen	abtauen
afdrögen	abtrocknen
afföhlen	abtasten
afhalen	abholen
afhauen	abschlagen, weglaufen
afkriegen	abbekommen
aflesen	ablesen
afmaken	entfernen
afrieten	abreißen
afschaffen	abschaffen
Afscheed	Abschied
afsluten	abschließen, erledigen
afsluuts	absolut, unbedingt
afsmecken	abschmecken
afsnacken	absprechen, vereinbaren
afsnieden	abschneiden
afspölen	abspülen, abwaschen
afstimmen	abstimmen
Aftheek, Aftheken	Apotheke
Aftheker, Afthekers	Apotheker
Afthekerin / Afthekersch, Afthekerinnen / Afthekerschen	Apothekerin
ahn	ohne
akkerat	akkurat, sorgfältig
al	schon
all	alle
Alldag	Alltag
alleen	allein
allens	alles
allerbest	ausgezeichnet, sehr gut
amerikaansch	amerikanisch
an	am, an
an wat	woran
Ananas	Ananas
anbacken	ankleben
anbeden	anbieten
Andeel, Andelen	Anteil
Andrag, Andrääg	Antrag
anfaten	anfassen
Angang	schwierige Aufgabe, Mühe
anholen	anhalten
ankieken	ansehen
anleggen	anlegen
anmalen	anmalen
anner	andere(s)
annerletzt	kürzlich
anners warrn	(sich) ändern
anraden	anraten
anröhren	anrühren
anseggen	ansagen, bekannt machen
Ansehn	Ansehen
ansluten	anschließen
ansteken	anstecken
Anstellte, Anstellten	Angestellte
Anteken, Anteken	Anzeichen
antern	antworten
Antog, Antöög	Anzug
antrecken	anziehen
Antwoort, Antwoorden	Antwort
apart	sonderbar, eigentümlich
apen	offen
Appel, Appeln	Apfel
Appelboom, Appelbööm	Apfelbaum
appeldwatsch	merkwürdig, verrückt
Appelkoken, Appelkoken	Apfelkuchen
Appelsina, Appelsinas	Apfelsine
Appelsnuut, Appelsnuten	Anrede für einen vertrauten Menschen
Aptiet	Appetit
arbeiden	arbeiten
Arbeit, Arbeiden	Arbeit
Arbeitsstuuv, Arbeitsstuven	Arbeitszimmer
Arf, Arfen	Erbse
Arger	Ärger
argern	ärgern
Arm, Arms	Arm
arm	arm
as	als, wie
asig	unangenehm, sehr
Auto, Autos	Auto
Avend	Abend
aver	aber

Bargen 

B

Baadantog, Baadantöög	Badeanzug

Baadbüx, Baadbüxen	Badehose
Baadstuuv, Baadstuven	Badezimmer
Baadwann, Baadwannen	Badewanne
Baas, Basen	Boss, Chef
Back, Backen	Wange
Backaven, Backavens	Backofen
backen	backen
Bäcker, Bäckers	Bäcker, Bäckerei
Bahn, Bahnen	Bahn
Bahnhoff, Bahnhööv	Bahnhof
Bahnhoffsplatz, Bahnhoffsplätz	Bahnhofsplatz
Balkon, Balkons	Balkon
Banaan, Bananen	Banane
Bananenschiev, Bananenschieven	Bananenscheibe
bang	ängstlich
Bangbüx, Bangbüxen	Angsthase
Bank, Bänk	Bank (Sitzgelegenheit)
Bank, Banken	Bank (Geldinstitut)
bannig	sehr
Barg, Bargen	Berg
Bass	Bass
baven	oben
bavento	zusätzlich
beden	bieten
Bedrief, Bedrieven	Betrieb
bedüden	bedeuten
Beek, Beken	Bach
Been, Been	Bein
Beer, Beer	Bier
Beer, Beren	Beere
Beet, Beten	Beet
behölpen	behelfen
Beker, Bekers	Becher
bekieken	ansehen
bekritteln	kritisieren
beleven	erleben
beraden	beraten
Bescheed, Bescheden	Bescheid
beschrieven	beschreiben
Beschüten	Schiffszwieback
besinnen	erinnern
besluten	beschließen
besöken	besuchen
Besöök	Besuch
bestellen	bestellen
bet (dat)	bis
betahlen	bezahlen
beten	bisschen, wenig
beter	besser
betrecken	beziehen

Bett, Betten	Bett
bi	bei
bi de Büx kriegen	erwischen, bestrafen
Bickbeer, Bickberen	Heidelbeere
Bickbeerpannkoken, Bickbeerpannkoken	Heidelbeerpfannkuchen
bidde	bitte
bieten	beißen
Bild, Biller	Bild
billig	billig
bilütten	allmählich
binnen	drinnen, innen
Bispeel, Bispelen	Beispiel
Blaas, Blasen	Blase
blangen	neben
blangenanner	nebeneinander
blänkern	glitzern
Blatt, Blööd	Blatt, Zeitung
Blattwark	Blattwerk, Laub
blau	blau
bleek	bleich
Bleesticken, Bleesticken	Bleistift
blieven	bleiben
Blinddarm	Blinddarm
blöhen	blühen
Blomenkohl	Blumenkohl
Blomenputt, Blomenpütt	Blumentopf
Blomenvaas, Blomenvasen	Blumenvase
blond	blond
Bloom, Blomen	Blume
Bloot	Blut
Blootdruck	Blutdruck
blots	bloß
Bluus, Blusen	Bluse
boen	bauen
bögen	biegen
Bohn, Bohnen	Bohne
Böhn, Böhns	Dachboden
bohren	bohren
Bohrmaschien, Bohrmaschinen	Bohrmaschine
Bökeree, Bökereen	Bücherei
bölken	brüllen, schreien
Böök(enboom), Böken(bööm)	Buche
Book, Böker	Buch
Bookstaav, Bookstaven	Buchstabe
bookstaberen	buchstabieren
Boom, Bööm	Baum
Boombericht, Boomberichten	Baumbericht
Boomstarven	Baumsterben
böös	böse, sehr

Börger, Börgers / Börgerslüüd	Bürger
Börgermeester, Börgermeesters	Bürgermeister
Bork	Borke, Rinde
Born, Borns	Brunnen
Bost, Böst	Brust
Botter	Butter
Botterbloom, Botterblomen	Butterblume, Löwenzahn
Botterbroot, Botterbrööd	Butterbrot
Botterkoken, Botterkoken	Butterkuchen
Botterlicker, Botterlickers	Schmetterling
Bowark, Bowarken	Bauwerk
Braadkantüffel, Braadkantüffeln	Bratkartoffel
Braadpann, Braadpannen	Bratpfanne
Braden	Braten
braden	braten
Breef, Breven	Brief
Breefdreger, Breefdregers	Briefträger
Breefkassen, Breefkassens	Briefkasten
breet	breit
Bregen	Gehirn
bregenklöterig	verwirrt
breken	brechen
Brett, Breed	Brett
Brettspeel, Brettspelen	Brettspiel
Brill, Brillen	Brille
bringen	bringen
Broder, Bröder	Bruder
Broderdeern	Nichte (Tochter des eigenen Bruders)
Brodersöhn	Neffe (Sohn des eigenen Bruders)
Brögam, Brögams	Bräutigam
Broot, Brööd	Brot
Brüch, Brüchen	Brücke
bruken	brauchen
Brummelbeer, Brummelberen	Brombeere
brusen	brausen
bruttig	schwül
bruun	braun
Bruut, Brüüd	Braut
Buddel, Buddeln	Flasche
buddeln	graben
Büdel, Büdels	Beutel
Buer, Buern	Bauer
Buernfröhstück	Bauernfrühstück
Buernhoff, Buernhööv	Bauernhof
Buernroos, Buernrosen	Bauernrose, Pfingstrose
Bühn, Bühnen	Bühne
Bull, Bullen	Bulle
Bürokoopfro, Bürokoopfroens	Bürokauffrau
Bus, Bussen	Bus

Buschwark	Buschwerk, Büsche
buten	draußen, außen
butenkopps	auswendig
Butenland	Ausland
Buuk, Büük	Bauch
Buukwehdaag	Bauchschmerzen
Büx, Büxen	Hose
Büxenschieter, Büxenschieters	Hosenscheißer (Schimpfwort)

chineesch **C**

charakteriseren	charakterisieren
Chef, Chefs	Chef
chineesch	chinesisch
Computer, Computers	Computer

Drüppens **D**

Daam, Damen	Dame
Däänmark	Dänemark
Dack, Dacken	Dach
Dackstohl, Dackstöhl	Dachstuhl
Dag, Daag	Tag
Dag för Dag	täglich
Dag ok	Guten Tag
daal	hinunter
daalnehmen	herunternehmen
daalsetten	hinsetzen, Preis reduzieren
Dank ok	Dankeschön
Dann, Dannen	Tanne, Nadelbaum, Fichte
Danz op de Deel	Tanzveranstaltung
danzen	tanzen
Danzkurs, Danzkursen	Tanzkurs
dat	das, es; dass
de	der, die
Deef, Deven	Dieb
Deeg	Teig
Deek, Deken	Decke
Deel, Delen	Teil, Diele
deep	tief
Deern, Deerns	Mädchen
Deert, Deerter	Tier
dehnen	dehnen
delen	teilen
denken	denken
denn	dann, denn
desülvige	der-, dieselbe
di	dich, dir
dicht	geschlossen
dichtmaken	schließen

dick	dick
Diek, Dieken	Deich, Teich
dien	dein
Dillsooß, Dillsoßen	Dillsoße
Dingsdag	Dienstag
Diphtherie	Diphtherie
Disch, Dischen	Tisch
dischern	tischlern
diskereren	diskutieren
doch	doch
Dochter, Döchter	Tochter, Töchter
Dokter, Dokters	Arzt
Dokter för Deerter, Dokters	Tierarzt
Doktersch, Dokterschen	Ärztin
Doktersch för Deerter, Dokterschen	Tierärztin
Dook, Döker	Tuch
doon	tun
Döör, Dören	Tür
Döösbartel, Döösbartels	Tollpatsch, Dummkopf (Schimpfwort)
doot	tot
döpen	taufen
dor	dort, da
doran	daran
dorbi	dabei
dörbreken	zerbrechen
dörch	durch
dörchenanner	durcheinander
Dörchfall	Durchfall
Dörchgang, Dörchgäng	Durchgang
dörchgeven	durchgegeben
dörchsagen	durchsägen
dörchsnieden	durchschneiden
dörchtrecken	durchziehen
dorför	dafür
dorför ween	zustimmen
dorgegen ween	ablehnen
dorhen	dahin
dörlopen	durchlaufen
Dörp, Dörper	Dorf
Dörpskroog, Dörpskröög	Dorfkneipe, Wirtshaus, Gaststätte
Dörpsplatz, Dörpsplätz	Dorfplatz
dörteihn	dreizehn
dörtig	dreißig
dorto	dazu
dortwüschen	dazwischen
dörven	dürfen
dorvun	davon
dösen	leicht schlafen
dösig	merkwürdig, dumm

Döst	Durst
drall	rundlich, stramm
drapen	treffen
dree	drei
dreemal	dreimal
dregen	tragen
dreihen	drehen
drieven	treiben
drinken	trinken
Drinkgeld	Trinkgeld
drögen	trocknen
Dröhnbüdel, Dröhnbüdels	Langeweiler (Schimpfwort)
drömen	träumen
dröög	trocken
Droom, Drööm	Traum
Druck	Druck
drücken	drücken
drüdde	dritte
Drüddel	Drittel
Drüppen, Drüppens	Tropfen
du	du
düchtig	tüchtig, sehr
düer	teuer
dünn	dünn
Dünnersdag	Donnerstag
duschen	duschen
dusend	tausend
düsse	diese
düt	dies, dieses
dütmal	diesmal
Dutt, Dütt	Haufen
düüster	dunkel
düüsterroot	dunkelrot
Düütsche	Deutsche
Düütschland	Deutschland
dwars	quer

Eerdbeer 

E

Eek(boom), Eken(bööm)	Eiche
een	eins, ein (Zahlwort)
eendoont	einerlei, egal
eenfach	einfach
eenmal	einmal
Eentall	Einzahl
Eer	Erde
Eerdbeer, Eerdberen	Erdbeere
Eerdbeertort, Eerdbeertorten	Erdbeertorte
Eerdkunn	Erdkunde
eernsthaftig	ernst

eerst	zuerst
eerste	erste
eerstmal	erstmal
Eetlepel, Eetlepels	Esslöffel
Eetstuuv, Eetstuven	Esszimmer
egaalweg	dauernd
egen	eigen
egens	eigentlich
Ehfro, Ehfroons / Ehfroonslüüd	Ehefrau
Ehmann, Ehmannslüüd	Ehemann
ehr	ihr
ehr (dat)	ehe, bevor
ehren	ihrem, ihren
ehrgüstern	vorgestern
Ei, Eier	Ei
Eiergrog	Eiergrog
Eierkaker, Eierkakers	Eierkocher
Eierkorf, Eierkörv	Eierkorb
Elektrik	Elektrik
Elektroniker, Elektronikers	Elektroniker
Elv	Elbe
en	ein, eine (unbest. Artikel)
eng	eng, knapp
engelsch	englisch
enige	einige
Enkel, Enkelkinner	Enkel
enkelt	einzeln
Enn, Ennen	Ende
entwickeln	entwickeln
Espresso	Espresso
Eten	Essen, Hauptgericht
eten	essen
Ever, Evers	Eber

Footballspeler 

F

Fachangestellte, Fachangestellten	Fachangestellte
faken	oft
fallen	fallen
Familie, Familien	Familie
Familienfier, Familienfiern	Familienfeier
fardig	fertig
Farken, Farkens	Ferkel
Farv, Farven	Farbe
fasthollen	festhalten
fastleggen	beschließen, festlegen
fastmaken	befestigen
Fedder, Feddern	Feder
Feernseher, Feernsehers	Fernsehgerät
Feernsehn	Fernsehen

fegen	fegen
fehlen	fehlen
fein	fein, hübsch, angenehm
Feld, Feller	Feld
Fell	Fell
Fenster, Fenstern	Fenster
Feriengast, Feriengäst	Feriengast
Ferientiet	Ferienzeit
Fest, Festen	Fest
feudeln	Boden wischen
Fever	Fieber
Fiedel	Geige
fief	fünf
fiefunveertig	fünfundvierzig
Fieravend	Feierabend
Fierdag, Fierdaag	Feiertag
fiern	feiern
Fiesematenten	Unsinn, Blödsinn
Film, Filme	Film
Finger, Fingern	Finger
Finkwarder Schull	Scholle Finkenwerder Art
finnen	finden
Firma, Firmen	Firma
Fisch, Fisch	Fisch
Fischersmann, Fischerslüüd	Fischer
fix	schnell
flau	flau, matt, schlaff
Flederbeer, Flederberen	Fliederbeere, Holunderbeere
Fleesch	Fleisch
Fleesch-Bröh	Fleischbrühe
Fleeschwulf	Fleischwolf
flegen	fliegen
Fleger, Flegers	Flugzeug
Fleit, Fleiten	Flöte
Flies, Fliesen	Fliese
flietig	fleißig
Floot	Flut
flott	schick
Flünk, Flünken	Flügel
fodern	füttern
föffte	fünfte
föfftig	fünfzig
föhlen	fühlen
fohren	fahren
Fohrrad, Fohrrööd	Fahrrad
Fohrradstraat, Fohrradstraten	Fahrradstraße
Fohrschien, Fohrschiens	Fahrschein
Fohrtüüch	Fahrzeug
Folkmusik	Folkmusik
foorts	sofort

Foot, Fööt	Fuß
Football, Footbäll	Fußball
Footballplatz, Fottballplätz	Sportplatz
Footballspeler, Footballspelers	Fußballspieler
Footballturnier	Fußballturnier
Footbodden	Fußboden
Footliest, Footliesten	Fußleiste
Footmatt, Footmatten	Fußmatte
för	für
för dull	sehr, stark, heftig
för wat	wofür
Fraag, Fragen	Frage
Fraagwoort, Fraagwöör	Fragewort
fragen	fragen
Frakschoon, Frakschonen	Fraktion
Frankriek	Frankreich
Franzoos, Franzosen	Franzose
franzöösch	französisch
free	frei
Freebad, Freebäder	Freibad
Freedag	Freitag
freeleggen	freilegen
freesch	friesisch
Freetiet	Freizeit
freien	freuen
freten	fressen
frisch	frisch
Frisöör, Frisören	Frisör
Fro, Froenslüüd	Frau
fröher	früher
Fröhjohr	Frühjahr, Frühling
Fröhstück	Frühstück
fröhstücken	frühstücken
Fröhstücksdisch, Fröhstücksdischen	Frühstückstisch
Fründ, Frünnen	Freund
Fründin, Fründinnen	Freundin
fründlich	freundlich
Fudder	Futter
Füerwark	Feuerwerk
Fuhr, Fuhren	Kiefer
fuul	faul
Fuuljack, Fuuljacken	Faulpelz (Schimpfwort)
füünsch	wütend
Fuust, Füüst	Faust

Gitarr

G

gahn	gehen
ganz	ganz, völlig
Gardien, Gardinen	Gardine

Gast, Gäst	Gast
gau	schnell
Geboortsdag, Geboortsdaag	Geburtstag
Gedicht, Gedichten	Gedicht
geel	gelb
geern	gern
gefallen	gefallen
Geföhl, Geföhlen	Gefühl
Gefohr, Gefohren	Gefahr
Gegend, Gegenden	Gegend
Gegendeel, Gegendelen	Gegenteil
Gegenkörper	Antikörper
Geld	Geld
gellen	gelten
Gemeen, Gemenen	Gemeinde
Gemeenhuus, Gemeenhüüs	Gemeindehaus
Gemeenraat, Gemeenrööd	Gemeinderat
Gen, Gene	Gen
genau	genau
Generatschoon, Generatschonen	Generation
Geräät, Geräten	Gerät
Geschäft, Geschäften	Geschäft
Geschicht, Geschichten	Geschichte
Geschirr	Geschirr
Gesellenbreef, Gesellenbreven	Gesellenbrief
Gesicht, Gesichter	Gesicht
gesund	gesund
geten	gießen
geven	geben
Giezknüppel, Giezknüppels	Geizkragen (Schimpfwort)
Giezkragen, Giezkragens	Geizkragen (Schimpfwort)
Gitarr, Gitarren	Gitarre
Glas, Glöös	Glas
glattsnacken	nach dem Mund reden
Glattsnacker, Glattsnackers	Schmeichler
glieks	gleich
glöven	glauben
Glück	Glück
gnadderig	mürrisch
Gnadderputt, Gnadderpütt	Griesgram
goor	gar
Göör, Gören	Kind (abwertend)
Goorn, Goorns	Garten
Goornarbeit, Goornarbeiden	Gartenarbeit
Goos, Göös	Gans
goot	gut
goot in Tüüch	gut gekleidet
Gördel, Gördels	Gürtel
gottsverdorrig	gottverdammt
Graad	Grad

Grammatik	Grammatik
Grapen	großer Kochtopf
gresig	grässlich, abscheulich
griepen	greifen
gries	grau
grillen	grillen
Gripp	Grippe
groff	grob
gröön	grün
Gröönhöker, Gröönhökers	Gemüsehändler, -laden
Grööntüüch	Gemüse
groot	groß
Grootkind, Grootkinner	Enkel
Grootmudder, Grootmudders	Großmutter
Grootöllern	Großeltern
Grootvadder, Grootvadders	Großvater
gröten	grüßen
Grött, Grötten	Größe
grünnen	gründen
Grupp, Gruppen	Gruppe
Grütt	Grütze
Gummistevel, Gummisteveln	Gummistiefel
günstig	günstig
güntsiet	gegenüber, jenseits
Gurk, Gurken	Gurke
güstern	gestern
Gymnastik	Gymnastik

Handschen

H

Haas, Hasen	Hase
Hack, Hacken	Hacke
Hahn, Hahns	Hahn
halen	holen
half	halb
Hallig	Hallig
Halsdook	Halstuch
halvig	halb (in Zeitangaben)
Hamborg	Hamburg
Hamer, Hamers	Hammer
Hand, Hannen	Hand
Handsch, Handschen	Handschuh
Handtasch, Handtaschen	Handtasche
Handwark	Handwerk
hangen	hängen
Hannel	Handel
Hanse	Hanse
Hart, Harten	Herz
Harvst	Herbst
Hasselnutt, Hasselnööt	Haselnuss
hatt	hart
Hau	Heu
Haver	Hafer
he	er
hebben	haben
heel	ganz
heel un deel	ganz und gar
heelmaken	reparieren
Heerd, Heerden	Herd
heesch	heiser
Heizung	Heizung
hell	hell
Hemd, Hemden	Hemd
hen	hin
hendaal	abwärts, nach unten
herkamen	herkommen
Herr, Herren	Herr
heten	heißen
Heven	Himmel
hibbelig	aufgeregt
hild	eilig
Himbeer, Himberen	Himbeere
hitt	heiß
Hobby, Hobbys	Hobby
Hocker, Hockers	Hocker
Hohn, Höhner	Huhn
holen	halten
hölpen	helfen
Hölpslüüd	Helfer (Pl.)
Hölpsverb, Hölpsverben	Hilfsverb
Holt	Holz
Holtstohl, Holtstöhl	Holzstuhl
Honnig	Honig
hooch	hoch
Hoochbeet, Hoochbeten	Hochbeet
Hoochhuus, Hoochhüüs	Hochhaus
hoochleggen	hochlegen
hool di fuchtig!	bleibe gesund! (Abschiedsgruß)
Hoor, Hoor	Haar
Hööbook, Hööböker	Hörbuch
Hoorn, Höörn	Horn
Hoost	Husten
Hoot, Hööt	Hut
Hotel, Hotels	Hotel
höveln	hobeln
Hund, Hunnen	Hund
Hunger	Hunger
hunnert	hundert
hüppen	hüpfen
Hüün un Perdüün	Kleinigkeiten, nutzlose Dinge

Huus, Hüüs	Haus
Huusarbeit, Huusarbeiden	Hausarbeit
Huusdöör, Huusdören	Haustür
Huushoolt	Haushalt
Huusrezept, Huusrezepten	Hausmittel
Huut	Haut
hüüt	heute

ieskoolt 

I

Idee, Ideen	Idee
ielen	(be-)eilen
Ies	Eis
Iesen	Eisen
ieskoolt	eiskalt
Iesladen, Iesladens	Eisdiele
Iesschapp, Iesschappen	Gefrierschrank
ik	ich
impfen	impfen
Impfmittel	Impfserum
importeren	importieren, einführen
in	im, in
in de Klatten kriegen	streiten
in de Knee gahn	sinken, einbrechen
in de Kried stahn	Schulden haben
in Gang kamen	in Gang kommen, anfangen
in't Tüdeln kamen	durcheinander geraten
inaten	einatmen
inböten	(ein-)heizen
Inbreker, Inbrekers	Einbrecher
Industriekoopmann, Industirekooplüüd	Industriekaufmann
infallen	einfallen
Informatschoonsavend, Informatschoonsavenden	Informationsabend
infreren	einfrieren
ingeten	eingießen
Inkoopslist, Inkoopslisten	Einkaufsliste
Inkoopszedel, Inkoopszedels	Einkaufszettel
inköpen	einkaufen
inladen	einladen
inleggen	einlegen
inprogrammeren	einprogrammieren
inreisen	einreisen
inrichten	einrichten
Inrichtung	Einrichtung
insetten	einsetzen
insmeren	einschmieren, einreiben
instiegen	einsteigen, sich beteiligen
Instrument	Instrument
instuderen	einstudieren
interesseren	interessieren
intrecken	einziehen
Inwahner, Inwahners	Einwohner
is	ist
Isoleer-Mantel	Isoliermantel
Isoleer-Tang	Isolierzange
Italien	Italien
itt	isst

Jehannsberen 

J

ja	ja
ja seggen	zustimmen
Jack, Jacken	Jacke
jagen	jagen
Janker	Gier, Verlangen
jeedeen	jedes
Jehannsbeer, Jehannsberen	Johannisbeere
ji	ihr
jichtens	irgend
jo	euch
Johr, Johren	Jahr
Johrhunnert	Jahrhundert
Johrstiet, Johrstieden	Jahreszeit
jöken	jucken
jüm	ihnen
jümehr	ihr, ihre (Pl.)
jümmers	immer
jumpen	springen
Jung, Jungs	Junge
jüst	gerade, zurzeit, soeben

Krüdertee 

K

Kaakbook, Kaakböker	Kochbuch
Kaakputt, Kaakpütt	Kochtopf
Kaffe	Kaffee
Kaffedisch	Kaffeetisch
Kaffedrinken	Kaffeetrinken
kakelbunt	farbenfroh, kunterbunt
kakeln	gackern
kaken	kochen
Kalf, Kalver	Kalb
kamen	kommen
Kamer, Kamern	Zimmer
Kamerdöör, Kamerdören	Zimmertür
kandidel	lustig, fröhlich
Kanink, Kaninken	Kaninchen
kann	kann

Kantsteen	Bordsteinkante
Kantüffel, Kantüffeln	Kartoffel
kaperen	verstehen, begreifen
Kapitel	Kapitel
Kaptein, Kapteins	Kapitän
kareert	kariert
Kark, Karken	Kirche
Karkhoff	Friedhof
Kartong, Kartongs	Karton
Kaschott	Gefängnis, Knast
Kass, Kassen	Kasse
Kassbeer, Kassberen	Kirsche
Kassen	Kasten
Katt, Katten	Katze
Keed, Keden	Kette
keen	kein
keeneen	keiner, niemand
Keerl, Keerls	Kerl
Kees	Käse
Keller	Keller
Kellner, Kellners	Kellner
Kellnersche, Kellnerschen	Kellnerin
kennen	kennen
kiebig	frech
kieken	gucken, schauen
Kiewitt, Kiewitten	Kiebitz
Kilo	Kilo
Kind, Kinner	Kind
Kinnerbett, Kinnerbetten	Kinderbett
Kinnerbook, Kinnerböker	Kinderbuch
Kinnergoorn, Kinnergoorns	Kindergarten
Kinnergoorner, Kinnergoorners	Kindergärtner
Kinnerkrankheit, Kinnerkrankheiten	Kinderkrankheit
Kinnerspeelplatz, Kinnerspeelplätz	Kinderspielplatz
Kinnerstuuv, Kinnerstuven	Kinderzimmer
Kinnertiet	Kindheit
Kino	Kino
Klacks (dat is en Klacks)	Fleck (es ist ganz einfach)
Klang	Klang
Klangfarv	Klangfarbe
klattern	klettern
klauen	klauen, stehlen
Klaveer	Klavier
Kledaasch	Kleidung
Klederschapp, Klederschappen	Kleiderschrank
Kleed, Kleder	Kleid
kleen	klein
Klemmschruuv, Klemmschruven	Klemmschraube
Kliester	Kleister
Klima	Klima

Klock, Klocken	Uhr
Klockenstrang	Glockenstrang
klook	klug
Klookschieter, Klookschieters	Besserwisser (Schimpfwort)
Klöönsnack	Unterhaltung
Klöör, Klören	Farbe
Kloornett	Klarinette
Klüten	Kloß
klütern	basteln
Knaken, Knaken	Knochen
Knee, Kneen	Knie
Kniepen	stechender Schmerz
Knieptang, Knieptangen	Kneifzange
Knoop, Knööp	Knopf
knütten	stricken
Knuuvlook	Knoblauch
Kock, Kocken	Koch
Koh, Köh	Kuh
Kohl	Kohl
Köhlschapp, Köhlschappen	Kühlschrank
Koken, Koken	Kuchen
Kökendisch, Kökendischen	Küchentisch
Kökenlamp, Kökenlampen	Küchenlampe
Kolleeg, Kollegen	Kollege
Komedi, Komedien	Komödie
kommodig	gemütlich, bequem
Kompost	Kompost
könen	können
Köök, Köken	Küche
Kööksch, Köökschen	Köchin
koolt	kalt
Kööm	Kümmel, Weizenschnaps
Koophuus, Koophüüs	Kaufhaus
Koopfro, Kooplüüd	Kauffrau
Koopmann, Kooplüüd	Kaufmann
Koorn, Köörn	Korn
Koort, Koorten	Karte
köpen	kaufen
Kopp, Köpp	Kopf
Koppwehdaag	Kopfschmerzen
Körbs	Kürbis
Körbssupp, Körbssuppen	Kürbissuppe
Körperdeel, Körperdelen	Körperteil
Kosten	Kosten
kösten	kosten
Köster	Küster
kott	kurz
Kottgeschicht, Kottgeschichten	Kurzgeschichte
krabbeln	krabbeln
Kraftfohrtüüchmechatroniker	Kraftfahrzeugmechatroniker

krall un kregel	gesund, lebhaft
krank	krank
Krankenhuus, Krankenhüüs	Krankenhaus
Krankenpleger, Krankenplegersch	Krankenpfleger, Krankenpflegerin
Krankheit, Krankheiten	Krankheit
Krankheitserreger	Krankheitserreger
Krawatt, Krawatten	Krawatte
Kredit, Kredite	Kredit
Kreevt	Krebs
Kreih, Kreihen	Krähe
kreihen	krähen
Kried	Kreide
kriegen	kriegen, bekommen, erhalten
Krimi, Krimis	Krimi
Krink, Krinken	Kreis, Gruppe
Kroog, Kröög	Gasthaus, Gastwirtschaft
Krüderbeet, Krüderbeten	Kräuterbeet
Krüdertee	Kräutertee
krupen	kriechen
krüüsch	wählerisch beim Essen
Kruut, Krüder	Kraut, Gewürz
Kuffer, Kuffers	Koffer
Kugelschriever, Kugelschrievers	Kugelschreiber
Küken, Küken	Küken
Kuliss, Kulissen	Kulisse
künnigen	kündigen
Kunsthandwark	Kunsthandwerk
Kurs, Kursen	Kurs
küselig	schwindelig, taumelig
Kuseng, Kusengs	Cousin, Vetter
Kusine, Kusinen	Cousine
Kuus, Kusen	Backenzahn

Leevde

L

Laag	Lage
laat	spät
lachen	lachen
Laden, Ladens	Laden
Lamp, Lampen	Lampe
Land, Länner	Land
Landkreis, Landkreisen	Landkreis
lang	lang
langen	geben, reichen, ausreichen
langs	entlang
langwielig	langweilig
Larm	Lärm
Lass	Lachs
Last	Last
lästig	lästig
Lateernlopen	Laternelaufen
laten	lassen
Lebber	Leber
Lebberwust	Leberwurst
Leckersmecker	Feinschmecker
Leckersnuut, Leckersnuten	Naschkatze
leddig	leer
Lederbook, Lederböker	Liederbuch
Leed, Leder	Lied
leed doon	leid tun
Leefste, Leefsten	Liebste(r)
leeg	schlimm, schlecht, übel
leev	lieb
Leevde	Liebe
legen	lügen
leggen	legen
Lehr	Lehre
lehren	lernen, lehren
Lehrerin / Lehrersch	Lehrerin
Lehrsteed, Lehrsteden	Lehrstelle
Lehrtiet	Lehre, Lehrzeit
Leitung, Leitungen	Leitung
Lengen	Sehnsucht
Lepel, Lepels	Löffel
lesen	lesen
Leser, Lesers	Leser
Leserin, Lesersch	Leserin
letzt	letzt
Leuwagen, Leuwagens	Schrubber
Leven, Leven	Leben
leven	leben
lever	lieber
levern	liefern
Licht	Licht
licht	leicht
Lieden	Leiden
lieden	leiden
Lief, Liever	Leib, Körper
liekers	trotzdem
liekut	geradeaus
liesen	leise
liggen	liegen
links	links
Lipp, Lippen	Lippe
Liter	Liter
Lock, Löcker	Loch
Lööv, Löven	Löwe
lopen	laufen
Lorbeerblatt, Lorbeerblööd	Lorbeerblatt
losgahn	losgehen

Lüchtfüer	Leuchtturm
Luft	Luft
Lümborg	Lüneburg
Lung, Lungen	Lunge
lustig	lustig
lütt	klein
Lüttgeld	Kleingeld
Lütt-Stadt	Kleinstadt
Lüüd	Leute
luut	laut

Mannd

M

Maag	Magen
Maalkurs, Maalkursen	Malkurs
Maand	Monat, Mond
Maandag	Montag
Macht	Macht
mag ween	vielleicht
Maibüx, Maibüxen	weiße Hose
Mais	Mais
Majonees	Mayonaise
maken	machen
mal	mal
Malaria	Malaria
malen	malen
Maler	Maler
Malöör	Unglück
malören	missglücken
man	aber; man
mang	zwischen
Mann, Mannslüüd	Mann
männichmal	manchmal
Mantel, Mäntel	Mantel
Mardelbloom, Mardelblomen	Gänseblümchen
Margarine	Margarine
marken	merken
markeren	kennzeichnen
Marktplatz, Marktplätz	Marktplatz
Markwoort, Markwöör	Stichwort, Notiz
Marmelaad	Marmelade
Maschien, Maschinen	Maschine
Masseln	Masern
Mast	Mast
Matjesfilet, Matjesfilets	Matjesfilet
Matjes-Putt	Matjes-Topf
mau	miserabel
Mau, Mauen	Ärmel
Medikament, Medikamenten	Medikament
Medizin	Medikamente, Medizin
medizinisch	medizinisch
mehr	mehr
Mehrtall	Mehrzahl, Plural
meist	fast
meisttiets	meistens
Mekelnborger	Mecklenburger
Melk	Milch
Melkputt, Melkpütt	Milchkännchen
menen	meinen
meten	messen
mi	mir
mi dücht	mir scheint
Middag	Mittag
Middagsdisch	Mittagstisch
middel	mittel
Middelfinger, Middelfingern	Mittelfinger
Middelöller	Mittelalter
Middernacht	Mitternacht
Middernachtsbüffee	Mitternachtsbüffet
Middeweken	Mittwoch
middewiel	mittlerweile
mien	mein
mieten	mieten
Minsch, Minschen	Mensch
Mint	Minze
Minuut, Minuten	Minute
mit	mit
mit wat	womit
mitbringen	mitbringen
mitenanner	miteinander
mitgahn	mitgehen
mithölpen	mithelfen
mitspelen	mitspielen
Mitt	Mitte
mitünner	mitunter
Möbelmang	Wohnungseinrichtung
mögen	mögen
Moin	Moin
Momang	Moment
mööd	müde
Möög	Mühe
mööglich	möglich
möör	mürbe
Moot	Mut
morgen	morgen
möten	müssen; abwehren
Motorrad, Motorrööd	Motorrad
mucksch	beleidigt, eingeschnappt
Mudder, Mudders	Mutter
Mudder Griepsch	Hebamme

Muermann, Muerlüüd	Maurer
Müll	Müll
Mullwarp, Mullwarpen	Maulwurf
Mumps	Mumps
Mund, Münner	Mund
Muschaat	Muskat
Muschi Blix	Kosewort
Museum	Museum
Musik	Musik
Muskant, Muskanten	Musiker
Muskel, Muskeln	Muskel
Mütz, Mützen	Mütze
Muus, Müüs	Maus

negentig 90 **N**

na	nach, zu
na goot	na gut
na kloor	ganz sicher
na un na	allmählich
na wat	wonach
Naam, Naams	Name
Nacht	Nacht
Nadeel, Nadelen	Nachteil
Nadel, Nadeln	Nadel
Nadelboom, Nadelbööm	Nadelbaum
nadem (dat)	nachdem
nadenken	nachdenken
Nadisch	Nachtisch
Nagel, Nagels	Nagel
naher	nachher
nakieken	nachsehen
Namiddag, Namiddaag	Nachmittag
natt	nass
Natur	Natur
natüürlich	natürlich
Naver, Naverslüüd	Nachbar
Naversch, Naverschen	Nachbarin
nawiesen	nachweisen
nedderlannsch	niederländisch
nee	neu
nee	nein
nee seggen	ablehnen
Neebo, Neeboen	Neubau
neegst	nächst
Neejohr	Neujahr
Neer, Neren	Niere
Nees, Nesen	Nase
neeschierig	neugierig
Neesdrüppen, Neesdrüppens	Nasentropfen
Neeseeland	Neuseeland
negen	neun
negentig	neunzig
nehmen	nehmen
nervöös	nervös, unruhig
Nest, Nesten	Nest
nett	nett
nich	nicht
nich op'n Damm ween	sich nicht gut fühlen
nie	nie
nienich	überhaupt nie
nipp un nau	sehr genau
nix	nichts
nix nich	gar nichts
Nix-Doon	Nichtstun, Faulenzen
noch	noch
nödig	nötig
nöken	stoßen, verprügeln, vögeln
noog	genug
Noorddüütschland	Norddeutschland
Noordsee	Nordsee
Noot, Noten	Note
nu	nun, jetzt
Nullleiter	Nullleiter
Nutt, Nööt	Nuss

Oploop  **O**

Obst	Obst
oder	oder
Ogenblick	Augenblick
Ohr, Ohren	Ohr
ok	auch
Ollenborg	Oldenburg
öllere	ältere
Öllern	Eltern
ölven	elf
Oma, Omas	Oma
Oog, Ogen	Auge
Oolsch, Oolschen	Alte
oolt	alt
ooltbaksch	altmodisch
Oostern	Ostern
oordig	artig, brav; sehr, ziemlich
oornen	ernten
Oorntfest, Oorntfesten	Erntefest
Oornt-Wagen, Oornt-Wagens	Erntewagen
Oort	Art
Oort un Wies	Art und Weise
Oostern	Ostern

Öösterriek	Österreich
ööstlich	östlich
Oostsee	Ostsee
op	auf
op best	am besten
op de Been kamen	gesund werden
op de Been stellen	organisieren
op Schick bringen	renovieren
op- un daalhüppen	auf- und abhüpfen
op't leefst	am liebsten
Opa, Opas	Opa
opbacken	aufbacken
Opdrag, Opdrääg	Auftrag
opföhren	aufführen
opfreten	auffressen
opfüllen	auffüllen
Opgaav, Opgaven	Aufgabe
opgahn	aufgehen
opgeven	aufgeben
ophangen	aufhängen
opkamen	aufkommen
opkloren	aufräumen und putzen
opkrempeln	aufkrempeln
opkümmt	hoch kommt
opletzt	schließlich
Oploop, Oplööp	Auflauf
Opnahm, Opnahmen	Aufnahme
opnehmen	aufnehmen
oppassen	aufpassen
opregen	aufregen
oprümen	aufräumen
opschrieven	aufschreiben
opsmeren	aufschmieren
opstahn	aufstehen
opstellen	aufstellen
opstunns	zurzeit
opteken	aufzeichnen
opwaken	aufwachen
opwaschen	abwaschen
Order	Befehl
ordern	bestellen
Orgel, Orgeln	Orgel
Originaal	Original
ornlich	ordentlich
Oss, Ossen	Ochse
öven	üben
över	über
över wat	worüber
överall	überall
övergeven	übergeben
överleggen	überlegen
övermorgen	übermorgen
övernehmen	übernehmen
översetten	übersetzen
Överstünn, Överstünnen	Überstunde

Pakeet 

P

Padd, Padden	Pfad
Pahl, Pahlen	Pfahl
Pakeet, Paketen	Paket
pampig	breiig
Pann, Pannen	Pfanne
Pannkoken, Pannkoken	Pfannkuchen
Papp	Pappe
Paprika	Paprika
Park, Parks	Park
Parkett	Parkett
passlich	passend, geeignet
Pastor, Pastoren	Pastor
Patschent, Patschenten	Patient
Peerd, Peer	Pferd
Pellet, Pellets	Pellet
Pellkantüffel, Pellkantüffeln	Pellkartoffel
Peper	Pfeffer
Perzent	Prozent
Petersill	Petersilie
piepen	pfeifen
piesacken	quälen, ärgern
Pill, Pillen	Pille
Piment	Piment
pingeln	klingeln
Pingsten	Pfingsten
Pingstroos, Pingstrosen	Pfingstrose
Pinsel, Pinsel	Pinsel
Pistool, Pistolen	Pistole
Plaan, Plaans	Plan
Plaaster, Plaasters	Pflaster
Plakaat, Plakaten	Plakat
planen	planen
Plant, Planten	Pflanze
planten	pflanzen
Pläseer	Freude, Vergnügen
platt	flach
Plattdüütsch	Plattdeutsch
plätten	bügeln
Plattfoot, Plattfööt	Plattfuß
Platz, Plätz	(Sport-)Platz
Pleger, Plegers	Pleger

Plegersch, Plegerschen	Pflegerin
plietsch	pfiffig, schlau
Plietschfon, Plietschfons	Smartphone
plücken	pflücken
Plumm, Plummen	Pflaume
Plummenboom, Plummenbööm	Pflaumenbaum
pö a pö	allmählich
Pökelfleesch	Pökelfleisch
Politiker, Politikers	Politiker
Ponyrieden	Ponyreiten
poor	einige, ein paar
Poot, Poten	Pfote
Poppeer, Popperen	Papier
Posaun, Posaunen	Posaune
Post	Post
Postkoort, Postkoorten	Postkarte
praat	parat, bereit
pressen	pressen
Pries, Priesen	Preis
proberen	probieren
Produkschoon	Produktion
produzeren	produzieren
Profeschoon	Beruf
Programm, Programme	Programm
Proppentrecker, Proppentreckers	Korkenzieher
proven	proben, üben
pruuschen / pruusten	niesen
Puhei	Lärm, Spaß
Pullover, Pullovers	Pullover
Pund	Pfund
Putenfleesch	Putenfleisch
Putt, Pütt	Topf
Putz	Putz
Putzbüdel, Putzbüdels	Frisör
putzen	putzen

Quetschkassen 

Q

quälen	quälen
Quetschkassen	Akkordeon

rein maken 

R

Raathuus, Raathüüs	Rathaus
Raatslag, Raatslääg	Ratschlag
Radel, Radels	Rätsel
raden	raten
Radies	Radieschen
Radio	Radio
Rahm	Sahne
rankamen	rankommen
rasseln	rasseln
Rebeet, Rebeden	Bereich, Gebiet
rechts	rechts
Rechts-Book, Rechts-Böker	Gesetzeswerk
Redder, Redders	Feldweg
Reeg, Regen	Reihe
Reekner, Reekners	Computer
Regaal, Regalen	Regal
Regen	Regen
regen	regnen
Regendag, Regendaag	Regentag
Regenjack, Regenjacken	Regenjacke
Regenschirm, Regenschirms	Regenschirm
Region, Regionen	Region
rein maken	putzen, reinigen, sauber machen
Reis, Reisen	Reise
reisen	reisen
Reit	Reet, Schilf
Reken, Reken	Rechnung
reken	rechnen
Reklamatschoon	Reklamation
reklameren	reklamieren
repareren	reparieren
retour	zurück
Rezept, Rezepten	Rezept
Rhythmus	Rhythmus
rieden	reiten
Riedvereen, Riedverenen	Reitverein
riek	reich
riep	reif
Ries	Reis
rieten	reißen
Rieten (in'n Puckel)	reißender Schmerz (im Kreuz)
rindreihen	hineindrehen
Ring, Ringen	Ring
ringahn	hineingehen
ringeven	hineingeben
Ringfinger, Ringfingern	Ringfinger
Ringrieden	Ringreiten
Ringriedereten	Ringreiteressen
rinkamen	hereinkommen
Rinnerbraden, Rinnerbradens	Rinderbraten
Rock, Röck	Rock
Rode Beten	Rote Beete
Rode Grütt	Rote Grütze
rögen	bewegen
rohen	ruhen
röhren	rühren
rökern	räuchern

Romaan, Romaans	Roman
roor	rar, selten
root	rot
Rootwien	Rotwein
rop	herauf
ropen	rufen
Rosenbeet, Rosenbeten	Rosenbeet
Rosengoorn, Rosengoorns	Rosengarten
Rosmarin	Rosmarin
rösten	rösten
Röteln	Röteln
rott	marode
röver	herüber
Rüch, Rüchen	Rücken
Rucksack, Rucksäck	Rucksack
rüken	riechen
Rull, Rullen	Rolle
rullen	rollen
Rullenspeel, Rullenspelen	Rollenspiel
Rum	Rum
rund	rund
Rundstück, Rundstück	Brötchen
rundüm	um sich herum
ruscheln	rascheln
russisch	russisch
rutbringen	wegbringen
rutdreihen	herausdrehen
rutgeven	herausgeben
rutkamen	herauskommen
rutkriegen	herausbekommen
Rutsch, Rutschen	Rutsche
rutschen	rutschen
ruttrecken	herausziehen
Ruum, Rüüm	Raum

S

Saag, Sagen	Säge
Saak, Saken	Sache
Sack, Säck	Sack
Saft	Saft
sagen	sägen
Salat	Salat
Salatgurk, Salatgurken	Salatgurke
Salv, Salven	Salbe
Sand	Sand
Sarg, Sargen	Sarg
Sassen	Sachsen
Satir	Satire
satt	satt

Satz, Sätz	Satz
Schaap, Schaap	Schaf
Schaapskees	Schafskäse
Schach	Schach
Schadden, Schaddens	Schatten
schaffen	schaffen
Schalott, Schalotten	Schalotte
Schalter, Schalters	Schalter
Schandaal, Schandalen	Skandal
Schandarm, Schandarms	Gendarm, Polizist
Schangs, Schangsen	Chance
Schapp, Schappen	Schrank
Schaukelstohl, Schaukelstöhl	Schaukelstuhl
Schauspeler, Schauspelers	Schauspieler
scheef	schief
Schell	Schale
Scheper, Schepers	Schäfer
scheten	schießen
Schicht, Schichten	Schicht
schier	sauber, adrett
Schiet	Dreck
schiet wat	egal (Ausruf)
Schietbüdel	Kosewort
Schietgäng	Reinigungsmannschaft auf dem Schiff
schietig	schmutzig
Schiev, Schieven	Scheibe
schimpen	schimpfen
Schink	Schinken
Schipp, Scheep	Schiff
Schoh, Schöh	Schuh
schölen	sollen
Schöler, Schölers	Schüler
Schölerin, Schölersch	Schülerin
School, Scholen	Schule
Schoolmeester, Schoolmeesters	Lehrer
schöön	schön
Schooster, Schoosters	Schuster
Schosteen, Schosteens	Schornstein
Schöttel, Schötteln	Schüssel
schreen	schreien
Schrievdisch, Schrievdischen	Schreibtisch
schrieven	schreiben
Schriever, Schrievers / Schrieverslüüd	Schreiber, Autor
Schruuv, Schruven	Schraube
schruven	schrauben
Schruventrecker, Schruventreckers	Schraubenzieher
Schull, Schullen	Scholle
Schuller, Schullern	Schulter

Schummertiet	Dämmerung
Schüttenfest, Schüttenfesten	Schützenfest
Schutzleiter	Schutzleiter
Schüün, Schünen	Scheune
schuven	schieben
se	sie
Se Ehr	Ihr
See	See, Meer
Seef, Seven	Sieb
Seefohrt	Seefahrt
Seemann, Seelüüd	Seemann
Seep	Seife
Seereis, Seereisen	Seereise
segen	segnen
seggen	sagen
sehn	sehen
Sehnsucht	Sehnsucht
seien	säen
seilen	segeln
Seilschipp, Seilscheep	Segelschiff
seker	sicher
Sekerung, Sekerungen	Sicherung
Sekunn, Sekunnen	Sekunde
Semp	Senf
Sepenoper, Sepenopern	Seifenoper
Sessel, Sesseln	Sessel
setten	setzen
siedeln	siedeln
sien	sein
siet (dat)	seit
siet Johr un Dag	jahrelang
Siet, Sieden	Seite
sietdem (dat)	seitdem
sik	sich
sik in de Klatten hebben	sich streiten
sik in de Klatten kriegen	sich streiten
singen	singen
sinnig	bedächtig, allmählich
sitten	sitzen
Skaat	Skat
Skandinavien	Skandinavien
Sketch	Sketch
slaan	schlagen
Slaapstuuv, Slaapstuven	Schlafzimmer
Slachter, Slachters	Schlachter(ei)
Slackermaschü	Schlagsahne
Slag, Slääg	Schlag
Slaganfall, Slaganfäll	Schlaganfall
slapen	schlafen
slecht	schlecht

Sleef, Sleev	Kochlöffel, Rührlöffel
Slickermuul, Slickermüler	Naschkatze
Slips, Slipsen	Schlips
sluken	schlucken
slumpen	gelingen, klappen
sluten	schließen
small	schmal
smecken	schmecken
Smeer	Schmiere
smieten	schmeißen, werfen
Smitt, Smidden	Schmied
smöken	rauchen
smuck	hübsch, schön
smuustern	schmunzeln
snaaksch	merkwürdig, sonderbar, seltsam
snacken	sprechen
Snavel, Snavels	Schnabel
Snee	Schnee
sneen	schneien
Snick, Snicken	Schnecke
snieden	schneiden
Snieder, Snieders	Schneider
Snitt	Schnitt
Snittholt	Schnittholz
Snittlook	Schnittlauch
Snööv	Schnupfen
Snuut, Snuten	Schnauze, Mund
Snuuvdook, Snuuvdöker	Taschentuch
sogor	sogar
Söhn, Söhns	Sohn
Soja	Soja
söken	suchen
solang (as/bet/dat)	solange
Solt	Salz
Soltfleesch	Pökelfleisch
soltig	salzig
Soltkantüffel, Soltkantüffeln	Salzkartoffel
Sommer	Sommer
Sommertiet	Sommerzeit
Sommerwisch, Sommerwischen	Sommerwiese
Söög, Sögen	Sau
Sooß, Soßen	Soße
Soot, Sööt	Brunnen
sööt	süß
söss	sechs
sösstig	sechzig
söven	sieben
söventig	siebzig
Spaanplatte, Spaanplatten	Spanplatte
spaansch	spanisch

Spaaß	Spaß
Spargel	Spargel
spazeren gahn	spazieren gehen
Speedeel	Theatergruppe
Speel, Spelen	Spiel
Speelbaas, Speelbasen	Spielleiter
Speelkoppel, Speelkoppels	Spielgruppe
Speelplatz, Speelplätz	Spielplatz
Speeltüüch	Spielzeug
speen	sich übergeben
Spegel, Spegels	Spiegel
Spegelei, Spegeleier	Spiegelei
Spektakel	Spektakel, Lärm
spelen	spielen
Spiddelfink, Spiddelfinken	dünner Mensch, Schlaks
Spier (en Spier)	spitzer Halm (ein wenig)
Spieskamer, Spieskamern	Speisekammer
Spieskoort, Spieskoorten	Speisekarte
spölen	spülen
Spöölmaschien, Spöölmaschinen	Geschirrspülmaschine
Spoorkass, Spoorkassen	Sparkasse
Spraak, Spraken	Sprache
springen	springen
Sprit	Benzin
Sprütt, Sprütten	Spritze
Sprüttenhuus, Sprüttenhüüs	Feuerwehrhaus
staatsch	elegant, stattlich
Stadt, Städer	Stadt
Stadtdeel, Stadtdelen	Stadtteil
Stadtplaner, Stadtplaners	Stadtplaner
stahn	stehen
Stall, Ställ	Stall
Stamm, Stämm	Stamm
starven	sterben
Steed, Steden	Stelle
Steg, Steeg	Steg
Steekdoos, Steekdosen	Steckdose
Steen, Steen	Stein
Steert, Steerten	Schwanz
steken	stechen, stecken
Stevel, Steveln	Stiefel
Stickelbeer, Stickelberen	Stachelbeere
stiegen	steigen
still	still
Stimm, Stimmen	Stimme
Stoff	Staub
Stohl, Stöhl	Stuhl
stolt	stolz
Stood	Stade
stoppen	stopfen

Storm, Störm	Sturm
Stormgebruus	Sturmgebraus
stöten	stoßen
Straat, Straten	Straße
Strand	Strand
strecken	strecken
Streek, Streken	Strich
streien	streuen
Stremel, Stremel	Kapitel, Abschnitt
strieden	streiten
strieken	streichen
Stroom	Strom
Stroomader, Stroomadern	Stromader
Stroomkabel, Stroomkabels	Stromkabel
Stroomklock, Stroomklocken	Stromzähler
Strump, Strümp	Strumpf
Stück, Stücken	Stück
studeren	studieren
stuken	(ver)stauchen
Studienreis, Studienreisen	Studienreise
Stüer, Stüern	Steuer
stüern	steuern
Stünn, Stünnen	Stunde
Stünnenplaan, Stünnenplaans	Stundenplan
stuur	starr, stolz
stuur Wark	harte Arbeit
Stuuv, Stuven	Stube, Zimmer
suer	sauer
Suerkruut	Sauerkraut
sugen	saugen
sülven	selber
sülvern Hochtiet	Silberhochzeit
sülvst	selbst
Sünn, Sünnen	Sonne
Sünnavend	Sonnabend, Samstag
sünnavends	sonnabends
Sünnbloom, Sünnblomen	Sonnenblume
Sünndag	Sonntag
Sünndagmorgen	Sonntagmorgen
Sünnenstohl, Sünnenstöhl	Sonnenliege
sünnerlich	insbesondere
Sünnschien	Sonnenschein
supen	saufen
Supp, Suppen	Suppe
susen	sausen
Süster, Süstern	Schwester
Süsterdeern	Nichte (die Kinder der eigenen Schwester)
Süsterjung	Neffe (die Kinder der eigenen Schwester)
Süüdamerika	Südamerika

Süük, Süken	Seuche
Swager, Swagers	Schwager
Swagersch, Swagerschen	Schwägerin
swatt	schwarz
Swattbroot, Swattbrööd	Schwarzbrot
swatt-witt	schwarz-weiß
Swattwuddel, Swattwuddeln	Schwarzwurzel
Sweden	Schweden
sweedsch	schwedisch
swiegen	schweigen
Swiegerdochter, Swiegerdöchter	Schwiegertochter
Swiegermudder, Swiegermudders	Schwiegermutter
Swiegersöhn, Swiegersöhns	Schwiegersohn
Swiegervadder, Swiegervadders	Schwiegervater
swiemelig	schwindelig, taumelig
Swien, Swien	Schwein
Swiensteak, Swiensteaks	Schweinesteak
Swiez	Schweiz
swoor	schwer
swümmen	schwimmen
swummerig	schwindelig, benommen

Tähn

T

taach	zäh
Tabell, Tabellen	Tabelle
Tablett, Tabletten	Tablette
tachentig	achtzig
Tähn, Tähn	Zahn
Tähndokter, Tähndokters	Zahnarzt
tähnmedizinisch	zahnmedizinisch
Tähnwehdaag	Zahnschmerzen
Tall, Tallen	Zahl
tanken	tanken
Tanksteed, Tanksteden	Tankstelle
Tant, Tanten	Tante
Tapeet, Tapeten	Tapete
tapezeren	tapezieren
Tappen, Tappens	Zapfen
teemlich	ziemlich
teihn	zehn
Telg, Telgen	Zweig
tellen	zählen
Teppich, Teppichen	Teppich
Teppichbodden	Teppichboden
Termin, Terminen	Termin
Tetanus	Tetanus
Text, Texten	Text
Theater, Theaters	Theater
Theatergrupp, Theatergruppen	Theatergruppe
Tiet, Tieden	Zeit
Tietschrift, Tietschriften	Zeitschrift
Timmeree	Zimmerei
Timmermann, Timmerlüüd	Zimmermann
to	zu
to un to	sehr
to'n	zum
tobieten	zubeißen
toeerst	zuerst
Tofall, Tofäll	Zufall
tofreden	zufrieden
Töhn, Töhn	Zehen
tohoop	zusammen
tohoopbringen	zusammenbringen
tohören	gehören; zuhören
Tohuus	Zuhause
tokamen	künftig, im/am nächsten
Tokieker, Tokiekers	Zuschauer
Töller, Töllers	Teller
Tollstock, Tollstöcker	Zollstock
tomaken	sich beeilen
tominnst	wenigstens, zumindest
Tonaam, Tonaams	Familienname
toneihen	zunähen
Toon, Töön	Ton
Toorn, Toorns	Turm
torüch	zurück
tosamen	zusammen
Tosamenhang	Zusammenhang
tosamenschuven	zusammenschieben
tosamentrocken	zusammengezogen
tosetten	belasten, zusetzen
tositten (mit wat tositten)	Probleme haben
tosomenleggen	zusammenlegen
tostännig	zuständig
Tour	Gang, Tour
töven	warten
toweeg	sich fühlen
Traan, Tranen	Träne
Trainer, Trainers	Trainer
trecht	fertig
trecken	ziehen
Trecker, Treckers	Traktor
Trepp, Treppen	Treppe
Treppenhuus, Treppenhüüs	Treppenhaus
troen	trauen
trüch	zurück
trüchbetahlen	zurückzahlen
trüchgahn	zurückgehen
trüchkieken	zurückschauen

Trummel, Trummeln	Trommel
Trumpeet, Trumpeten	Trompete
trurig	traurig
tschüüs	tschüss (Abschiedsgruß)
Tüdelbüdel, Tüdelbüdels	Kosewort
tüdeln	verwirrt reden, lügen
Tüffel Achtteihn, Tüffeln Achtteihn	Einfaltspinsel
Tung, Tungen	Zunge
Tünn, Tünnen	Tonne
Tüüch	Zeug
Tüünkraam	Quatsch
tuuschen	tauschen
twee	zwei
Tweeback	Zwieback
twei	beschädigt, entzwei
Twiet, Twieten	Durchgang
twintig	zwanzig
twölf	zwölf
twüschen	zwischen
twüschendörch	zwischendurch

Ünnerbüx 

U

üm	um
üm un bi	ungefähr
Ümfang	Umfang
Ümfraag, Ümfragen	Umfrage
ümgahn	umgehen
Ümgegend	Umgebung
ümgraven	umgraben
Ümluut, Ümluten	Umlaut
ümplanten	umpflanzen
ümröhren	umrühren
ümsetten	umsetzen
Ümtog, Ümtöög	Umzug
ümtrecken	umziehen
un	und; plus
unbannig	sehr, äußerst
Unkel, Unkels	Onkel
ünnen	unten
ünner	unter
Ünnerbüx, Ünnerbüxen	Unterhose
ünnergeven	untergeben
Ünnerhemd, Ünnerhemden	Unterhemd
ünnerholen	unterhalten
Ünnerricht	Unterricht
ünnersöken	untersuchen
ünnerwegens	unterwegs
Urlaubstiet	Urlaubszeit
ut	aus
ut wat	woraus
utarbeiten	ausarbeiten
utaten	ausatmen
utbillen	ausbilden
utdrücken	ausdrücken
uteneen	auseinander
utfallen	ausfallen
utfegen	ausfegen
Utflug	Ausflug
utgeven	ausgeben
utkloppen	ausklopfen
utlaten	auslassen
utlevern	ausliefern
utmeten	ausmessen
utproberen	ausprobieren
utreken	ausrechnen
utrieden	ausreiten
utrohen	ausruhen
utrümen	ausräumen
utschrapen	auskratzen
utschüddeln	ausschütteln
utsehn	aussehen
utslapen	ausschlafen
Utsnitt	Ausschnitt
utsöken	aussuchen, auswählen
Utspraak, Utspraken	Aussprache
utstellen	ausstellen
uttrecken	ausziehen
Utverkööp	Ausverkauf

Voss 

V

Vaas, Vasen	Vase
Vadder, Vadders	Vater
Vadderdagstour	Vatertagstour
Vagel, Vagels	Vogel
veel	viel
veer	vier
veerkantig	viereckig
Veermaster, Veermasters	Viermaster
veertig	vierzig
vele	viele
verbinnen	verbinden
Verbreker, Verbrekers	Verbrecher
verdammig	verdammt
verdarven	verderben
verdenen	verdienen
Vereen, Verenen	Verein
vergahn	vergehen
vergeten	vergessen

Vergliek, Verglieken	Vergleich
verglieken	vergleichen
vergrellt	verärgert, wütend
verhalen	erholen
verheiraadt	verheiratet
verkehrt	falsch
verkloren	erklären
verköhlen	erkälten
verköpen	verkaufen
Verköper, Verköpers	Verkäufer
Verköpersch, Verköperschen	Verkäuferin
verlangen	verlangen, fordern
verleden	vergangene(n/s), letzte(n/s)
vermengeleren	vermengen, vermischen
verpuusten	verschnaufen
verstahn	verstehen
versteken	verstecken
verswinnen	verschwinden
Vertellen, Vertellen	Erzählung
vertellen	erzählen
Verwandte, Verwandten	Verwandte
Viddelstünn, Viddelstünnen	Viertelstunde
vigelett	violett, lila
Vigelien	Geige
vigeliensch	kompliziert, schwierig
villicht	vielleicht
Visitenkoort	Visitenkarte
Volksleed, Volksleder	Volkslied
vör	vor
vör wat	wovor
vörbi	vorbei
Vörbild, Vörbiller	Vorbild
Vördeel, Vördelen	Vorteil
vördere Tähn	Schneidezahn
Vörhang, Vörhäng	Vorhang
vörher	vorher
Vörjohr	Frühjahr
Vörlaag, Vörlagen	Vorlage
vörlesen	vorlesen
vörmaken	vormachen
vörn	vorn
Vörnaam, Vörnaams	Vorname
vörsichtig	vorsichtig
Vörspies, Vörspiesen	Vorspeise
vörstellen	vorstellen
Vörsülv, Vörsülven	Vorsilbe
vörut	voraus
vörutsetten	voraussetzen
Voss, Vöss	Fuchs
vull	voll

Vullverb, Vullverben	Vollverb
vun	von
vun wat	wovon
vunavend	heute Abend
vundaag	heute
vunmorgen	heute Morgen
vunnacht	heute Nacht

Wiendruven 

W

Wacholderbeer, Wacholderberen	Wacholderbeeren
wagen	trauen
Wagensmeer	Wagenschmiere
Wahnblock, Wahnblocks	Wohnblock
wahnen	wohnen
Wahnstuuv, Wahnstuven	Wohnzimmer
Wahnung, Wahnungen	Wohnung
waken	wach
waken warrn	erwachen
Wand, Wannen	Wand
wann	wann
wannehr	wann
Warft, Warften	Werft
Warksteed, Warksteden	Werkstatt
Warktüüch	Werkzeug
warm	warm
warrn	werden
Wäsch	Wäsche
waschen	waschen
Waschlappen, Waschlappens	Waschlappen
Waschmaschien, Waschmaschinen	Waschmaschine
Waschmiddel	Waschmittel
wassen	wachsen
wat	was
Water	Wasser
Waterkist, Waterkisten	Wasserkiste
Watermöhl, Watermöhlen	Wassermühle
Watertomaat, Watertomaten	Wassertomate
Watertoorn, Watertoorns	Wasserturm
Wecker, Wecker	Wecker
Wedder	Wetter
wedder	wieder
wedderfinnen	wiederfinden
wedderkennen	wiedererkennen
week	weich
Week, Weken	Woche
ween	sein
weren	waren
weg	weg, fort
wegen	wiegen

Wegenleed, Wegenleder	Wiegenlied
weggahn	weggehen
wegsacken	hinabsinken, untergehen
Wehdaag	Schmerzen
wehdoon	verletzen
weihen	wehen
Wekenenn, Wekenennen	Wochenende
Wekenmarkt	Wochenmarkt
welk	welche
Welt	Welt
Weltspraak, Weltspraken	Weltsprache
wenen	weinen
wenig	wenig
wenn	wenn, falls
Werser	Weser (Fluss)
wesseln	wechseln
weten	wissen
Weten	Weizen
Wett	Wette
wi	wir
wichtig	wichtig
wieder	weiter
wiedergeven	weitergeben
Wiehnachten	Weihnachten
Wiehnachtsavend	Weihnachtsabend
wiel (wieldat)	weil
Wiendruuv, Wiendruven	Weintraube
wiesen	zeigen
Wiesfinger, Wiesfingern	Zeigefinger
wiet	weit
wiet un sied	weit und breit
will	will
Wind	Wind
Windanlaag	Wind(kraft)anlage
Windpocken	Windpocken
Windrad, Windrööd	Windrad
winnen	gewinnen
Winter	Winter
Winterrad, Winterrööd	Winterreifen
Wisch, Wischen	Wiese
wischen	wischen
wiss	gewiss, sicherlich
wissen	wissen
witt	weiß
Wittbroot, Wittbrööd	Weißbrot
wittsnutig	blass, weiß um die Nase
wo	wie
wo veel	wie viel
woans	wie
wöhlen	wühlen
wohr	wahr
Wohrschau	Achtung
wokeen	wer
woll	wohl
woneem	wo
Woold, Woolden	Wald
Woor, Woren	Ware
Woort, Wöör	Wort
worrn	geworden
worüm	warum, wieso
woso	warum, wieso
Wuddel, Wuddeln	Wurzel, Möhre, Karotte
Wulk, Wulken	Wolke
Wull	Wolle
wüllen	wollen
wunnerbor	wunderbar
wünschen	wünschen
würklich	wirklich
Wust	Wurst

Zeeg

Z

Zeeg, Zegen	Ziege
Zeitung, Zeitungen	Zeitung
Zibbel, Zibbeln	Zwiebel
Zigarett, Zigaretten	Zigarette
zirkelrund	kreisrund, kugelrund
Zitroon, Zitronen	Zitrone
Zitroonmeliss	Zitronenmelisse
Zucker	Zucker

Birgit Lemmermann: Ebbe un Hehn.
En plattdüütsch Book mit Biller för junge Lüüd (2007)
aktuelle Auflage: Atelier im Bauernhaus (2015)
ISBN 978-3-88132-546-2

Stremel 1
© Aleksandra Smirnova / fotolia.com
© DOC RABE Media / fotolia.com
© Dreaming Andy / fotolia.com
© electriceye / fotolia.com
© freehandz / fotolia.com
© i-picture / fotolia.com
© learchitecto / fotolia.com
© Liliia Rudchenko / fotolia.com
© mimadeo / fotolia.com
© narttekg / fotolia.com
© Olga Naidenova / fotolia.com
© peshkova / fotolia.com
© Sylverarts / fotolia.com
© violad / fotolia.com

Stremel 2
© J.M. / fotolia.com
© macrovector / fotolia.com
© Marco2811 / fotolia.com
© Olga Naidenova / fotolia.com
© scrapster / fotolia.com

Stremel 3
© AMATHIEU / fotolia.com
© cartoonresource / fotolia.com
© ivolodina / fotolia.com
© marlene9 / fotolia.com
© moonkin / fotolia.com
© nasa1992 / fotolia.com
© Natis / fotolia.com
© Olga Naidenova / fotolia.com
© sobakasu / fotolia.com
© Spectral-Design / fotolia.com
© Xavier / fotolia.com

Stremel 4
© aekikuis / fotolia.com
© Anna / fotolia.com
© Fiedels / fotolia.com
© issumbosi / fotolia.com
© macrovector / fotolia.com
© Matthew Cole / fotolia.com
© nicoletaionescu / fotolia.com
© Olga Naidenova / fotolia.com
© rgb4you / fotolia.com
© Sushi / fotolia.com
© virinaflora / fotolia.com

Stremel 5
© 3drenderings / fotolia.com
© avanfantas / fotolia.com
© denyshutter / fotolia.com
© Dreaming Andy / fotolia.com
© Dzianis Rakhuba / fotolia.com
© henvryfo / fotolia.com
© i3alda / fotolia.com
© Jehsomwang / fotolia.com
© macrovector / fotolia.com
© Marija Piliponyte/ fotolia.com
© markus dehlzeit / fotolia.com
© opka / fotolia.com
© pico / fotolia.com
© somartin / fotolia.com
© Thomas Söllner / fotolia.com
© virinaflora / fotolia.com

Stremel 6
© chab3 / fotolia.com
© ddraw / fotolia.com
© grgroup / fotolia.com
© JiSign / fotolia.com
© Kakigori Studio / fotolia.com
© katerina_dav / fotolia.com
© koti / fotolia.com
© macrovector / fotolia.com
© Matthew Cole / fotolia.com
© Oleh Tokarev / fotolia.com
© tigatelu / fotolia.com

Stremel 7
© andreapetrlik / fotolia.com
© ffly / fotolia.com
© jokatoons / fotolia.com
© macrovector / fotolia.com
© nasared / fotolia.com
© Neyro / fotolia.com
© pablographix / fotolia.com
© sabine voigt / fotolia.com
© virtua73 / fotolia.com

Stremel 8
© alison1414 / fotolia.com
© artnature / fotolia.com
© Bobo / fotolia.com
© budogosh / fotolia.com
© diavolessa / fotolia.com
© freshidea / fotolia.com
© Ginger Ale / fotolia.com
© kogytuk / fotolia.com
© kontur-vid / fotolia.com
© LenLis / fotolia.com
© macrovector / fotolia.com
© Mariia Pazhyna / fotolia.com
© Natis / fotolia.com
© Olivier Le Moal / fotolia.com
© topor / fotolia.com
© www.csiegenthaler.ch / fotolia.com
© Xavier / fotolia.com

Stremel 9
© Adrian Niederhäuser / fotolia.com
© amplion / fotolia.com
© Garavito / fotolia.com
© i3alda / fotolia.com
© nataliahubbert / fotolia.com
© nem4a / fotolia.com
© Seamartini Graphics / fotolia.com
© Slobodan Djajic / fotolia.com
© topvectors / fotolia.com
© utemov / fotolia.com
© Yael Weiss / fotolia.com

Stremel 10
© Albachiaraa
© anamad
© Anna Velichkovsky
© cookamoto
© djmilic
© kamichou
© koti
© lom123
© Maksim Pasko
© mrhighsky
© Robert Kneschke
© tigatelu